东巴仪式叙事程式研究

A Study of the Ritual Narrative Formular in Dongba

杨杰宏　著

中国社会科学出版社

图书在版编目（CIP）数据

东巴仪式叙事程式研究／杨杰宏著 . —北京：中
国社会科学出版社，2017.11
（中国社会科学博士后文库）
ISBN 978 - 7 - 5203 - 1919 - 5

Ⅰ. ①东… Ⅱ. ①杨… Ⅲ. ①纳西族—礼仪—研究
Ⅳ. ①K892.26

中国版本图书馆 CIP 数据核字（2017）第 323888 号

出 版 人	赵剑英
责任编辑	张 潜
责任校对	胡新芳
责任印制	王 超

出 版	中国社会科学出版社
社 址	北京鼓楼西大街甲 158 号
邮 编	100720
网 址	http://www.csspw.cn
发 行 部	010 - 84083685
门 市 部	010 - 84029450
经 销	新华书店及其他书店

印刷装订	北京君升印刷有限公司
版 次	2017 年 11 月第 1 版
印 次	2017 年 11 月第 1 次印刷

开 本	710×1000 1/16
印 张	20.75
字 数	351 千字
定 价	86.00 元

凡购买中国社会科学出版社图书，如有质量问题请与本社营销中心联系调换
电话：010 - 84083683

序　言

　　博士后制度在我国落地生根已逾30年，已经成为国家人才体系建设中的重要一环。30多年来，博士后制度对推动我国人事人才体制机制改革、促进科技创新和经济社会发展发挥了重要的作用，也培养了一批国家急需的高层次创新型人才。

　　自1986年1月开始招收第一名博士后研究人员起，截至目前，国家已累计招收14万余名博士后研究人员，已经出站的博士后大多成为各领域的科研骨干和学术带头人。这其中，已有50余位博士后当选两院院士；众多博士后入选各类人才计划，其中，国家百千万人才工程年入选率达34.36%，国家杰出青年科学基金入选率平均达21.04%，教育部"长江学者"入选率平均达10%左右。

　　2015年底，国务院办公厅出台《关于改革完善博士后制度的意见》，要求各地各部门各设站单位按照党中央、国务院决策部署，牢固树立并切实贯彻创新、协调、绿色、开放、共享的发展理念，深入实施创新驱动发展战略和人才优先发展战略，完善体制机制，健全服务体系，推动博士后事业科学发展。这为我国博士后事业的进一步发展指明了方向，也为哲学社会科学领域博士后工作提出了新的研究方向。

　　习近平总书记在2016年5月17日全国哲学社会科学工作座谈会上发表重要讲话指出：一个国家的发展水平，既取决于自然科学发展水平，也取决于哲学社会科学发展水平。一个没有发达的自然科学的国家不可能走在世界前列，一个没有繁荣的哲学社会科学的国家也不可能走在世界前列。坚持和发展中国特色社会主义，需要不断在实践和理论上进行探索、用发展着的理论指导发展着的实践。在这个过程中，哲学社会科学具有不可替代的重要地位，哲学社会科学工作者具有不可替代的重要作用。这是党和国家领导人对包括哲学社会科学博士后在内的所有哲学社会科学领域的研究者、工作者提出的殷切希望！

中国社会科学院是中央直属的国家哲学社会科学研究机构，在哲学社会科学博士后工作领域处于领军地位。为充分调动哲学社会科学博士后研究人员科研创新积极性，展示哲学社会科学领域博士后优秀成果，提高我国哲学社会科学发展整体水平，中国社会科学院和全国博士后管理委员会于 2012 年联合推出了《中国社会科学博士后文库》（以下简称《文库》），每年在全国范围内择优出版博士后成果。经过多年的发展，《文库》已经成为集中、系统、全面反映我国哲学社会科学博士后优秀成果的高端学术平台，学术影响力和社会影响力逐年提高。

下一步，做好哲学社会科学博士后工作，做好《文库》工作，要认真学习领会习近平总书记系列重要讲话精神，自觉肩负起新的时代使命，锐意创新、发奋进取。为此，需做到以下几点：

第一，始终坚持马克思主义的指导地位。哲学社会科学研究离不开正确的世界观、方法论的指导。习近平总书记深刻指出：坚持以马克思主义为指导，是当代中国哲学社会科学区别于其他哲学社会科学的根本标志，必须旗帜鲜明加以坚持。马克思主义揭示了事物的本质、内在联系及发展规律，是"伟大的认识工具"，是人们观察世界、分析问题的有力思想武器。马克思主义尽管诞生在一个半多世纪之前，但在当今时代，马克思主义与新的时代实践结合起来，越来越显示出更加强大的生命力。哲学社会科学博士后研究人员应该更加自觉坚持马克思主义在科研工作中的指导地位，继续推进马克思主义中国化、时代化、大众化，继续发展 21 世纪马克思主义、当代中国马克思主义。要继续把《文库》建设成为马克思主义中国化最新理论成果的宣传、展示、交流的平台，为中国特色社会主义建设提供强有力的理论支撑。

第二，逐步树立智库意识和品牌意识。哲学社会科学肩负着回答时代命题、规划未来道路的使命。当前中央对哲学社会科学愈发重视，尤其是提出要发挥哲学社会科学在治国理政、提高改革决策水平、推进国家治理体系和治理能力现代化中的作用。从 2015 年开始，中央已启动了国家高端智库的建设，这对哲学社会科学博士后工作提出了更高的针对性要求，也为哲学社会科学博士后研究提供了更为广阔的应用空间。《文库》依托中国社会科学院，面向全国哲学社会科学领域博士后科研流动站、工作站的博士后征集优秀成果，入选出版的著作也代表了哲学社会科学博士后最高的学术研究水平。因此，要善于把中国社会科学院服务党和国家决策的大智库功能与《文库》的小智库功能结合起来，进而以智库意识推动品牌意识建设，最终树立《文库》的智库意识和品牌意识。

第三，积极推动中国特色哲学社会科学学术体系和话语体系建设。改革开放 30 多年来，我国在经济建设、政治建设、文化建设、社会建设、生态文明建设和党的建设各个领域都取得了举世瞩目的成就，比历史上任何时期都更接近中华民族伟大复兴的目标。但正如习近平总书记所指出的那样：在解读中国实践、构建中国理论上，我们应该最有发言权，但实际上我国哲学社会科学在国际上的声音还比较小，还处于有理说不出、说了传不开的境地。这里问题的实质，就是中国特色、中国特质的哲学社会科学学术体系和话语体系的缺失和建设问题。具有中国特色、中国特质的学术体系和话语体系必然是由具有中国特色、中国特质的概念、范畴和学科等组成。这一切不是凭空想象得来的，而是在中国化的马克思主义指导下，在参考我们民族特质、历史智慧的基础上再创造出来的。在这一过程中，积极吸纳儒、释、道、墨、名、法、农、杂、兵等各家学说的精髓，无疑是保持中国特色、中国特质的重要保证。换言之，不能站在历史、文化虚无主义立场搞研究。要通过《文库》积极引导哲学社会科学博士后研究人员：一方面，要积极吸收古今中外各种学术资源，坚持古为今用、洋为中用。另一方面，要以中国自己的实践为研究定位，围绕中国自己的问题，坚持问题导向，努力探索具备中国特色、中国特质的概念、范畴与理论体系，在体现继承性和民族性，体现原创性和时代性，体现系统性和专业性方面，不断加强和深化中国特色学术体系和话语体系建设。

新形势下，我国哲学社会科学地位更加重要、任务更加繁重。衷心希望广大哲学社会科学博士后工作者和博士后们，以《文库》系列著作的出版为契机，以习近平总书记在全国哲学社会科学座谈会上的讲话为根本遵循，将自身的研究工作与时代的需求结合起来，将自身的研究工作与国家和人民的召唤结合起来，以深厚的学识修养赢得尊重，以高尚的人格魅力引领风气，在为祖国、为人民立德立功立言中，在实现中华民族伟大复兴中国梦征程中，成就自我、实现价值。

是为序。

王京清

中国社会科学院副院长

中国社会科学院博士后管理委员会主任

2016 年 12 月 1 日

序 一

　　中国南方各民族的许多长篇韵文体叙事大多在相应的仪式中演唱。作为叙事的语境，仪式无疑应该得到重视，杨杰宏的《东巴仪式叙事程式研究》便是一部阐释东巴传统叙事文本与仪式之间深层关系的学术专著，重在揭示叙事主体是如何组织、演述、创编仪式叙事的，在仪式语境下，东巴神话、史诗文本如何与东巴仪式一同构成了仪式文本。

　　东巴史诗与神话构成了东巴叙事的主要文类代表，二者之间又存在着你中有我，我中有你的互融特点。史诗作为神话、传说、故事、歌谣等众多文类的集大成者，在民间文学中无疑具有突出的代表性，正如《崇般图》《董埃术埃》《鲁般鲁饶》被誉为纳西族民间文学的三颗明珠，东巴史诗在纳西族文学史中的地位是非同一般的。但我们又不能不看到，任何一个民族的民间叙事或仪式叙事不可能只有史诗叙事，史诗叙事往往与神话叙事、传说叙事、故事叙事、歌谣叙事共融共生的，东巴仪式叙事也是如此，一个完整的仪式必定包含了史诗之外的其他文体类别的叙事内容，尤其是神话叙事是占了主体的，史诗叙事也是在神话叙事的范畴之内，所以有些学者把南方史诗称之为"神话史诗"。

　　叙事需放入其语境中来检视才能比较深入地阐释出其真谛，比如史诗这一概念一旦牵涉到不同民族的文化语境，就会产生不同的理解。南方民族史诗群落的生存现状就突显了这一史诗的多元形态特征：有的仪式与一部史诗基本吻合，即几乎每个仪式环节的演唱都与史诗有关；有的一个仪式就含有多部史诗，也有的情况使多个仪式的演唱内容可整合为一部史诗。有的史诗与仪式依然紧密相连，必须在仪式中演唱，有的史诗已逐渐与仪式脱离，形成独立的口头或书面文本。不仅史诗如此，神话叙事更是如此，从整体而言，神话的仪式性叙事仍是南方民族神话的主要特征，这在彝、苗、纳西、哈尼、佤、黎、羌等众多民族的神话调查中得到验证。

纳西族东巴神话几乎都是在仪式中演述的，是典型的仪式型神话之一。

我曾两次到过丽江纳西族地区做过调查，对纳西族神话、史诗有所涉猎，但因时间有限，加上语言隔阂、文化积累不足等诸多原因，对纳西族文化只有粗浅的认识。在阅读杨杰宏专著后了解到，纳西族东巴叙事的程式与仪式程序中的环节是相对应的，如祭天仪式中需要念诵的经书有：《敬香经》《烧天香》《献祭米经》《献祭酒经》《除秽经》《蒙增、崇搬绍》《献饭经》《献灵药经》《送神经》《求福泽经》等，从经书名称也可看出相应的仪式环节。需要说明的是，东巴史诗与东巴神话叙事在仪式中是不对称的，东巴史诗叙事的一个特点是史诗文本并不涵盖整个仪式过程，它只出现在仪式的一个组成部分。这里面也有不同情况，一个仪式中含有一部史诗，如创世史诗《创世纪》在东巴丧葬仪式中演述，英雄史诗《黑白战争》在禳栋鬼仪式中演述；也有一个仪式中同时容纳了两部史诗的，如三江口一带的大禳栋鬼仪式中就有这两部史诗。这说明，即使在同一民族内部，因地域差异，史诗的演述、传承状况也存在着差异。东巴史诗的另一个特征是它只是整个仪式所需要念诵的经书中的一本而已。三江口树枝村的大禳栋鬼仪式中需要念诵东巴经书 200 多本，而《黑白战争》《创世纪》只是其中的两本。如果我们想以影像的方式拍摄纳西族史诗文本，就会遇上文化窘境——仪式的完整性就打破了，如果把整个仪式拍摄下来，史诗便会淹没在仪式海洋中，主体性也消失了。换个文类，如果拍摄的对象是东巴神话，那真的"三天三夜拍不完"，如何选择代表性的神话？跟这些神话相关的仪式都拍下来？有些神话文本可能集中在一个仪式中，更多的是分散在不同的仪式中。这就带来了主体性与整体性之间的矛盾。如何解决这些问题？这就需要从本土个案入手来解决当下仪式与叙事错综复杂的深层关系。杨杰宏的这本论著就是要回答这个学术问题。

杨杰宏敏锐地发现了东巴史诗与北方民族史诗、荷马史诗最大的不同点是与仪式的深层联系，史诗叙事嵌入仪式叙事中，史诗文本与仪式文本融为一体，仪式是史诗文本及演述活动的载体，仪式规程制约着史诗演述的时间与空间。东巴神话也同样存在着类似情况。东巴经书作为口头记录文本，且主要为仪式中的演述服务，这些性质决定了东巴经书的半口头文本特点，所以用口头程式理论来分析纳西族神话与史诗显然是有效的，作者也通过大量的文本研究证明了东巴叙事文本——神话、史诗文本的口头性特点。问题的关键是既然东巴叙事文本与仪式之间存在着如此紧密的关系，那么程式与仪式之间存在着什么样的关系呢？这本论著提出一个新颖的学术术语——仪式程式。作者认为不仅东巴叙事文本中存在"程式"，仪式叙事中同样存在"程式"。仪式程式是仪式主持者进行仪式叙事和表演的内部运作法则及组织单元，是口头传统与仪式叙事的联结点，也是仪式叙事的程式单元的总和。正是通过仪式程式，才使得仪式中的史诗演述、歌舞表演、绘画、服饰、工艺等多元叙事元素构成了一个流动的、活态的、互构共融的多模态的仪式叙事文本。

"仪式程式"概念的提出，既是"口头程式理论"在东巴叙事传统中的一次实践检验，也是南方民族叙事传统研究的重要理论突破。这一研究成果对我们如何客观辩证看待神话与史诗，保护传承现有的民间文化无疑具有重要的指导意义。南方民族至今保留着珍贵神话与史诗遗存，这些民族文化传统的传承现状呈现出多元性特征，既有逐渐脱离仪式、完全脱离仪式的神话与史诗，也有尚未脱离仪式的神话与史诗，纳西族东巴神话与史诗就尚未脱离仪式。对这类民族民间传统的影音图文记录或抢救性纪录片制作，我们不能人为地脱离整个仪式语境而只拍摄神话或史诗文本部分，这样不仅不符合"仪式程式"的规定，也不符合地方文化的真实性与整体性原则。

从我进入民族文学研究领域以来，对纳西族东巴文学方面的研究成果迭出印象深刻，早期的有洛克、诹访哲郎、伊藤清司、李子贤、叶舒宪、阎云翔等国内外大家，也有和志武、杨世光、杨世强、戈阿干、木丽春、牛相奎等本民族学者，中后期有国外的孟彻理、奥匹兹、黑泽直道、山田敕之，国内的李国文、杨福泉、白庚胜、习煜华、李静生、木春燕、马国伟等人，可谓"江山代有才人出"。杨杰宏是到民族文学研究所读博士后才认识的，他的博士学位是专攻艺术人类学方向的，到所里后才转向民族文学。如果没有扎实的学科基础，要实现学科转型会有一定的困难，但从他这几年的学术实践来看，他的转型还是比较顺利的，不只是如期完成了关于东巴仪式叙事程式研究的博士后出站报告，还发表了不少有质量的论文，这与他平时的勤奋及深厚的民族文化积累密切相关。他的这些论文有两个特点，一是扎根纳西族的东巴文学，深入到沉淀深厚的民族传统文化与生活中，从纷繁杂乱的现象中透析东巴文学的本质特征，二是把东巴文学置放于广阔的国内外的语境中予以比较研究，最突出的是以帕里—洛德的口头程式理论来观照东巴文学，以及纳西族东巴文学与壮、苗、羌、彝等民族文学的比较研究。这两个特点犹如两个坐标，使东巴文学，尤其是东巴史诗研究提升到一个新的学术境界中，避免了自说自话的本位主义。

从 2011 年起，我所就职的中国社会科学院民族文学研究所开始了中国少数民族口头传统音影图文档案库的建设。在这一过程中，史诗自然也是拍摄的重点内容。我和杨杰宏一直参与这一档案库的建设，经常去南方各民族地区拍摄民间叙事演述，多年来我与他常常行走于南方民族的山山水水中，不仅对南方民族文学的生存现状有了深切的感受，还遇到了民间叙事与仪式的不少问题，同时通过经常交流探讨，对这些现象有了更深的思考，包括对纳西族史诗也是在这些讨论中有了重新的认识。2012 年，文化部启动了"中国史诗百部工程"项目，拟以影像的方式，记录下中国各民族的史诗。这一项目的宗旨是为学术服务的，所以，对拍摄有一个基本的要求，就是如果有演唱语境的，必须在语境中拍摄。但这个要求往往是项目实施过程遇到问题最多的，在拍摄实施的过程中，一些史诗问题同样逐渐暴露出来。我曾经参加过这一项目的一些工作，就此项目所遇见的史诗与仪式的问题有一些感想，杨杰宏也承担了此项目的纳西族史诗的拍摄纪录子课题，我俩也做过一些交流。现把这些交流感想，结合杨杰宏著作的一些特点，形之于文，聊作序言。

吴晓东

2017 年 9 月 9 日于北京

吴晓东，男，1966 年生，湖南省凤凰县人，苗族。中国社会科学院民族文学研究所研究员。1989 年获中央民族大学语言学学士学位，1992 年获中央民族大学文学硕士学位，2003 年 9 月至 2004 年 8 月于美国哈佛大学燕京学社访学。代表作为《〈山海经〉语境重建与神话解读》。

序　二

　　杨杰宏博士在新著《东巴仪式叙事程式研究》即将出版之际，请我写个序。我犹豫了一下。因为我最怕给人写序。其中的原委，除了当今出版物序文中存在的诸多诟病外，在我的眼里，为人作序是一件很不容易的事，特别是给专业学科研究者的著作写序。我想，他请我写，大半是因为我在东巴文化研究领域里滚爬三十多年。而我们之间在学行路上交往多年，渐行渐近，成为知己。于情于理，不容推辞。又得知他近几年研究更上一层楼，此书就是他的博士后论著。这就让我产生先睹为快的渴求之心。于是就抱着学习的态度，答应写这篇序。

　　抱读原著三日，我为他在这本著作里令人信服地解读了纳西族东巴教仪式叙事的程式化特征而折服。这里就谈点个人粗浅的看法。第一，秘境寻路，立意较新。杨杰宏博士在书中说原本是想以纳西族东巴经的一本书作为论题来做博士后论著的。但是一经与导师交谈后，想不到被否决了。导师要他从问题入手，多读书，多从理论和视角方面寻找突破口。这才有了后来的峰回路转。我这些年不断地接到博士硕士论文审阅之事。虽说，文章好坏主要是作者自己的成绩。但与其导师的水平和学术上的造诣、追求不无关系。正是导师的高要求，才使得他秘境寻路，另起炉灶，以口头程式理论引入仪式程式化研究，寻找到破解纳西族东巴仪式叙事的程式化这个新的突破口。一个口头传统的传承者不仅需要熟练掌握口头文本内容，同时也要掌握仪式规程、仪式法器制作、仪式表演技能等多种知识才艺。由此想到，作为口头传统的传承者，他是如何把口头叙事与诸多不同的仪式表演内容在仪式中有机融合的？二者之间的关系如何？是否存在一种对应的操作方式？也就是说，口头传统中的"程式"在仪式中起什么作用？"口头程式"理论引入到仪式关系研究中，可能成为破解仪式与史诗、神话、故事等口头传统之间深层复杂关系的突破口。我认为，学术为天下之公器，任何理论只要有阐释力，能够有效解决实际问题，就可大胆地拿来用。口头程式理论是帕里、洛德师徒在南斯拉夫口头传统进行调查中析纳出来的理论成果，他们用这个理论回答了困扰西方学界几千年的"荷马问题"，并深刻影响了东西方民间文学研究近百年，至今在中国的民间文学研究、民俗学研究仍方兴未艾。东巴文化以东巴象形文字记载的上千卷东巴经书而著称，由此造成一种误解——东巴文化是一门卷帙浩繁的古典文献学，必须对其书本经典文本进行考据学、语义学、校勘学等方面的研究。东巴文化有书面经典文本不假，但切不可忘了所有东巴经书并非是束之高阁等待研究的死文本，而是在仪式时需要吟诵、舞蹈、绘画的活形态文本。而东巴文的图画文字特点决定了东巴经书在仪式中吟诵时所起到的"提词本"作用，即提醒记忆功能，东巴经书又是以往口头吟诵语言的记录文本，这两个特点决定了东巴经书所具有的口头性特征，由此也决定了口头程式理论解决东巴仪式叙事传统的有效性。当然，任何理论都是特定历史条件下的产物，并非是放之四海而皆准的真理，口头程式理论既能鞭辟入里地阐释东巴仪式叙事文本的"程式性"特征，也检验了这一理论对于仪式类口头文本的有限性。这也是这一论著的突出贡献之处——程式并不只是东巴经的口头及书面文本拥有的"专利"，在东巴仪式、东巴舞蹈、东巴绘画乃至其文化空间中也普遍存在，正是因为程式在东巴仪式叙事的各个要素中普遍存在，由此才形成了互为文本的东巴仪式叙事文本。"仪式程式在仪式叙事的功能如同口头歌手在口头表演中运用的大词，为仪式主持者灵活机动地组织、创编仪式叙事及仪式表演提供了充足的武器库。"

第二，他山攻玉，开阔视野。杨杰宏博士的论著最为可贵的是把东巴仪式叙事的程式化放在口头诗学理论的背景下来研究。他的研究过程就是有了研究对象，但首先广泛收集资料，潜心学习口头诗学、民族志诗学等理论，把宏观口头诗学理论与田野调查所得的微观东巴文化研究实例相结合，从而令人信服地解读了原本事项繁多、内容繁杂的东巴仪式叙事的程式化理论。若要求其功，必先利其器。没有理论上的学习、交流、借鉴和创新，像摆家谱似的做学问，那顶多只能当个仓库保管员。纳西族东巴文化是人类文化遗产宝贝，势必要让全人类共享。但是，如何发掘、整理、研究和继承这份人类文化遗产，关键在于阐释出东巴文化特有的人类文化研究价值。这就要与世界文化背景下的各地古代文明对话，比较出它与世界各地文化的同与异。特别是东巴文化的活态性特征，可以为历史上已经死亡或只留下只言片语文化符号的解读，提供可贵的借鉴。文中的荷马史诗与纳西族神话史诗的比较研究就是这样。东巴文化已有一个多世纪的研究历史，但是，这一个多世纪的研究只是资料收集、翻译、整理上的研究，真正意义上的理论研究才刚刚开始。过去的研究，多受到传统学科理论的局限，多局限于地方视野，很多时候就是在某一点上的探索，或者隔靴搔痒，或者王婆卖瓜似地自圆其说。这不能够在整体上对东巴文化做出科学的结构性分析。东巴文化研究的瓶颈问题没有得到解决。白庚胜先生的《东巴神话象征论》《东巴神话研究》从神话学和民俗学、色彩学的角度打破了这种僵局，开拓东巴文化研究的新视野。但是，东巴文化的丰富性和复杂性，还需要更多的理论和方法来解读。杨杰宏博士的这本著作，就是借助美国学者帕里和洛德的口头诗学理论，并进一步延伸到仪式程式理论上来解读。这就高屋建瓴式地从结构上根本解决了纳西族东巴神话和东巴仪式叙事程式化理论问题。而且，在具体理论和材料上多有新的发现。人类文化遗产必须要有新的材料、新的方法、新的理论来指导、借鉴，他山攻玉就会卓有成效。开阔视野，才能纲举目张。把东巴文化摆在全球文化视野下讨论，才能更好地与世界对话，才能够传扬优秀的纳西文化。

第三，纲举目张，整体把握。只有从理论体系上梳理纲目，才能整体把握纳西族传统文化，也才能从根本上认识和阐释纳西族的东巴文化内核。杨杰宏博士在这本书中构建了纳西族东巴仪式叙事的程式化理论体系。首先，他对国际上一个世纪以来较为系统化的口头诗学理论进行系统分析，并与之联系到纳西族的民间口头诗学和东巴教书面诗学的实际中，分析出西方口头诗学理论的系统性和科学性，并从纳西族口头诗学叙事程式中发现个性化特点，由此而开始创建适合纳西族仪式叙事程式化的理论。他摆脱了简单、教条地接受外来学术理论的做法，而是用自己在田野调查中得到的丰富资料来构建中国式的仪式叙事程式化理论，并用这种理论来统领和反观纳西族东巴仪式叙事程式化内容，从而达到双向实证研究效果。这是最为可贵的。当然，这与他先前的理论修养和田野调查以及较强的学术思辨能力都有着密切的关系。试想，若他不是那么深入地了解纳西族东巴文化隐藏较深的仪式程式和口头诗学程式化的奥妙，就是拿着西方较为成熟的口头诗学理论和仪式叙事程式化理论，也只能是蹩脚地机械套用，而不是现在这样，积极主动地去构建符合东巴仪式叙事的理论。他在书中还对日本学者以蒙古族长诗与纳西族创世诗歌比较中的一些错误作了较为客观公正的批评。他的可贵不仅是在整体纲目上的把握和创建，而且在具体概念上做了既能包容和共有公共概念如大词等，又能够寻找到来自纳西族东巴仪式叙事的"哲作"，并且，把它作为一个本土文化中产生的概念。这种概念的来源、不同的文化内涵和经典仪式中的互证，都达到令人信服的地步。这不仅是研究的一种方法，也是治学的一种品质；就是实事求是。

第四，兼收并蓄，推陈出新。杨杰宏博士的这本论著给我们的启示就是，任何一门学问（学术理论）都有自己的理论构架和特殊视角，但任何一门学问（学术理论）都会有自己的局限。单学科拼搏的时代早已过去，多学科交叉互用，才能够推陈出新。杨杰宏书中大量运用了语言学、文字学、宗教学、神话学、美术、音乐和舞蹈艺术等理论来构建东巴仪式叙事程式化理论。这正是我们很多纳西族东巴文化研究者值得学习的地方。历史在前进，时代在进步，社会在发展，学术理论和方法都在不断地更新进步；抱守残缺，或保守自闭，或自以为是的做法，只会被社会和时代所唾弃。敢于做时代的弄潮儿，善于学习、开放包容，从学术理论的高度审视历史，客观地评价历史，才能够进步，才能够与国内外各种学科的专家学者们交流互动，真正与时代大家们同行。成果固然重要，而取得成果的方法更为重要。这也是我认识杨杰宏博士以来体会最深的一点。

第五，时不我待，学无止境。杨杰宏博士的这本论著是一个成功的开端，但不是终结。纳西族东巴文化，是世界上最为难得的一份人类文明肇始以来文化变迁、文字和文献产生发展变化的活标本。一方面运用世界各民族的文化作比较研究，另一方面迫切地需要做科学系统地保护、抢救和研究东巴文化的工作。杨杰宏博士的论著中非常系统科学地论述了20世纪下半叶纳西族东巴文化研究的曲折历程、成就和教训。认识历史是为了更好地做好现在和将来的工作。同时，全球化带来的城市化快速改变着中国农村的面貌，纳西族传统村落也在快速发生变化。东巴文化传承面临着严峻的考验。东巴人数增加并不能够缓解传承的危机，东巴质量变化给我们提出更高的要求。三万册左右的东巴经书还没有释读和记录。好些东巴教传统仪式已经在纳西族地区消失。一些国内外收藏的东巴经书，没有多少人能够释读。年轻的东巴越来越适应现代化的生活节奏，耐不下性子来钻研经书、学习仪式规程和丰富的东巴文化内容。社会对文化的需求越来越倾向于简单化和形式化。所以,如果要真正研究东巴文化,那么就必须像上世纪末一样重视东巴文化的基础性抢救工作,要让研究者们积极系统地做调查、记录、研究工作。或者说,今天的研究,不是简单地依靠前人翻译记录东巴经书和仪式规程资料来研究,而是要抢救性研究,到田野里去,带着问题去收集资料和发现问题,继而分析和归纳出其文化特征和学术价值。这本书里提到的很多概念和内容都需要进一步系统研究。就这点来说,杨杰宏博士这本书出版以后,还需要更上一层楼地研究下去,而不是这方面研究的终结。我想,这一点,杨杰宏博士也会与我有同样的认识。

最后,衷心祝贺杨杰宏博士的新作出版,也希望他在以后的研究中,写出更多更优秀的著作。

和力民

2017 年 10 月 30 日于丽江

和力民(1955—),云南丽江人,纳西族,丽江东巴文化研究院研究员,西南大学研究生导师,从事东巴文化研究三十多年,完成《纳西东巴古籍译注全集》的翻译出版工作 12 卷本,达 474 万字。30 年间徒步走遍滇川藏境内的纳西族地区,拜访百余位东巴,多次主持民间东巴仪式,培养了 50 多个东巴传承人。《田野中的东巴教文化》《东巴什罗源流考略》《论东巴教的派系及其特点》《金沙江岩画的发现和初探》等相关著述在国内外的纳西学领域有着广泛影响。

摘　要

　　仪式行为产生文本。在仪式叙事中，口头叙事与仪式是同构互文的关系。本书以东巴仪式叙事传统为研究个案，重点研究仪式叙事中的程式化特征。通过对"哲作"这一多义词语的概念分析以及东巴祭天仪式、东巴丧葬仪式的田野民族志考察，本书发现不仅口头传统中存在"程式"，仪式叙事中同样存在"程式"。"程式"既是"哲作"多元义项的本质特征，也是仪式叙事要素的最大公约数。基于此，本书构拟了一个涵盖二者的"仪式程式"概念。"仪式程式"是仪式主持者进行仪式叙事和表演的内部运作法则及组织单元，是口头传统与仪式叙事的联结点，也是仪式叙事的程式单元的总和。东巴仪式中普遍存在着高度程式化了的表演单元，包括表演动作技法、表演主题、表演场景以及表演类型，程式是这些不同叙事要素及单元得以有机联结的共同基因。这些程式在仪式叙事文本中是相对稳定的，重复律是共性，在不改变仪式叙事的核心结构及情节基干的前提下，仪式的程序、主题、规模、时间、空间可以进行相应的调整、增减、组合，并共同成了一个流动的、活态的、互构共融的多模态的仪式叙事文本。"仪式程式"在仪式叙事的功能如同口头歌手在口头表演中运用的"大词"，为仪式主持者灵活机动地组织、创编仪式叙事及仪式表演提供了充足的"武器库"。"仪式程式"概念的提出，基于"口头程式理论"的延伸性研究，也是这一理论对仪式叙事的一次理论实践，这对与仪式叙事紧密关联的史诗、神话等口头传统的研究有着积极的借鉴意义，同时对于仪式表演以及传统戏曲的深入研究也有相应的参考价值。

　　关键词：仪式程式；口头传统；仪式叙事；表演；东巴

Abstract

Ritual behavior produces text. In ritual narration, the rel-ation-ship between oral narration and ritual is intertext-uality. This disser-tation takes Dongba traditional narration as an example, focusing on the relationship between oral tradition and ritual narration. For the people who perform the oral epic, he not only has to take on the task of performance, but host the whole ritual, which dominates the over-all process. When hosting the ritual he has to sing songs, play music instrument, dancing, drawing and mimicking drama and so on. Thus he plays an important role as an epic singer, a flamen, the dancers, the painter, "the editor" of the ritual. How can he be competent for such multiple identities? And how can he make all of these in harmo-ny? What's the relationship between oral tradition and that rituals' factors? By fieldwork and analyzing the conception of 't ʂər^{55}dzo^{31}', Dongba Ceremonies to worship heaven and Dongba funeral rituals, the writer discovered that "formula" exists in the oral tradition, but also in the ritual narration. Base on this, the writer reconstructed a new conception named "ritual formula", which includes epic per-formance, ritual processing, and different layers of ritual perform-ance, and they composed the text of ritual narration. It composed of oral narration and the text of writing narration and composite of hyper-text markup language. In Dongba ritual of oral narration text, "for-mula" used the Dongba pictograph and Naxi language, Dongba danc-ing used traditional dancing body language, and Dongba drawing and crafts used colors and formative language. The formular becomes the organic link of these different "languages", and these formulaic ritual program, theme or typical scene and ritual-type provided plentiful props for Ritual narration. Those highly formulated component of ritual narration will flexibly change according to the ritual fields. Meanwhile, the ritual's process, theme, scope, time and place can be adjusted without changing the core of the ritual, so that a flowing, living and harmony simulation state ceremony can be built. The conception of "ritual formula" used in the ritual narration is beneficial to further study the complex relationship of oral tradition and ritual narration, and also beneficial to the indepth study of ritual performance and traditional opera.

Key words: Ritual Formula; Oral Tradition; Ritual Narration; Performance; Dongba

目　录

导　论 …………………………………………………………（1）

　第一节　确定选题与理论背景 ………………………………（1）

　第二节　研究成果概述 ………………………………………（10）

　第三节　研究目的与研究方法 ………………………………（18）

　第四节　相关概念及说明 ……………………………………（24）

第一章　东巴仪式叙事传统概述………………………………（32）

　第一节　东巴仪式叙事传统的特征与概念 …………………（32）

　第二节　东巴仪式叙事传统要素………………………………（37）

　第三节　东巴仪式叙事传统的传承与流布 …………………（48）

第二章　东巴仪式叙事程式
　　　　——基于"哲作"的概念问题探讨 ………………………（76）

　第一节　"哲作"的基本义项探讨 ……………………………（76）

　第二节　"哲作"的语义分析及概念特征 ……………………（84）

　第三节　故事形态分析理论中的"哲作"概念检验 …………（91）

　第四节　"哲作"的程式化特征 ………………………………（108）

　第五节　"哲作"与"仪式程式" ………………………………（126）

第三章　仪式叙事的程式化特征

　　——以祭天仪式为例 ·················· （131）

　　第一节　祭天仪式的民族志考察 ·········· （132）

　　第二节　祭天仪式的程式化特征 ·········· （148）

　　第三节　祭天仪式叙事的主题与类型分析 ······ （155）

第四章　仪式表演的程式化特征

　　——以东巴超度仪式为例 ·············· （174）

　　第一节　东巴仪式表演的文化表征 ········· （174）

　　第二节　东巴超度仪式的民族志考察 ········ （183）

　　第三节　东巴仪式表演的程式化特征 ········ （193）

　　第四节　东巴仪式表演的主题或典型场景 ····· （232）

　　第五节　东巴仪式的表演类型 ··········· （242）

　　第六节　仪式表演的结构分析 ··········· （248）

总论：仪式中的叙事与表演 ············· （257）

附　　录 ······················ （269）

主要参考文献 ···················· （289）

索　　引 ······················ （297）

后　　记 ······················ （299）

Contents

Introduction ·· (1)

Section 1   Theoretical Background for Determining
   Selected Topics ·· (1)
Section 2   Overview of Research Results ···················· (10)
Section 3   Research Purposes and Research Methods ·········· (18)
Section 4   Related Concepts and Explanations ·············· (24)

Chapter I   Overview of Dongba Narrative Tradition ·········· (32)

Section 1   Characteristics and Concepts of the
   Dongba Narrative Tradition ······························ (32)
Section 2   Traditional Elements of Dongba Narrative
   Tradition ·· (37)
Section 3   The Inheritance and Inheritance and
   Spread of Dongba's Narrative Tradition ················· (48)

Chapter II   Dongba Ritual Narrative Formulation
   —Discussion on the Conceptual Problems Based on 'Zherl zoq'   ··· (76)

Section 1   The Basic Meaning of 'Zherl zoq' ················ (76)
Section 2   The Semantic Analysis and Conceptual
   Features of 'Zherl zoq' ································ (84)
Section 3   Test the Conception of 'Zherl zoq' Through
   the Theories of Story morphology ······················ (91)
Section 4   The formulaic features of 'Zherl zoq' ·········· (108)

Section 5　'Zherl zoq' and Ritual Formula ·················· (126)

Chapter Ⅲ　The Formulaic Features of Ritual Narrative
　　—Taking the Sacrificial Ritual as an Example ···················· (131)

Section 1　Ethnographic Study of the Sacrificial Ritual ············ (132)
Section 2　The Formulaic Features of the Sacrificial Ritual ······ (148)
Section 3　Analysis of the Theme and Type of the Sacrificial
　　Ritual ·· (155)

Chapter Ⅳ　The Formulaic Features of Ritual Performances
　　—Take Dongba's Funeral Ritual as an Example ···················· (174)

Section 1　Cultural Characterization of Dongba Ritual
　　Performance ·· (174)
Section 2　Ethnographic Study of Dongba Ritual
　　Performance ·· (183)
Section 3　The Stylized Features of Dongba Ritual
　　Performance ·· (193)
Section 4　Themes or Typical Scenes of Dongba Ritual
　　Performance ·· (232)
Section 5　Types of Performance of Dongba Ritual
　　Performance ·· (242)
Section 6　Structural of Ritual Performance ···················· (248)

Conclusion：Narratives and Performances in Ritual ·············· (257)

Appendix ·· (269)

Bibliography ·· (289)

Index ·· (297)

postscript ·· (299)

导　论

第一节　确定选题与理论背景

一　确定选题

确定选题既要基于自身的知识架构与前期准备，也要着眼于本学科领域的进展方向。一开始进入博士后学习阶段，研究选题一直成为一块纠结不已的心病。这与自身的知识结构与积累直接相关，本科学历史专业，在民族史专业方面有了初步的学科积累，对西南民族史尤其是纳西族历史有所初探；硕士研究生阶段转向纳西族与藏族宗教联系中的语言学考察，主要对东巴文化中的苯教、藏传佛教文化因子从语言学角度做了一些基础性的梳理研究；博士阶段转向艺术人类学，重点研究纳西古乐与纳西族文化变迁及重构的互动关系。虽然在不同学习阶段中学科处于不断转换中，但研究对象一直以纳西族传统文化为主。在这些阶段的学习中，注意到东巴文化作为纳西族的标志性文化，在纳西族的历史及传统文化中或隐或显地起着决定性作用，也是纳西学研究领域的重中之重，笔者也想在此方面能够深入持续地研究下去。在研究生学习阶段开始接触到口头诗学理论，注意到这一理论范式对口头传统研究领域产生的深远影响，而在东巴文化研究领域，这一理论范式却付之阙如，由此萌发了借口头传统之"石"来攻东巴文化之"玉"的初步想法。毕竟东巴文化的载体——东巴经中保留着诸多脍炙人口的口头传统经典，如被称为东巴文化"三颗明珠"的创世史诗《崇搬图》（《创世纪》）、英雄史诗《董埃术埃》（《黑白战争》）、长篇叙事诗《鲁般鲁饶》等。以口头诗学理论来观照纳西族史诗是选择博士后课题的初衷。

当时的想法是选择一部纳西族史诗作为研究对象，从口头程式理论中的程式、步格、韵式、诗行、语词、结构进行对应式的个案研究。对此笔者还是有一定的把握，因为十多年来的东巴文化研究还是积累了不少的材料及研究经验，且口头程式理论在国内史诗研究领域已成气候，可参照的论述成果也不少。在这样想法的支配下，笔者拟定了一个课题研究提纲，但在向导师尹虎彬老师汇报选题过程中遭到了否决。尹老师认为这种先入为主的研究模式不利于自己学术方向的发展，最大的问题是没有问题意识，建议结合东巴叙事传统的特点，多看看口头诗学、民俗学、宗教学、语言学方面的经典论著，结合田野调查，从中思考、发现研究方向及问题，强调必须要在问题意识的引导下形成自己的研究路径。朝戈金老师也不止一次提及不要局限于地方性视野，必须把研究方向置于国内外的研究视域中，打牢学科基本功的同时，关注学科发展的新特点、新问题，发现新的理论生长点，这样才能找到自己的研究方向及位置。巴莫曲布嫫老师在交流中提醒理论先行之弊病，须从理论的宏观层面与田野材料的微观例证相结合。醍醐灌顶，"临渊羡鱼，不如退而结其网"。一年多时间里，老实看书与田野调查成为笔者两项选题的"案头工作。"其间有幸与国内外的民俗学、口头诗学的专家、学者进行了诸多有益的交流、学习；同时，与所里的研究人员一同到湖北、海南、四川、云南等地对口头传统资料做了一些调查，自己对东巴仪式也做了三次深入的田野调查，从而拓展了研究思路，开阔了研究视野，研究选题也逐渐成形。

笔者在南方民族口头传统的田野调查中发现这么一个共性现象：这些民族的史诗、神话、故事演述往往与仪式相融合，口头叙事文本为仪式服务，其内容、规模、形式也受到仪式的制约，这与已经脱离了仪式语境的《荷马史诗》以及游吟诗人演述的娱乐型史诗存在很大的差异。由此想到，这种在仪式中演述的史诗是否可定位为"仪式史诗"？正如有些在礼仪场合中演唱的民歌称为"礼仪歌"。但史诗与民歌不可同等观之，且"仪式史诗"这一定义未免有宏大泛化之嫌。正如朝戈金老师指出的，史诗原型都与仪式存在千丝万缕的联系，如何区分"仪式史诗"与"非仪式史诗"是一个重大难点，且"仪式史诗"的理论支撑、内部构成、运作机制、材料证据都需要严谨的论证梳理。① 分类法是学术研究的利器，也是双刃剑，学科概念之争大多源于分类的目的、范式、视角、主体不同。"仪式史诗"的分类也是如此，何为"仪式史诗"的分类标准？"仪式史诗"与"非仪式史诗"之间是否存在其他史诗？如藏族英雄史诗《格萨尔》演述场域中也有仪式，但与纳西族、苗族、彝族、壮族、黎族等的"仪式史诗"存在明显区别，前者的仪式是为演述《格萨尔》服务，② 而后者却反之，二者不可同观。另外，对仪式概念及范畴的探讨也涉及诸多学科难题，明显力所不逮。

基于此，本书关注点放在了仪式中口头传统的演述、运作机制方面。口头诗学理论的核心特征是口头程式。这些高度程式化了的"大词"是从传统中习得而来，成为口头歌手的常备"武库"，这也是他们能够滔滔不绝演述成千上万诗行的秘诀所在。

在田野调查中，有个东巴仪式中频繁用及的词语——"哲作"（tʂər⁵⁵dzo³¹）引起了笔者的思考。"哲作"是个多义词，包含了"情节""段落""仪式程序""仪式表演套式""仪式类型""故事模式""故事集群"等多个义项，与母题、类型、功能、程式、主题或典型场景、故事范型、大词等理论概念有一定的对应性。但从作为"我者"的东巴立场而言，"哲作"的概念内涵所指并不仅限于口头或书面文本，还涉及构成仪式叙事的诸要素，包括仪式程序、仪式主题、仪式场景、仪式类型、仪式表演等。"程式"既是"哲作"多元义项的本质特征，也是仪式叙事要素的最大公约数。

在南方诸多民族的口头传统中也存在类似的情况，除了在仪式中的口头演述外，还包含了唱歌、跳舞、绘画、雕刻、游戏、模拟戏剧等多元表演单元，口头表演与这些不同表演单元是并行、递进中展开的。一个口头传统的传承者不仅需要熟练掌握口头文本内容，同时也要掌握仪式规程、仪式法器制作、仪式表演技能等多种知识才艺。由此想到，作为口头传统的传承者，他是如何把口头叙事与诸多不同的仪式表演内容在仪式中有机融合的？二者之间的关系如何？是否存在一种对应的操作方式？也就是说，口头传统中的"程式"在仪式中起什么作用？将"口头程式"理论引

---

① 根据 2013 年 6 月 21 日与朝老师交流材料整理。
② 丹增诺布：《〈格萨尔〉史诗的神圣性与演唱仪式》，《西藏艺术研究》2012 年第 3 期。

入仪式关系研究，可能成为破解仪式与史诗、神话、故事等口头传统之间深层复杂关系的突破口。

由此研究选题也逐渐浮出水面。当然，将南方民族的口头程式与仪式叙事关系研究作为研究对象也过于宏大，且对仪式中的口头传统类别而言，绝非以南北之分可以界定，北方民族中的蒙古族、满族、达翰尔、赫哲族等也存在着丰富的仪式类口头传统。基于此，笔者选择了以东巴仪式叙事传统作为研究对象，重点研究东巴仪式叙事中的程式化特征。

纳西族与氐羌后裔——藏缅语族中的诸多族群有着深刻复杂的文化渊源关系，东巴文化中又杂糅了大量的藏族苯教、藏传佛教、汉族道教的文化因子；东巴叙事传统中的宗教叙事、仪式叙事、神话叙事等特征与不同区域、族群的叙事传统也存在诸多重合交叉的内容。以东巴叙事传统作为研究个案，不仅仅局限于纳西族内部的"民族学研究"，而且是对以仪式为中心的程式与叙事传统关系做一些尝试性研究。个性寓于共性，个性反映共性。东巴叙事传统是个性，程式与仪式叙事关系是共性，重在对二者的有机把握与辩证统一。

二 研究理论背景

本书的研究维度所指为仪式叙事中的程式化特征研究，"叙事"与"仪式"是两个关键词。仪式中有叙事，叙事融于仪式，二者互为表里，是同构互文的关系。仪式一直被人类学家视为观察人类情绪、情感以及经验意义的工具，成为民族地研究者阅读和诠释社会的一种不可多得的"文本"。比起日常生活中"秘而不宣"的意义而言，仪式是较为公开的集体性叙事，具有经验的直观性。仪式的这些特征都使得人类学家热衷于将它作为一种文化生成及意义的研究对象。而人类学家关注的仪式中，神话、史诗、故事、传说成为仪式叙事的主要表征，尤其是神话与仪式的关系成为最早关注的研究视域，甚至形成了专门以此为研究对象的"神话—仪式"学派。相较于"神话—仪式"学派所关注的象征、意义、结构、宗教等"外在性"研究，晚近崛起的口头诗学学派则更侧重于口头传统的"内在性"研究，即这些神话、史诗等口头叙事文本的内在构成及表演规律研究。二者共同构成了本书的研究理论背景，也是建构本书的主要理论来源及理论支撑点。

（一）"神话—仪式"学派诸说概述

"仪式"是一个具有理解、界定、诠释和分析意义的广大空间和范围，被认为是一个巨大的话语（large discourse）。^①仪式的概念所指涵盖了历史及社会各个方面，加上由此也带来了概念理解的巨大差异性。仪式与神话关系研究的鼻祖应算古希腊哲学家亚里士多德，他提出的戏剧源于酒神祭祀仪式的学说迄今没有更权威的学说取而代之。酒神狄奥尼索斯本身亦庄亦谐的特点和精神是促使戏剧产生于酒神祭祀仪式的深层原因，同时祭祀仪式中的酒神颂及仪式中面具的使用对戏剧的形成也至关重要。^②

英国著名女学者赫丽逊（Jane EllenHar-rison）在其《古代艺术与仪式》中，考察了盛行于原始希腊的各种春季仪式（springrites），并根据古希腊剧作家埃斯库罗斯、索福克勒斯、欧里庇得斯以及哲学家柏拉图、亚里士多德等提供的线索，得出了一个意义深远的发现：希腊悲剧是从一种春季仪式——酒神仪式移位而来。亚里士多德的戏剧起源说是从诗学发生论的视野来论述的，而"神话—仪式"学派则把研究视野投射到广阔的宗教、思维、语言、历史等学科领域中，形成了一个完整的知识谱系。根据神话—仪式理论，所有存在的神话都和仪式密不可分，所有神话都是早期人类对仪式的解释。根据史密斯的理论，人们最初进行的仪式和神话没有关系。后来我们忘记了最初举行仪式的原因，就尝试编一些故事来解释仪式，并声称举行仪式是为了纪念神话中描述的事件。由此断言"神话来源于仪式，而非仪式来源于神话"^③。弗雷泽也认为原始人最早信仰魔法，后来人们对魔法失去信心，就发明了神话，并且说他们之前举行的魔法仪式是为了安抚众神而进行的宗教仪式。弗雷泽却又断然拒斥仪式总是或者通常先于神话的观念。就其关于巫术和宗教的观点所体现出来的一般倾向而言，神话先于仪式的理论或者教条正是其所需要的：只要在他看来仪式行为有着理性的目的，就预设了一个自然因果关系的理论或者某种神学。^④现代人类学家哈里森则也持"仪式一定是先于神话"的观点，他认为在古

---

① Bell, C., *Ritual Theory, Ritual Practice*, New York & Oxford: Oxford University Press, 1992, p. 1.

② ［古希腊］亚里士多德：《诗学》，陈中梅译，商务印书馆1996年版。

③ Frankfort, Henri, et al., *The Intellectual Adventure of Ancient Man: An Essay on Speculative Thought in the Ancient Near East*, Chicago: University of Chicago Press, 1977, p. 15.

④ Frazer, James, *The Golden Bough*, New York: Macmillan, 1922, p. 711.

希腊语中，神话的定义就是"在仪式行为中所说的东西"。后期人类学家逐渐摒弃了神话与仪式孰先孰晚的"鸡与蛋"问题，普遍转向把二者相互交融的同一范畴体系研究。利奇认为神话和仪式都是对同一种信息的不同交流方式，二者都是关于社会结构的象征性、隐喻性表达。①美国历史学派代表人物博厄斯也认同神话与仪式的协约关系，"仪式本身是作为神话原始性刺激的产物"②。功能主义学派奠基人马列诺夫斯基则从"功能"角度阐述了二者关系：神话并不仅仅是历史的叙说；神话作为一种口头传承的"圣书"，作为一种对世界和世人的命运施以影响的现实，为古老意识所领受。所谓神话与仪式均为某种举措的再现与重演。③

但仪式与神话并不总是如此协约般对应出现，在不同时空条件下，二者也存在互疏关系，如南非卡拉哈里沙漠游牧民族的神话异常丰富，而仪式却寥寥无几；北美洲的因纽特人却与此恰好相反。④ 还有一个不可忽略的考察尺度是历时性的文化变迁，诸多神话随着时代的变迁而从仪式中脱落，或者仪式中的神话数量与内容呈现递减情况。美国人类学家克拉克洪从仪式与神话的辩证关系中洞察到了二者的矛盾性：二者在同一背景和环境变数中发生的变化并不一致，相对于作为"行为模式"的仪式与作为"观念模式"的神话，仪式更容易产生变化。⑤

笔者在此引述"神话—仪式"学派的不同理论观点，重在说明"神话—仪式"所涵盖的内涵及范围构成了一个"一个巨大的话语"（large discourse），其构成因素、功能、意义、范围极为复杂多元，特别是那些重大的、神圣的、祭祀的、传统的、代表性的仪式往往具有文化的整体表述功能。比布·布郎恩认为，《圣经》中的"文学"与仪式相结合形成的"仪式表述与叙事"（ritual words and narrative），本质上是一种不可替代、不容置疑的权力"话语"和"势力"，其功能是让人们相信"上帝是真实存在

① Leach, *The Politics Systems of Highland Burma：A Study of Kachin Social STructure*, London：G. Bell, and Sons, 1954, pp. 13 - 14.

② F. Boas, *General Anthropology*, Boston, New York：D. C. Heth, 1938, p. 617.

③ ［美］马列诺夫斯基：《巫术与宗教作用》，载史宗主编《20世纪西方宗教人类学文选》，上海三联书店1995年版。

④ 彭兆荣：《人类学仪式的理论与实践》，民族出版社2007年版，第42页。

⑤ Kuluckhohn, *Myths and Ritual：A General theory*, Blackwell Publishers, 1998, p. 320.

的"①。克利福德·格尔兹也持类似观点，他认为正是通过圣化了的行动——仪式，才产生了"宗教观念是真实的"这样的信念；通过某种仪式，形式、动机与情绪及关于秩序的一般观念才是相互满足和补充的。通过仪式，生存的世界和想象的世界借助一组象征形式而融合起来，变为同一个世界，而它们构成了一个民族的精神意义②。东巴叙事传统中，仪式中的神话叙事是其主要特征，"仪式"与"神话"的深层关系既是构成其叙事传统的内核所在，也是仪式叙事程式化特征研究的关键着力点。"神话—仪式"学派的诸多观点无疑具有重要的参考价值，尤其是程式的生成与仪式叙事的传统指涉性密切相关，对此的深入研究必须建立在仪式与神话的互文研究中。

（二）口头诗学理论视野下的仪式与史诗研究

20 世纪 30 年代，美国学者帕里、洛德二人通过对南斯拉夫地区活形态史诗的田野调查研究与《荷马史诗》的文本分析相结合，发现与南斯拉夫的史诗演述风格相似，《荷马史诗》的演唱风格也是高度程式化的，从而论证了《荷马史诗》是口头传统的产物。帕里—洛德的研究范式建构了一整套严密的口头诗学分析方法——口头程式理论。程式是构成口头诗学的核心概念。洛德发现，程式不仅存在于循环性重复使用的传统性片语上，而且也存在于故事的主题或典型场景，以及不同的故事范型中。弗里从歌手立场出发，把程式片语、主题或典型场景、故事范型称为"大词"（Large word），他认为正是"运用着程式、主题和故事型式这三个'词'，口头理论解答了行吟诗人何以具有流畅的现场创作能力的问题。这一理论将歌手们的诗歌语言理解为一种特殊的语言变体，它在功能上与日常语不同，与歌手们在平常交际和非正式的语言环境中所使用的语言不同。由于在每一个层次上都借助传统的结构，从简单的片语到大规模的情节设计，所以说口头诗人在讲述故事时，遵循的是简单然而威力无比的原则，即在限度之内变化的原则"③。

相对来说，帕里—洛德理论关注的是歌手如何传承、创编口头史诗

① Bibb, Bryan D., *Words and Narrative*: *Worlds in the Book of Leviticus D.*, T. & T. Clark, Ltd, 2008, p. 8.

② Geertz, Clifford, *The Interpretation of Cultures*, Basic Books, Inc. 1973, pp. 87 – 125.

③ ［美］弗里：《口头程式理论：口头传统研究概念》，朝戈金译，《民族文学研究》1997 年第 1 期。

的内部运作规律，而对仪式与史诗的复杂关系并不作为研究对象。另外，南斯拉夫地区口头史诗生存的文化形态也与"神话—仪式"学派的人类学家所关注的"仪式"大相径庭。帕里、洛德之后，把史诗研究领域拓展到仪式、宗教领域，且成就较大的以格雷戈里·纳吉、劳里·航柯为代表。

纳吉为《荷马史诗》的语境恢复做出了卓有成效的努力，但也清醒地指出，《荷马史诗》与其他国家、不同民族的史诗不具有等同性，如印度史诗与《荷马史诗》不可等同论之。他认为宗教在印度活形态口头史诗传统中起了关键性作用，而对"宗教"的理解是基于神话与仪式两个层面的交互作用，是用崇拜（cult）来限定"宗教"的概念范畴，"崇拜"界定为"将仪式和神话的诸要素结合起来的一整套实践"。印度史诗传统功能的表现既是仪式又是神话，"史诗演述通过仪式成为保护和治疗；同时史诗的叙事表达了地方意识形态，进而在地域性神话与泛印度的神话之间形成种种通衢"。由此他认为古希腊史诗叙事传统的形成与制度化的宗教祭奠节日——泛雅典娜节密切相关，"在祭仪中，这些英雄受到崇拜的特定语境中，它扩展到了英雄的概念……在古希腊有关英雄的史诗传统及其发展中，对英雄的崇拜可以说是一种亚文本（subtext）。此外，在地方层面上是英雄崇拜，在泛希腊层面上则是英雄史诗"①。

劳里·航柯通过对印度西里人（Siri）口传史诗的研究，对取例于西方的史诗传统概念进行了反思。他把史诗文类的内涵界定置于全球的、区域的、地方的三个传统背景中；认为史诗的宏大性突出表现在它的神话和历史结构上的意义及对族群的重要意义上；超级故事（superstories）以其长篇的形式、诗学的力度、神话和历史内容，为集团或个人的文化认同铺平了道路。史诗是关于范例的宏大叙事，这个表述保留了以往关于史诗的一些基本认识，即史诗是关于历史上的英雄及其业绩的长篇叙事诗歌，但是去掉了"诗歌"的限定，因为史诗未必都是以诗体来演述的。就印度西里人的史诗来说，除了诗歌本身之外，它还以其丰富的内涵展示出丰富多彩的人物和事象。这种丰富性，其中的一部分来自反复出现的形象和行为：诞生、订立婚约、婚礼、成年礼、享宴、葬礼等，这些事象把史诗的

---

① ［美］格雷戈里·纳吉：《荷马诸问题》，巴莫曲布嫫译，广西师范大学出版社2008年版，第61—68页。

叙事统合起来，与史诗受众的个人经验相互作用，其结果便是，史诗的文化意义大大超越了某一个史诗文本的局限。①

　　笔者意在说明，西方学术体系下"史诗"概念内涵的形成与扩大基于已经与仪式高度脱离了的《荷马史诗》，而以此作为"史诗"概念的法则，事实上以先验论的形式区隔了史诗的两种形态：典型性史诗与非典型性史诗，② 由此也遮蔽了不同区域、民族的史诗传统的多样性特征。格雷戈里·纳吉与劳里·航柯为史诗研究的转向做出了突出贡献，也促进了国内口头诗学研究的深层拓展，这也为本文的立论提供了诸多理论支撑。东巴叙事传统的形成、传承与流布与东巴教的形成、发展密切相关，叙事传统与族群传统存在互构的同一性，而这一互构过程与早期古羌文化、藏缅语族群文化底层的继承、发展，对周边民族宗教文化的吸纳等文化事实存在内在逻辑关系。具体来说，东巴叙事传统背后存在一个吸纳、消化共源文化、外来文化的本土化过程。纳吉认为，古希腊神话与史诗的形成过程与"祖语"（proto-language）希腊化的三个过程是同步进行的：印欧语系诗歌的希腊化、印欧语系神话与仪式的希腊化、印欧语系社会意识形态的希腊化。③ 东巴叙事传统中的洪水神话、上天求婚、送魂、父子联名制、火葬、山神、树神、水神祖先神等的自然崇拜与祖先崇拜等传统文化与彝语支、藏缅语族的文化存在着共源关系，而这些共源文化又因所处的地理环境、历史进程、经济发展、民族关系等状况存在着不同程度的差异，由此也折射到本土化过程中，形成大同小异、小同大异的文化格局。纳西族的东巴教在吸纳了大量的苯教、藏传佛教、道教内容后，与同一语支内的原生宗教形态发生了较大的差异，而这些差异也是东巴叙事传统本土化的结果。具体来说，东巴叙事传统的本土化进程是通过三个层面达成的：语言文字及口头传统的本土化、宗教仪式的本土化、宗教意识形态的本土化。东巴叙事传统的核心特征是宗教叙事，口头传统依存于宗教仪式，史诗演述成为族群传统文化的宏大叙事，具有"社会宪章"的文化功能。在此意义上，东巴叙事传统中的神话、史诗、故事不只是用来审美的文学消费品，而是一种生活方式，一种文化意义的实践。

---

① 尹虎彬：《中国史诗的多元传统与史诗研究的多重维度》，《百色学院学报》2009 年第 1 期。
② 参见吴晓东《史诗的典型性与非典型性》，《国际史诗峰会论文提要》，2012 年 11 月。
③ Gregory Nagy, *Greek Mythology and Poetics*, Cornell University Press, 1990, p. 2

第二节　研究成果概述

一　东巴叙事传统研究成果概述

"以文学为取向"与"以历史主义为取向"构成了东巴叙事传统研究的主要范式，二者彼此消长，又相互交叉。前者把东巴叙事传统视为与作家文学相对的"民间文学"或"口头文学"，通过去宗教化、去仪式化改造以后成了可以为新时代服务的"大众文学"；后者则着重于文献产生、发展演变、衰落消亡等一些历史主义倾向的假设命题，在收集、翻译、整理过程中以意识形态的观点来代替科学研究。

（一）以"历史主义为取向"的研究范式及成果

"以历史主义为取向"的东巴叙事传统研究是在历史学、民族学、人类学的学科维度中展开的。这一取向把东巴叙事传统视为"人类童年文化"的"遗留物""活化石"，从而纳入社会进化论语境中的低级社会发展序列中。早期西方传教士、学者收集东巴叙事传统更多的是把它视为与西方文明相对而言的"异文化""微型社会标本"，而中华人民共和国成立以来，历次民间文学"生产运动"则与阶级斗争的政治话语密切相关。东巴叙事传统及其所反映的事象成为原始社会向阶级社会发展的"活化石"，其间有些材料成为奴隶社会、封建社会阶级斗争的典型材料。从中可看到，东巴叙事传统的收集整理一开始就带上了浓厚的社会进化论的色彩，而这与近代以来西学东渐，建构现代国家的历史事实有着内在的逻辑统一。

东巴叙事传统的研究肇始于西方对东巴经籍文献的收集。随着中国逐渐沦为半殖民地，深藏于喜马拉雅山脉的东巴经籍文献因其特有的"象形文字""原始宗教""苯教文化因子"等文化特征引起了西方学者的关注。

1867 年，法国传教士德斯古丁斯（Pere Desgc-dins）从丽江寄回巴黎一本东巴经《高勒趣赎魂》。法国学者巴克（J. Bacot）于 1913 年出版的《么些研究》对东巴文学的口语、词汇、语法做了语言学方面的研究。美国学者约瑟夫·洛克在纳西族地区收集到了 8000 多卷东巴经籍，先后出

版了《中国西南的古纳西王国》《纳西语、英语百科词典》《纳西人的纳
迦崇拜及有关仪式》等学术著作，同时用英语翻译了《开美久命金的爱情
故事》（1939 年）、《祭天仪式》（1948 年）、《纳西族的纳加崇拜及有关仪
式》（1952 年）、《指路葬仪》（1955 年）等东巴经书，客观上系统地向国
外介绍了东巴神话、史诗、故事。

　　西方对东巴经的收集、整理研究引起了国内学者的关注，倒逼国内学
者"知耻而后勇"。方国瑜于 1933 年翻译了创世史诗《崇般图》及若干经
书的章节，1936 年完成了《纳西象形文字谱》初稿。李霖灿于 1946 年出
版了《么些象形文字字典》《么些标音文字字典》《么些经典译注六种》，
后一本内容为东巴神话、东巴故事。傅懋勣于 1948 年出版了《丽江么些
象形文"古事记"研究》，1981 年、1984 年在日本分别出版了《纳西族
图画文字〈白蝙蝠取经记〉研究》上、下两册。与李霖灿对东巴经籍中的
字释相比，傅懋勣的字释更为详尽，除了对东巴经原文中的具体单字进行
解释外，对构成完整句子的字组也进行了解释。2000 年 9 月，由丽江市东
巴文化研究院翻译整理的《纳西东巴古籍译注全集》（共 100 卷）正式出
版，这套全集选入不重复的东巴经书共有 897 种，采用原文、国际音标、
直译、意译、注释的五层次对照的古籍译注体例。

　　国内学者整理并正式出版的东巴经籍文献共有 22 种。傅懋勣先生的
《丽江么些象形文"古事记"研究》《纳西族图画文字〈白蝙蝠取经记〉
研究》《纳西族〈祭风经——迎请洛神〉研究》，李霖灿先生的《么些经
典译注九种》，云南东巴文化研究室的《纳西东巴古籍译注全集》共 10
种。另丽江县文化馆 1962—1965 年石印东巴经 22 种，近年东巴文化研究
所油印东巴经数种。[①] 从东巴经籍文献的整理成果来说，以《纳西东巴古
籍译注全集》百卷本成果最为突出，影响也最大，可以说在百余年来东巴
文化研究史上具有里程碑式的意义。

　　（二）以"文学为取向"的研究范式及成果

　　以"文学为取向"是指整理、翻译东巴经籍文献时，根据整理者价值
评判对文本进行符合时代语境的文学化改编。与"历史主义"所标榜的
"全面收集、忠实记录、准确翻译、慎重整理"相比，以"文学为取向"

---

① 　喻遂生：《纳西东巴古籍整理与研究刍议》，《纳西东巴文研究丛稿》，巴蜀书社 2003 年版，第
12 页。

的东巴经籍文献整理受意识形态影响较大，格式化弊病也比前者更为突出。对东巴经籍文献的文学化改编肇始于20世纪40年代，高潮是在"文化大革命"前后的两个时期。

纳西族女作家赵银棠于1947年编写完成《玉龙旧话》一书，系统地向世人介绍了东巴文学经典，但在翻译过程中删除了带有口头程式特点的重复句子，注入了书面化语言，把韵文体变成了散文体。作者后来也意识到没能"保持原作的时代特点和本族风格"，所以在1957年翻译《黑白之战》《鲁般鲁饶》时保留了诗体特征，突出了"光明战胜黑暗"、控诉封建专制、反对礼教的主题倾向。牛相奎、木丽春根据《鲁般鲁饶》改编的《玉龙第三国》，根据创世史诗《崇般图》改编的《丛蕊刘偶和天上的公主》也是作家文学化的作品。1959年出版的《纳西族文学史》（初稿）认为《创世纪》《鲁般鲁饶》《普尽五路》等东巴经典是封建社会时期产生的，主题是"歌颂劳动，反对封建迷信"。改革开放后，戈阿干、杨世光、牛相奎、赵净修等人发表了根据东巴神话、史诗改编的系列长诗，这种对原有东巴经籍文学的改编，不仅对原来的语言、情节进行了符合文学审美要求的创编，主题也发生较大改变，如戈阿干的《格拉茨姆》"把部落仇杀这种社会历史现象，升华到民族团结的高度，用以反映民族团结的主题"。

这一时期对东巴文学的整理成果以1991年出版的《纳西族文学史》为代表，全书分绪论、口传文学时期、东巴文学兴起和繁荣时期、民间传统大调的产生、作家文学的兴起和繁荣时期五编，全面系统地介绍了纳西族各个时期的文学创作。其中东巴文学萌芽时期的口传文学、东巴文学的兴起和繁荣时期、受东巴文学影响生成的传统大调和民间故事传说在整个文学史体例中占了主体地位，篇幅分量及所占内容皆超过半数。本书的开创之功，首先是把东巴文学置于纳西族的历史发展背景中，与东巴文学的母体——东巴、东巴教、东巴文、东巴经有机联系、分析。其次，第一次提出了"东巴文学"的概念，与民间文学、作家文学相并立，使东巴文学从原来民间文学的附庸身份中获得了独立。"东巴文学是唯一用象形文字写的作品群，它以独特性、丰富性、宏伟性，赢得了人民的喜爱，经受了历史的检验，获得了不朽的生命。它和纳西族的民间文学、作家文学一起构成了三种文学潮流，成为古代纳西族文学的中坚。它不仅在纳西族文学史有深远的影响，占有极重要的地位，而且在祖国的文学遗产中，也是一束独特的艺术花朵。"① 最后，对东巴文学进行了科学合理的分类，把东巴文学分为东巴经神话（起源神话、伏魔神话、祖先神话）、创世史诗、英雄史诗、叙事长诗、祭天歌、东巴经故事、东巴习俗长调、口头传说、民间歌谣等。

"以文学为取向"与"以历史主义为取向"彼此消长，相互交叉。"以历史主义为取向"的东巴经籍文献整理为"文学化"翻译、整理提供了蓝本，而"文学化"翻译、整理本身成为佐证"历史"的重要证据，同时通过通俗易懂的"民间文学"，普及扩大了整理本的受众面及影响。这两种价值取向明显受到时代语境的深刻制约，前者把东巴叙事传统视为与作家文学相对的"民间文学"或"口头文学"，通过去宗教化、去仪式化改造以后成了可以为新时代服务的"大众文学"，这一改造后的新型身份标签看似借助有利的政治形势而得以策略化生存，实则窒息了东巴文化得以生存、发展的文化生态空间。"以历史主义为取向"的表现形态分为两个时期："文化大革命"前期的整理着重于文献产生、发展演变、衰落消亡等一些历史主义倾向的假设命题，在收集、翻译、整理的过程中以意识形态的观点来代替科学研究，尤其突出了"阶级斗争"的主线。"文化大革命"结束后，"历史主义"的意识形态干预明显减弱，东巴经籍文献的整理又迎来一个新的时代高潮，但受到"文化复兴""原生态""非遗"等时代语境影响，这些整理本中仍出现了"全集不全"、去语境化、人为创编等"再次格式化"问题。②

相对来说，从口头传统或口头诗学视角观照东巴仪式叙事传统的研究还处于空白状态。③ 东巴叙事传统研究被文学、历史学、社会学、民俗学、人类学、宗教学所覆盖的局面仍未打破。长期以来，东巴文学被视为与纳西族作家文学相对应的民间文学而从文学审美、主题思想、叙事风格、时代背景等方面予以研究，却恰恰忽略了东巴叙事传统一直以来是作为纳西族的口头传统而存在的事实。东巴经籍文献中的内容包含了大量的口头程

---

① 杨世光、和钟华主编：《纳西族文学史》，云南人民出版社 1992 年版，第 241 页。

② 对这些问题的检讨可参见巴莫曲布嫫《叙事语境与演述场域：以诺苏彝族的口头论辩和史诗传统为例》，《文学评论》2004 年第 1 期；杨杰宏《"非遗"语境下口头传统文献整理的问题检析》，《民族文学研究》2014 年第 3 期。

③ 笔者在搜索 1980—2011 年东巴叙事传统研究成果中，很少发现从口头传统视角进行研究的相关成果。

式句型、典型场景、故事范型。此外，这一传统史诗并非是来看的，而是由东巴祭司在仪式中吟诵演述的，由象形文字写成的东巴经书只是为东巴的口头演述服务，需要说明的是东巴的吟诵并非照本宣科，而是根据史诗的类别（如《创世纪》属于祭天仪式的经书，《黑白战争》属于祭栋鬼仪式的经书）来进行不同的口头演述——念诵、吟诵、唱诵、吟唱，尤其是东巴唱腔构成了其口头传统的重要特征，简谱或五线谱成为保证记录文本真实性的重要手段。每一次的史诗演述都具有"这一次"的唯一性，在演述史诗时，伴随有器乐伴奏、东巴舞蹈、东巴小品①等不同表演类别，由此注定了单一的历史化、文学化研究范式带来的弊病。遵循口头传统的内在规律，汲取口头诗学、表演理论、民族志诗学的理论成果，注重史诗演述的仪式场域及文化语境，可以为东巴叙事传统研究范式的转型提供有益的路径及方法。

二　国内仪式叙事研究成果概述

本书选题定位于仪式叙事中的程式化特征。本书的研究现状主要涉及两个方面：一是国内外学者对此内容的研究，二是东巴叙事传统的研究。因东巴叙事传统研究仍为文学、历史学、社会学取向所覆盖的局面仍未打破，从口头程式、民族志诗学、表演理论方面研究的成果仍处于空白状态，在此不赘。因上述理论背景内容涉及了国外的一些主要研究成果，在此重点概述国内学者对此内容的研究成果。

近20多年来，国内学术界通过对西方口头诗学理论的译介，结合本土口头传统的个案研究，拓展了口头诗学的理论研究领域，也提升了国际学术对话能力。国内口头诗学研究的突出成果表现在以下两个方面：一是对西方口头诗学理论的吸纳、借鉴及本土化实践。朝戈金借鉴民俗学三大学派（口头程式理论、表演理论、民族志诗学）共享的概念框架，结合蒙古族史诗传统表述的《史诗术语简释》和史诗文本类型；尹虎彬对西方史诗学术的尝试省视和中国史诗传统实践的多向度思考；巴莫曲布嫫提炼的"格式化"，演述人与演述场域，文本属性与文本界限，叙事型结构和叙事

---

① "东巴小品"是指在仪式中由东巴扮演鬼、神、人等不同角色进行巫术治疗的表演内容，具有原始戏剧的特色。

界域，特别是"五个在场"等，则大多来自本土知识体系与学术表述在语义学和语用学意义上的接轨，以及在史诗学理论建构上东西方融通的视域。二是在方法论上对史诗传统的田野研究流程、民俗学意义上的"证据提供"和文本制作等问题做出了可供操作的学理归总。①

具体来说，口头诗学理论视野下的仪式叙事传统研究成果主要有以下几个方面。

尹虎彬的《河北民间表演宝卷与仪式语境研究》虽并不是专门研究仪式与叙事传统的关系，但其强调的叙事传统的文化整体性、注重叙事语境的理论视角及方法论也涉及本书的研究范畴。作者把宝卷文本和它的表演、表演者、表演场合、社会生活和民间组织置于广泛的社会历史背景下予以考察，"后土宝卷与其他民俗学文本，如刘秀走国、后土灵验的民间叙事、地方传说和古代神话，民间神社的仪式、仪式音乐、民间艺人、地方的神灵祭祀传统，这些因素共同构成了彼此依存的系统，只有在这个系统内各个文化要素才具有生命力"。作者借鉴了纳吉的印度神话史诗与古代希腊史诗传统的比较研究成果，提出了"神灵与祭祀是民间叙事传统的原动力"的理论假设，并结合田野民族志与文献考证，论述了宝卷和民间叙事文本存在着借用、传递、标准化、地方化的动态影响过程，地方性知识构成了宝卷与民间叙事文本互为文本化的语境。由此拓展了宝卷文本的认识范畴，"即宝卷不仅是字传的、语言层面的篇章，也是心理的、行为的、仪式的传承文本"。作者把帕里—洛德的程式、主题、语篇结构的理论应用置于宝卷和民间口头叙事文本的互文性关系上，阐释了宝卷与神话、信仰、仪式之间的互文关系在特定传统内部历史演变的过程，由此也论证了宝卷与相关的民俗学文本互为文本、以地方性的民间叙事为文本特征、以后土崇拜为核心内容、以传统的神话为范例、以神灵与祭祀为民间叙事传统的原动力的文化事实。②

巴莫曲布嫫是对仪式与史诗关系研究着力甚多、成果突出的学者。她以口头诗学、表演理论、民族志诗学观照彝族史诗，通过深入有效的田野研究，提炼出诸多开创性的学术理论观点及概念。"叙事语境"主要指史

① 朝戈金：《朝向21世纪的中国史诗学》，《国际博物馆》2010年第1期。
② 尹虎彬：《河北民间表演宝卷与仪式语境研究》，《民族文学研究》2004年第3期。

诗演述中的仪式化语境，具有客观性。叙事文本的语境化有利于对文本与田野之间互动性的把握，但"语境"概念内涵的泛化不利于对具体民俗事象的深细观察与分析，由此提出了"演述场域"的概念。"演述场域"是研究者在田野现场中对表演事件、行为的一种考察视界，具有主观性，对有泛化之嫌的"语境"有细化功能，主要用于界定具体的表演事件及其情境（situation），相当于英文的"situated fields of performance"。巴莫曲布嫫认为演述场域的确定"能够帮助观察者在实际的叙事语境中正确地调整视角，以切近研究对象丰富、复杂的流变过程"。在具体的操作层面上，有利于通过跟踪观察、多重"透视"，从而洞察到不同仪式场景及其时间节点上史诗"演述"在形式与内容方面或隐或显的变化。"最后得到的表演结果——文本也就会投射出表演行动的过程感、层次感、音声感，其文本记录的肌理也会变得丰富而细致起来，同时也能映射出演述传统的内在品格。"

巴莫曲布嫫通过对 20 世纪 50 年代和 80 年代彝族史诗《勒俄特依》两次搜集整理工作中的检讨，把文本制作中的种种弊端概括为"民间叙事传统的格式化"。"格式化"这一概括是指：某一口头叙事传统事象在被文本化的过程中，经过收集、整理、迻译、出版的一系列工作流程，出现了以参与者主观价值评判和解析观照为主导倾向的文本制作格式，因而在从演述到文字的转换过程中，民间真实的、鲜活的口头文学传统在非本土化或去本土化的过程中发生了种种游离本土口头传统的偏颇，被固定为一个既不符合其历史文化语境与口头艺术本真，又不符合学科所要求的"忠实记录"原则的书面化文本。而这样的格式化文本，由于接受了民间叙事传统之外并违背了口承传统法则的一系列"指令"，所以掺杂了参与者大量的移植、改编、删减、拼接、错置等并不妥当的操作手段，致使后来的学术阐释发生了更深程度的文本误读。作者把"勒俄"史诗的"口述传统"与"文本传统"的比较研究置于地方知识与仪式的"叙事语境"及"演述场域"中进行检阅，由此总结归纳了演述场域的"五个在场"，即"史诗演述传统""表演事件""传统中的受众""演述人"以及"研究者"的同时在场。另外，她认为彝族史诗《勒俄特依》是一部融合了英雄史诗、创世史诗、迁徙史诗的复合型史诗，三个不同史诗类型的内容彼此渗透，而非壁垒森严；在诺苏彝族史诗演述人的成长过程中，书写与口承这两种传统的教授与学习是始终相伴、相得益彰、互为表里的内驱力。①

　　高荷红对满族神歌与仪式关系的研究对本书的研究也有参考价值。她的《满族萨满神歌的程式化》一文将满族神歌本中的程式归纳为请神、祭祀缘由、供品、祭祀时间、神灵、送神、虔诚态度、其他程式等八类，这些程式在萨满创作、表演时起到了重要作用。② 另外，她从家祭仪式的程式与神歌的关系、放大神歌与仪式的关系、野祭仪式中萨满舞蹈形式与神歌的关系三个方面分析了仪式与神本子的关系，认为仪式和神歌并非一一对应，但关键的一些行为都记录在神本子中，从某种角度说，神本子成了萨满祭祀仪式的保存工具。③

三　对本书的启发与存在的不足

　　以上这些主要研究成果对本书的研究是深有启发的。东巴叙事传统并非是孤立的文化现象，它与社会、历史、族群传统的整体性密切相关，其本身包含了口头的、文字的、图像的、仪式的、表演的（如音乐、舞蹈、游戏等）诸多要素，这些要素构成了互为文本、彼此联系的系统。由此对它的研究必须置于宏观层面的整体性中，这样才能准确、完整地理解东巴叙事传统的深层内涵。东巴叙事传统以活形态的方式延续至今，东巴仪式是其最重要的传承载体和表述"文本"，是纳西族社会生产、生活实践以及历史、传统的反映，其本身也是一种叙事行为，或者说"仪式叙事"是东巴叙事传统的主要表现特征。而对仪式叙事的深层理解与阐释，必须有效把握其叙事语境与演述场域，深入不断流动、变化的仪式时空及仪式表演事件的各个环节，对构成演述场域的"在场"诸要素予以跟踪观察、多点"透视"，由此达成仪式的、口头的、文字的、表演的不同叙事文本的内在逻辑的统一。

---

① 以上观点引自巴莫曲布嫫的以下论述成果：《叙事语境与演述场域：以诺苏彝族的口头论辩和史诗传统为例》，《文学评论》2004 年第 1 期；《在口头传统与书写文化之间的史诗演述人：基于个案研究的民族志写作》，《北京师范大学学报》（社会科学版）2008 年第 1 期；《"民间叙事传统格式化"之批评：以彝族史诗〈勒俄特依〉的"文本逐录"为例》，《民族艺术》2003 年第 4 期、2004 年第 1 期、第 2 期。
② 高荷红：《满族萨满神歌的程式化》，《民族文学研究》2005 年第 3 期。
③ 高荷红：《满族神歌仪式的程式化》，《民族艺术》2005 年第 3 期。

对本书课题而言，上述研究成果虽论及口头传统与仪式叙事的关系层面，但研究重点仍以口头诗学或民间叙事在仪式中的表现形式为主，对仪式叙事的内在构成、运作机制，仪式叙事的构成要素分析，口头传统与仪式叙事的内在逻辑关系，仪式叙事的主体与客体的关系等方面的研究仍存在诸多不足，而这些问题构成了本书的研究目的。

第三节　研究目的与研究方法

一　研究目的

关于本书的研究目的，笔者力图在以下三个方面的研究中做出努力。

一是以口头诗学、表演理论、民族志诗学来观照东巴叙事传统，对东巴叙事传统的一些基本问题做些梳理，重点是对东巴叙事传统的内在运作机制及规律做些探讨。研究范畴主要涉及东巴叙事传统中口头性与书面性的关系，民间叙事传统与东巴叙事传统的关系，东巴叙事传统要素之间的关系，包括东巴、口诵经、东巴经、东巴舞、东巴画、东巴音乐、仪式表演等。

二是以东巴仪式叙事传统作为检测口头诗学理论的"试金石"，一则通过口头诗学理论的田野实践及文本分析来检验理论的有效性，二则对不相适应的内容做出符合文本情境的解析。相对来说，国内的口头诗学研究基本上偏向于运用口头程式理论来观照具有口头传统特征的叙事文本，而对与这些口头程式紧密联系的仪式叙事研究相对不足，或者说仪式与口头程式的内在构成关系如何？口头叙事文本如何嵌入仪式叙事？口头叙事文本如何与舞蹈、音乐、绘画、游戏、服饰、工艺等仪式叙事要素达成内在的统一？仪式叙事又是如何与社会的、历史的、传统的达成深层关系？仪式叙事的主体与客体关系如何？以东巴仪式叙事为例，东巴作为仪式中口头传统演述的主体，同时兼任了仪式主持者、东巴舞者、东巴画师、东巴音乐演奏者、东巴工艺制作者等多元角色，这些集多重角色于一体的身份特征在仪式叙事中是如何体现出来的，又如何把诸多仪式叙事要素有机予以整合的？这些问题是否存在着一个内在的逻辑关系？这些都是本书研究的重点。

三是基于以上问题的探讨，反观、检讨当下口头诗学理论研究中存在的一些问题，以期对本学科领域内一些基本问题的探讨有所助益。另外，结合田野实践，对口头传统收集、整理中存在的问题进行思考，并对具体操作方法做些力所能及的总结，以期对当下"非遗"语境中的口头传统收集、整理工作有所裨益。

二　研究方法

本书的研究实质上是仪式叙事研究，仪式与叙事构成了两个研究维度，由此涉及与二者密切相关的田野民族志、口头诗学、表演理论、民族志诗学、语言学、人类学、宗教学等诸多学科的理论及概念。仪式叙事文本分析与田野调查相结合是基本方法，在本书研究中主要借鉴和运用的理论方法有以下几个。

（一）口头诗学理论

口头诗学理论又称为"口头程式理论"，此理论是 20 世纪西方学术界一个引人注目的理论，在其跨学科的理论成果中，已建立起比较规范化的研究体系，有明晰而科学的概念；有较强的实证性和可操作性，特别是在口头传统领域的研究中具有普遍的适应性。"程式问题是该学派的核心概念，这确实是抓住了口传叙事文学，特别是韵文文学的特异之处，开启了我们解决民间文学在创作和传播过程中的诸多问题的思路，所以，这一学说对我国民间文学研究界的影响，应当不止是史诗研究。还有，它对诗歌句法构造的掰开揉碎式的分析，为我们提供了一种既严谨又科学的范例，为在诗学范畴里拓展我们的学术工作，建立了具有开放结构的模式。"[1]"口头诗学"理论的核心概念是"程式"，这一理论的开创者帕里、洛德注意到《荷马史诗》句法中传统的、程式的性质，不只是为了便利而设置的一种手段，其目的是再现复杂的文本，发掘深层的叙事单元，这些叙事单元帮助讲述者记忆、再创作复杂的文本。

史诗的演述既是不同历史时期积淀而成的传统，也是在现实情境不断表演中的再创作，对二者的深入研究分析也是表演理论的一大优势。"表

---

[1]　朝戈金：《口传史诗诗学：冉皮勒〈江格尔〉程式句法研究》，广西人民出版社 2000 年版。

演中的创作"，则是洛德的一大创见。"历时和共时的分析，二者可以互相补充。对活态口头传统诗歌的共时性的分析表明，创作和表演是同一过程中处于不同程度变化的两个方面。单纯从史诗文本层面不可能观察到这样的现实。"①

纳吉在帕里—洛德学说的基础上，通过对印度活态史诗传统与《荷马史诗》传统的对比，阐明《荷马史诗》形成的演化模式以及《荷马史诗》文本化的过程，建立了表演、创作和流布三位一体的阐释学模式。他认为口头传统的关键要素是表演。没有表演，口头传统便不是口头的，没有表演，传统便不是相同的传统，没有表演，那么有关荷马的观念便失去了完整性。②

这一理论对国内外的史诗及口头传统研究产生了深刻影响，这一理论的普适性与有效性在学术实践中也得到了广泛验证，同时也促使人们重新审视、认识口头传统在人类文明进程中的重要价值。对本书而言，口头诗学理论无疑是研究方法中的首要利器。东巴仪式叙事的口头传统特征是十分突出的，东巴仪式叙事的文本主要有东巴象形文字记载的书面文本与口头演述文本两种，而作为书面文本的东巴经在仪式演述中只起到提示记忆的作用，主要是前人的口头演述记录文本，属于口传记录文本，里面内容大量存在着程式、主题或典型场景、故事范型等口头传统特征，由此也成为东巴进行仪式叙事的主要"武库"。弗里把程式片语、主题或典型场景、故事范型作为歌手现场创编故事的"大词"（large word）。这些不同尺度的"大词"在东巴的仪式叙事中也得到了充分应用及体现。这些理论概念对深入分析东巴仪式叙事文本的内在构成及仪式诸要素的关系是富有启发意义的。

（二）表演理论

仪式叙事在仪式表演中达成，没有表演就没有叙事，二者是同一事件过程的两个方面，互为表里，相辅相成。东巴仪式叙事就包括了仪式中的口头演述、东巴舞、东巴音乐、东巴绘画、仪式游戏等。表演理论的引入自是题中之义。

---

① 尹虎彬：《在古代经典与口头传统之间——20世纪史诗学述评》，《民族文学研究》2002年第3期。

② 同上。

　　表演理论（performance theory）是 20 世纪 60 年代末 70 年代初从美国兴起的一种民俗学理论，其中以理查德·鲍曼影响最大。关于表演的本质，他认为，"表演是一种说话的模式"，"一种交流的方式"，"从根本上说，表演作为一种口语语言交流的模式，存在于（表演者）对观众承担着展示自己交际能力的责任。这种交际能力依赖于社会认可的方式来说话的知识和才干。从表演者角度来说，表演要求表演者对观众承担有展示自己达成交流方式的责任，而不仅仅是展示交流的有关内容；从观众的角度来说，表演者的表述行为达成的方式、表演技巧以及表演者展示的交际能力是否有效等，将成为被品评的对象。此外，表演还标志着通过对表达行为本身内在品质的现场享受而使经验得以升华的可能性。因此，表演会引起表述行为的特别关注和高度自觉，并允许观众对表述行为和表演者予以特别强烈的关注"①。表演理论把文本、表演与传统三种因素看成是一个整体，不是以文本为中心，或者说其他因素不只是文本产生的情境或者解释的上下文，而是各种因素呈现为"互为话语"的关系。表达的意义和效果是由各种现场因素共同构筑起来的。

　　但"表演"一词明显有局限性，如果表演超出简单的表演者与观众的二元关系，"表演"的概念范畴显然就无法顾及。表演理论学派的另一领军人物——罗格·亚伯拉罕后来转而使用"展演"一词，他认为，"有许多事件，我与我的同事一直是用'表演'在描述，比如游戏、仪式，可事实上，它们已经超出了'表演'的思想"②。"展演"一词的使用，是为了包括表演、游戏、仪式与节日等，简言之，指向了任何文化事件。在展演性活动当中，社区成员集合在一起参与、使用他们文化中最深层的、最复杂的多种声音的、多种价值的符号与象征，从而进入一个潜在的有意义的经验当中。文化展演是一种被强调的事件，是以一种被期待的与习惯上框架好的方式被经验的。参与是可能的，被鼓励的。活动同时变得"不真实"又"超真实"，说它"不真实"，因为参与者会感觉到离开了日常生活而走向更加"受强调的、具有强烈自我意识的、被命名的与被框架化的、共同活动的、风格化的"行为当中；说它"超真实"，是因为事件采

_____

① 杨利慧：《表演理论与民间叙事研究》，《民俗研究》2004 年第 1 期。
② 转引自王杰文《"表演理论"之后的民俗学：文化研究或后民俗学》，《民族文学研究》2011 年第 1 期。

用了日常生活当中的动机与景观并把它们带进了新的观点当中，允许我们把它们看作某些更大的存在模式当中的一部分。① 鲍曼也注意到了原先"表演"概念中对仪式类表演概括不足之弊，后期提出了"文化表演"的概念，从场景（scenes）、运用的形式与文类、大量的符码（codes）等"戏剧性的交流元素"来强调"文化表演"特征。②

巴莫曲布嫫提出的演述场域的"五个在场"也是基于仪式表演而言的，强调了动态的仪式流程中对仪式表演诸要素进行多点透视、跟踪观察。彭兆荣也结合仪式表演性质和意义的五个要素：（1）特定语境中的民俗表演事件；（2）交流的实际发生过程和文本的动态以及复杂的形成过程；（3）讲述者、观众和参与者之间的互动交流；（4）表演者的即时性和创造性；（5）表演的民族志考察，强调在特定的地域和文化范畴、语境中理解表演，并把这五个要素简化为"确定的时间""固定的场所""规定的程序""一定的人群""特定的氛围"等五个方面，认为这些要素的组合都需要由祭师的身体行为以及这些行为在仪式中被赋予的历史性意义加以实现。③

本书中的"表演"倾向于"文化表演"，因为文中所涉及的东巴仪式表演内容不只是限于口头艺术，还涉及绘画、音乐、舞蹈、雕塑、服饰、游戏、节日等诸多表演事象。从表演主体而言，它也不只是一个东巴在唱独角戏，而是由众多东巴以及在场的受众、不在场的神灵、死者、鬼怪共同构成的。此外，东巴仪式具有驱鬼禳灾、巫术治疗、协调社会秩序、深化族群认同、强化伦理教育等诸多社会功能，这也说明了东巴仪式表演所具有的"文化表演"特征。

总体上来说，与以往关注"作为事象的民俗"的观念和做法不同，表演理论关注的是"作为事件的民俗"；与以往以文本为中心的观念和做法不同，表演理论更注重文本与语境之间的互动；与以往关注传播与传承的观念和做法不同，表演理论更注重即时性和创造性；与以往关注集体性的

---

① 转引自王杰文《"表演理论"之后的民俗学：文化研究或后民俗学》，《民族文学研究》2011年第1期。
② ［美］理查德·鲍曼：《作为表演的口头艺术》，杨利慧、安德明译，广西师范大学出版社2008年版，第90—91页。
③ 彭兆荣：《瑶汉盘瓠神话——仪式叙事中的"历史记忆"》，《广西民族学院学报》（哲学社会科学版）2003年第1期。

观念和做法不同，表演理论更关注个人；与以往致力于寻求普遍性的分类体系和功能图式的观念和做法不同，表演理论更注重民族志背景下的情境实践。① 民族志与表演理论是相辅相成的，尤其是与叙事传统相关的民族志诗学，成为解读东巴叙事传统的必要手段。

（三）民族志诗学

从上述的口头程式理论、表演理论的创立历程中可以看出，田野实证研究构成了重要的研究口头传统的利器，就是在这样一个学术背景下，民族志诗学应运而生。民族志诗学的核心思想是把文本置于其自身的文化语境中加以考察，并认为每一特定文化都有各自独特的诗歌，这种诗歌有着独自的结构和美学上的特点。它强调应该充分尊重和欣赏不同文化所独有的诗歌特点并致力于对这些特点的揭示和发掘。特德洛克对祖尼印第安人的口传诗歌做了深入的调查分析，他的民族学诗学理论侧重于"声音的再发现"，从内部复原印第安诗歌的语言传达特征，如停顿、音调、音量控制的交错运用等。比如，声音重的词语用大写字母表示，低声细语的词语则用细小的字体，表述中的停顿用句子的中断来表示，带有表情的声调和拉长的声调通过印刷符号中的长线来体现。海默斯的研究代表着民族志诗学在另一方向上的拓展，即"形式的再现"。为了示范性地论证其主张，他在一个过去收集的北美印第安人切奴克族（Chinookan）文本的基础上转换为一种新的呈现形式，并由他本人重新翻译和表演，以期具体化地演示其原初性。他号召要关注呈现的问题，通过记录、描述、阐释来保存传统，发现它们在演出中自然形成的终极目的，那就是交流。②

必须指出的是，民族志诗学是基于 20 世纪中期以来西方学术对"他者"文化研究的反思背景中达成的，在解构文化中心论的同时建构了另外一种"文化中心论"，毕竟仍脱离不了"我是如何理解他者文化"的窠臼。另外，这种"声音的再发现""形式的再现"有着形式主义之嫌，同时也并不是所有的口头传统都可以"再现的"，正如洛德在《故事的歌手》中所提到的史诗演述中的"这一次"（this time）与"一次"（a time）不能同等观之。"创作不是为了表演，而是以表演的形式来完成的。"③

---

① 杨利慧：《表演理论》，《民间文化论坛》2005 年第 1 期。
② 朝戈金、巴莫曲布嫫：《民族志诗学（Ethnopoetics）》，《民间文化论坛》2004 年第 5 期。
③ 尹虎彬：《在古代经典与口头传统之间——20 世纪史诗学述评》，《民族文学研究》2002 年第 3 期。

东巴仪式叙事既与宏观层面的社会、历史及不同时期传统变迁的"社会事实"相联系，也与共时形态下的仪式表演事件过程直接相关。在这个过程中具体的"人"与"事"，尤其是作为传统叙事，这种叙事文本、叙事主体、受众群体、叙事行为是如何有机地联系的，它们之间的互文性与主体间性又是在怎样的社会生活语境中得以体现的？它的身份是在不同的历史语境中如何表述的？这些问题及相关文本的阐释与呈现，都离不开基于社会整体观和参与观察的民族志参与。相较于口头诗学的文本研究，这种民族志更显得厚重与精深，更有利于整体地、互文地理解东巴叙事传统的历史与现状。

（四）其他学科理论方法

因本书涉及东巴象形文字、纳西语方面的内容，语言学的介入成为可能，主要借鉴了文字构造、语义分析方面的一些理论方法。东巴叙事传统的传统性与东巴教特有的巫术、原始宗教、人文宗教的特点密切相关，所以本书借用了宗教学中的宗教发生形态、宗教仪式构成及宗教与民俗关系方面的相关分析理论方法。另外，民俗学、人类学、历史学的一些基本理论方法也会在文本分析中有所借鉴。

第四节　相关概念及说明

一　相关概念

（一）仪式

仪式是一个巨大的话语系统，仪式概念的界定一直是个纷争不已的学术悬案，在此借鉴了《人类学辞典》中的"仪式"概念界定："仪式是传统习惯发展而来，按某种规定程序而进行的，并为人们普遍接受的一种行为方式。可分为世俗仪式与宗教仪式。"仪式行动有三个特点：（1）在仪式中，人们表达了对于神圣者的尊重，崇敬和惧怕的感情；（2）仪式多以一种信仰系统为基础，而此种系统都是以神话中的语言表达的；（3）仪式行动对信仰物只是象征性的。仪式是一种无言的交往方式。

郭于华也对仪式的概念做过综合概括。"仪式，通常被界定为象征性的、表演性的、有文化的、由文化传统所规定的一整套行为方式。""它可以是特殊的场合情境下神圣庄严的典礼，也可以是民俗功利性的礼法、做法。或者也可将其理解为被传统所规约的一套约定俗成的生存技术或国家意识形态所运用的一套权力技术。"① 本书中的"仪式"概念范畴限定于传统、民俗的二维向度上，接近于"宗教仪式""民间仪式"，主要指与东巴叙事相关的宗教性仪式，包括了仪式中所包含的象征的、表演的、口头的、文字的诸多相关要素。

（二）叙事

叙事即是对于故事的描述或用话语虚构社会生活事件过程。从叙事学视角来说，叙事指以散文或诗的形式叙述一个真实的或虚构的事件，或者叙述一连串这样的事件。在文学批评里，叙事常用来指形象或象征人物的叙事语言，具有协调时间和空间的特征，因此被认为是一种时间上的连续活动或作用。② 叙事除了借助言语、文字的媒介达成外，行为、心理、习俗以及传统语境都具有叙事功能。本书中的"叙事"也偏向于广义上的概念所指，如东巴叙事除了借助东巴象形文、纳西语这两个语言载体外，也通过仪式程序、形体表演、心理作用、传统语境来实现多元叙事功能。

（三）仪式叙事

仪式叙事即通过仪式活动完成故事描述或事件构建。人类学家通过仪式研究，揭示了仪式所包含的神圣性与世俗性，以及深层社会结构、文化象征意义。从叙事学视角考察，仪式要素中的神话、史诗、传说、故事、表演、程序无疑具有叙事功能。人类最初的叙事往往与仪式中的神话叙事密切相关，这种神话叙事又通过诸多仪式要素的有机结合而达成，尤其是仪式表演成为关键要素，戏剧滥觞于仪式表演。仪式叙事具有综合叙事特点，它是通过运用仪式中语言、文字、歌舞、绘画、游戏等多元要素达成有机的叙事过程。东巴叙事的实质就是仪式叙事，它通过仪式程序组合，借助东巴经书、口头演述、东巴画、东巴舞、东巴音乐等多元仪式要素实现叙事功能。东巴叙事讲述的是种类繁多的神灵与鬼怪的故事，这些大小不等的神灵、鬼怪故事通过仪式叙事形成了一个庞大的故事集群，具有"超级故事"的特征；东巴仪式中的"超级故事"与繁杂的仪式系统，东

① 郭于华：《仪式与社会变迁》，社会科学文献出版社 2000 年版。
② 中国社会科学院文献情报中心：《社会科学新辞典》，重庆出版社 1988 年版。

巴教的意识形态、民众的膜拜行为及神灵信仰等传统指涉性密切相关；仪式叙事包含了神话、史诗、传说、故事、谚语等众多文类。

（四）仪式表演

上文提及本书中的"表演"倾向于"文化表演"，而"文化表演"就是指仪式表演。表演是仪式的灵魂，没有表演，仪式不复存在；表演也是口头传统与仪式叙事的最大公约数，二者通过表演得以有机联系。仪式中的表演不只限于口头演述，还涉及绘画、音乐、舞蹈、雕塑、服饰、游戏、节日等诸多内容。仪式表演主体是东巴祭司，其间分为主祭东巴与东巴助手，各司其职，分工协作。主祭东巴掌控整个仪式的进程，相当于仪式表演中的"总导演"，通过对仪式要素的有机组合、调配，促成仪式有条不紊地推进。不同东巴助手分别负责东巴画、东巴舞、东巴音乐演奏、场景布置、仪式步骤实施等不同仪式任务。观众不是袖手旁观的观看者，他们通过上供品、许愿、膜拜、参与仪式歌舞活动，协助东巴等仪式行为成为仪式表演的组成部分。东巴们在仪式场域中的表演、叙事营造了一种浓郁的宗教氛围，而观众参与到仪式表演中，深切体验仪式表演和仪式叙事所达成的"神话是真实的"的传统语境，从而使整个仪式活动成为传统的范例，一种族群文化的标志。观众对东巴叙事、表演的褒贬评点与东巴们的仪式表演构成了互动融合的叙事张力。民众的信仰态度与膜拜行为构成了仪式叙事与仪式表演的原动力。

（五）文本

文本（text）是一个人类学的关键词，指语言符号系统、现象系统及其内容。有两种情况，一为语言的成分，一为超语言的成分。前者指一个句子、一本书和一个观察现象的内容所构成的认识对象，后者指话语的语义和内容所组成的记号复合体，它反映语言外的情境。这种语言外的情境因各人的情况不同而有所不同。文本有三重意义，即（1）话语的记号系统或现象的记号系统；（2）该系统所表述的意义系统；（3）现象的观察者与书本的读者所了解的不同抽象记号系统。结构主义大多把文本的记号系统与所表达的意义看成平行的、固定的。[①] 朝戈金认为，任何分析对象都是文本，文本产生过程也可视为文本。在这个含义上，文本包括表述/被表述两个层面。而按口头程式理论的概念界定，文本是"表演中的创作"

---

① 参见《哲学大辞典》（修订本），上海辞书出版社 2001 年版，第 1533 页。

（composition in performance），这里是在口头诗学的形态学意义上理解"文本"的。① 本书中的"文本"概念所指涉及三个层面：一是基于仪式中口头演述的口头叙事文本，如东巴口诵经；二是作为口头演述提词本（prompt）的书写文本，或半口传文本，如东巴经书；三是基于整个仪式叙事层面而言的仪式叙事文本，它涵盖了仪式中的口头演述、仪式程序、仪式表演等不同层面，既包含了口头叙事与书面叙事文本，也包含了超语言的多形态的复合型文本。

（六）程式

帕里对"程式"（formula）的定义为："程式是在相同的步格条件下为表达某一特定意义而经常使用的一组词。"这一定义把口头传统中的词语表达与口头创作有机连接起来，揭示了口头诗歌创作的内在运作规律。后来，帕里扩大了这一概念的使用范围，它不仅限于名词属性形容词程式，还包括了以成组的、可替换的模式出现的程式系统。洛德则从歌手立场出发，从传统内部研究程式，他认为程式是一种强调节奏和步格功能的诗歌语言，是一种能动的、多样式的可以替换的词语模式。在口头传统中，程式无处不在，如程式的主题、程式的故事形式、程式的动作和场景、程式的语法和句法等。在口头诗歌里一切都是程式化的；程式是口头史诗所具有的最突出的本质。口头诗人在表演中的创编这一过程中，程式用于构筑诗行，主题用于引导歌手迅捷有效地建构更大的叙事结构。程式之于形式，是主题之于内容的关系，属于同一事物的两个方面。对于歌手，程式属于口头创作，而不是记忆手段。②

可见口头诗学视域中的"程式"概念理解处于动态的丰富、深化过程中，整体趋势而言，它不仅限于词组和句子上，也体现在更大的结构单元中，且扩展到与口头传统联系紧密的古典诗歌、戏曲、民歌研究领域中。近年来，程式的理论概念应用到《诗经》、敦煌变文、京剧、评弹等诸多不同种类的研究领域中。帕里提出的"formula"所指主要限于口头诗歌中的"程式"，而汉语中的"程式"概念所指则更趋向多义化，包含了语言、思维、行为等多个层面，如京剧的程式研究不仅包含了口头演唱的程

① 朝戈金：《口传史诗诗学：冉皮勒〈江格尔〉程式句法研究》，广西人民出版社2000年版，第15页。

② 参见尹虎彬《古代经典与口头传统》，中国社会科学出版社2002年版，第103、104、112、119页。

式化语言，也涵盖了服饰、动作、场景、绘画、音乐等多个方面。本书中的"程式"因涉及仪式叙事程式，也涵盖了仪式叙事行为所涉及的口头程式、仪式程式、音乐表演程式、舞蹈表演程式、绘画表演程式等相关内容。

（七）主题或典型场景

"主题或典型场景"（theme or typical scene）是洛德提出的一个概念，指"成组的观念群，往往被用来以传统诗歌的程式风格讲述一个故事"。主题或典型场景中包含了程式特点，也是构成某一故事范型的灵活部件。主题或场景与母题概念较为相近，两个概念皆源于文本重复律的分析归纳。但也有区别，前者是从口头演述者的立场而言，是演述者演述文本时的备用词库，是基于口头传统而言；后者是从研究者的角度而言，重在对故事情节的共性研究，属于故事形态学研究。母题中包含了主题或典型场景。洛德强调主题是重复的段落（passage），而不是一种话题（subjct），常用主题在文本和内容层面更趋于稳定，一个较小的主题比一个较大的主题更为稳定。主题可大可小，也可细分。不同主题通过叙事逻辑和习惯的联系而排列组合成主题群。也就是说，传统的力量将主题群联合在一起，歌手不可能轻易丢弃某一主题，从而破坏主题群。洛德归纳了主题的三个特点：（1）主题是一组意义，而非一组词；（2）主题的结构允许变化，浓缩或丰富；（3）主题同时具有个人和文化的两种定位。主题是受传统力量制约生成的，不同的诗歌传统都有不同的主题类型。纳吉认为《荷马史诗》中的与英雄相关联的主题，并不适合于与诸神相关联的印度史诗的主题，他把印度史诗的主题界定为"传统的神话主题模式中的一个基本单元"[①]。相对来说，东巴仪式叙事传统中的主题较接近印度史诗主题，突出一个方面使神话叙事在整个叙事传统中占了主体地位。"请神—求神—送神"既是东巴仪式程序的三部曲，同时也是东巴仪式叙事中频繁出现的三个主题群。这一主题群模式受到东巴仪式叙事的传统力量——东巴教的思想观念体系的整体统摄。

---

① 参见尹虎彬《古代经典与口头传统》，中国社会科学出版社 2002 年版，第 138、139、144、147、149 页。

（八）故事范型①

"故事范型"（story-pattern）或"故事模式"指依照既存的可预知的一系列动作的顺序，从始至终支撑着全部叙事的结构形式。正如其较小规模的同族程式和话题，故事范式提供的是一个普泛化的基础，它对于诗人在演唱时的创作十分有用。同样地，此基础亦允许在一定限度之内的变异，也就是说，在统一一致的大构架中允许特殊的细部变化和差异。②洛德发现，《荷马史诗》中《奥德赛》的故事模式：离去、劫难、回归、果报、婚礼，在南斯拉夫的口头史诗中也得到了保留，但叙事内容出现了诸多变体。他认为口头传统中存在叙事模式，不管围绕它有多少故事变体，但这种故事模式仍具有伟大生命力，它在口头故事的文本创作和传递中起组织的功能。一个简单的情节，可以有叙事的多样性，但其核心的故事模式是最保守的。③就东巴仪式叙事而言，其故事范型除了与神话叙事密切相关外，往往与仪式类型相联系。也就是说，东巴仪式中的故事类型受仪式类型的制约。创世史诗《创世纪》的故事范型可以分为五个序列要素：创世、劫难、上天、求婚、回归。这一故事模式与东巴祭天仪式主旨——"祭天来历"紧密联系在一起，突出了人类对天神的感恩主题。而英雄史诗《黑白战争》的故事类型与驱鬼禳灾类仪式相关联，这部史诗与"鬼的来历"的故事类型相关联。

（九）大词

"大词"（large word）是美国民俗学家弗里从帕里与南斯拉夫歌手库库如佐维奇谈到一个词"re"（词）中引发思考而提出的一个概念。他是这样下定义的：歌手库库如佐维奇是将一个"词"看作一个表达的单元。这个单元在南斯拉夫口头史诗中起到结构性作用。对他以及对所有的歌手而言，最小的"词"便是整个诗行。较大的"词"也同样是表达的单元：它们或者是一通讲话（可长达若干行），或反复出现的典型的场景（武装一位英雄、旅行到一座城市、聚集起一支队伍，等等），乃至整首史诗故事。对一位歌手而言，"词"可以意味着全部演唱，或是其中任何有意味

---

① "故事范型"（story-pattern）也有翻译为"故事模式"，以统一起见，本书统一使用"故事范型"这一译名。

② ［美］弗里：《口头程式理论：口头传统研究概念》，朝戈金译，《民族文学研究》1997年第1期。

③ 参见尹虎彬《古代经典与口头传统》，中国社会科学出版社2002年版，第158、159页。

的部分。从单行的诗行，经各种较大尺度的单元，直至整个故事型式（story-pattern）。这一观念表明，我们的存在于文本中的、印刷物中的"词"与之有着怎样决定性的差别。① 弗里把程式视为修辞学层面的"词"，主题视为典型场景层面的"词"，故事范型视为整个故事层面的"词"，这些大小不等的"词"构成了歌手"武器库"中的"部件"。需要说明的是，弗里所概括的"大词"是基于歌手创编诗歌时的运作规律而言，仅限于口头传统范畴内。但我们在观察仪式叙事过程发现，类似的程式、主题或典型场景、故事类型在仪式叙事的不同表演单元中也同样存在。如东巴仪式中的东巴音乐、东巴绘画、东巴舞往往与口头演述的东巴经内容密切相关，东巴在讲述丁巴什罗故事时，下面的东巴通过音乐、绘画、舞蹈等不同表达语言来共同叙述同样的故事主题。笔者曾构拟过一个"仪式大词"的概念来指称"大词"在仪式叙事及表演中的广泛应用情况，但顾及"大词"限于语言学层面，无法顾全仪式中的多元叙事层面，就暂且搁置了这一概念。从"大词"所涵盖的程式片语、主题或典型场景、故事范型三个不同尺度的"词"而言，最为突出的特征就是程式，三个不同尺度的"词"之所以能够有机地整合成为歌手在表演中创编的"武器库"，关键内因是三者都具有高度程式化的特点。程式化也是仪式叙事中不同表演单元能够辩证统一的内因所在。

二 相关说明（凡例）

（一）东巴专有名称凡例

东巴经中的神格、人名、地名、物名等专有东巴名称以云南省社科院东巴文化研究所编的《纳西东巴古籍译注全集》为参照标准，在本书中简称为《全集》。② 学术界对纳西族东巴古籍中所使用的文字有三种不同的称谓："东巴文""东巴象形文""纳西象形文"，现统一称为"东巴文"。根据有三：一是这种文字的创制、使用、传承的主体是东巴。虽然一定历史时期在少数东巴文化传统保留较好的山寨中也在生产、生活中得到应用，但没有普遍性，其使用范围仍局限于东巴祭司阶层。二是这种文字主要用

---

① ［美］弗里：《口头程式理论：口头传统研究概述》，朝戈金译，《民族文学研究》1997 第 1 期。
② 丽江东巴研究院编：《纳西东巴古籍译注全集》，云南人民出版社 2000 年版。

来书写东巴经籍，用于东巴口诵经的记录及仪式演述，具有浓厚的宗教性。三是当下国内学术界普遍采用"东巴文"这一概念，便于学术交流。

（二）东巴字体

本书中的东巴字体源于《纳西东巴古籍译注全集》、方国瑜编订的《纳西象形文字谱》、李霖灿编订的《纳西族象形标音文字字典》，对于本书中所引用的东巴文的引用标注以《全集》中的卷本号、方国瑜编订的《纳西象形文字谱》的序列字号、李霖灿编订的《纳西族象形标音文字字典》的序列字号为主，并把方国瑜编订的《纳西象形文字谱》简称为《方国瑜字谱》、李霖灿编订的《纳西族象形标音文字字典》简称为《李霖灿字典》。

（三）音标

书中纳西语专有名词以"国际音标"加"汉语音译"的方式记录，汉语音译加双引号或括号。为了与《纳西东巴古籍译注全集》《纳西象形文字谱》《纳西族象形标音文字字典》统一语言体例，本书的注音采用了国际音标。对引用原文中的纳西拼音文字统一改为国际音标。纳西文与汉语拼音、国际音标的对照表参考附录四。

第一章　东巴仪式叙事传统概述

第一节　东巴仪式叙事传统的特征与概念

一　东巴仪式叙事传统的特征

东巴仪式叙事传统概念内涵的界定涉及两个限度——"东巴"及"仪式叙事传统"，二者是主体与客体、内容与形式的关系，彼此联系，互为制约。"东巴"限定了这一叙事传统的主体及性质，由此与其他叙事传统相区别。"东巴"内涵所指包含了东巴祭司、东巴文、东巴经书、东巴教、东巴仪式等相关因素；"仪式叙事"则限定了与主体发生联系的对象性质，即与"东巴"相关仪式活动及叙述模式。简言之，东巴仪式叙事传统就是"东巴在仪式中讲述故事的传统模式"。结合这两个概念限度，东巴仪式叙事传统的特征可以概括为以下几个方面。

（一）宗教叙事

东巴是纳西族民间祭司，是纳西族原生宗教——东巴教的传承者，东巴仪式的主持者，东巴在东巴仪式活动中占有主体地位；东巴仪式叙事文本载体分为口诵经与东巴经书，活动载体为东巴仪式及民俗活动，原动力为东巴教信仰，包括自然崇拜、神灵崇拜、祖先崇拜三个信仰层面，具有浓郁的巫术、原始宗教及早期人文宗教的特征。由此，东巴仪式叙事传统带有突出的宗教性特点，宗教叙事是其本质特征。

东巴教特有的宗教文化深刻影响了其叙事传统的形成与发展。东巴教的宗旨、文化主题全面渗透到东巴叙事文本中，使其成为宣传、传承宗教文化的工具及载体。东巴通过宗教传统来建立叙事权威，建构叙事结构，设置故事情节，塑造神灵及人物形象。东巴仪式叙事文本结构中最为常见的"三段式"结构——开头讲述"万物来历"，中间为叙事主体内容，结尾为"仪式灵验"，这与以宣扬宗教思想为宗旨的宗教叙事风格是相一致的。东巴仪式叙事文本的主人公以神灵居多，描写场景多为天堂、天梯、神山、神海、神石、神树等神界内容，其叙述内容中糅合了三界六道、生死轮回、灵魂不死、阴阳相生相克等宗教思想意识，这些宗教意识形态通过文本叙事、仪式表演得以实践，并逐渐沉淀生成民众的信仰根基，促进了东巴叙事传统的形成与发展；东巴借助宗教超凡脱俗的神圣性达成自身的叙事权威地位；东巴仪式叙事内容中杂糅着苯教、藏传佛教、道教等多元宗教内容。由此而言，东巴仪式叙事传统具有浓郁的宗教叙事特征，并构成了叙事动力所在。

（二）民间叙事

当然，东巴仪式叙事传统中的宗教性特征并不意味着其叙事内容都是超凡脱俗、远离人间烟火的，其宗教叙事特有的神圣性与超凡性又是与民间性、平民性紧密联系在一起。东巴并非专职的宗教人员，他本身从事生产劳动，其所进行的东巴仪式活动是为民众服务。东巴所从事的活动除了祈福禳灾的祭祀仪式外，也涉及岁时节日、结婚、丧葬、起房、命名等民俗生活内容，从而使它的叙事传统始终带有突出的民间性。这种平民性特征也反映在宗教描写内容中，即使是那些居住于天庭的神仙们，也同凡间人类一样过着放牧、狩猎、农耕生活，如天神子劳阿家也养着岩羊，他也经常上山捕猎岩羊，下河捕鱼；天女衬红褒白命也从事织布、农耕劳动，等等。他们像凡人一样具有七情六欲，喜怒哀乐，神性建立于人性之上。普多次设计陷害崇仁利恩，屡次违背诺言，索取彩礼，这与凡间的岳父性格没有多大的区别；始祖神董神也是如此，他被崇仁利恩的兄弟撞伤了身体，疼痛难忍而破口大骂，最后是靠崇仁利恩的药物治好了伤，但他一直对伤害过他的那两人怀恨在心，在洪水降临时故意不去施救。神话是现实的翻版，说明东巴仪式叙事传统的形成是与纳西族的社会发展状况紧密联系在一起的，反映了纳西族古代社会的生产、生活状况。

东巴仪式叙事的叙事文类、主题与纳西族民间叙事存在着同类情况，神话、故事、传说、谚语、民歌等叙事文类在二者的叙事文本中存在着互为借用、互为源头的关系。关于东巴叙事传统中的神灵、英雄祖先最初源于民间叙事文本，后经东巴整理、加工后又传播到民间。东巴经典《鲁般鲁饶》与民间叙事长诗《尤悲》就是一个典型。

另外，东巴仪式叙事传统中的民间性特征也反映在东巴象形文字中。出土于殷墟的甲骨文是为商王朝的王室服务的。甲骨文记载的卜辞属于庙堂之作，内容多为国家祭祀、征战，文字内容多为礼器、兵器，带有突出的官方色彩。而东巴文字内容多为与纳西族古代社会的生产、生活相关的动物、植物、农作物、生产工具、生活用品等，带有浓郁的民间生活文化色彩。从这个意义上说，民间性是东巴仪式叙事传统的传承形态特征。

（三）神话叙事

神话是人类早期的社会实践及意识观念的产物，讲述的是与神灵相关的故事，往往在祭祀仪式中演述，带有"神圣叙事"的特征。神话演述者与受众群体都对叙述内容信以为真，与宗教叙事具有重合性。

东巴仪式叙事传统与神话的关系非同一般，正如白庚胜所说，"没有东巴教，东巴神话便无以存在；没有东巴文字的记录，东巴神话就不可能成为书面神话；没有东巴经典，东巴神话也就不可能体系庞大，内容宏富；没有东巴，东巴神话就不可成为一种活形态的神话传承至今；没有东巴道场，东巴神话也就失去了表现、表演的机会"①。东巴叙事传统的文本载体——两万余卷的东巴经书的内容基本上以神话内容为主，其中与自然崇拜、祖先崇拜、神灵崇拜相关的神话居多，这三类神话呈现出复合型特征，如创世史诗《创世纪》叙述主题为"人类的生存危机与再生"，其间又融合了开天辟地、万物来历、人类起源的自然崇拜内容；主人公——崇仁利恩通过解决人类生存危机成为人类的始祖，他的英雄事迹成为整个故事的叙述主线，由此成为纳西族的英雄祖先；人类生存危机的解决与天神的帮助密切相关，祭天传统也由此产生，其目的是通过祭天仪式而取悦天神，保佑人类的繁衍发展。这说明神话叙事的动力源于人类童年时期特有的原始思维、集体表象、万物有灵等思想意识形态。

《东巴神话研究》一书从东巴神话的内容、类型两个方面进行了分类。东巴神话内容分为自然神话与社会神话两大类：自然神话包括了世界起源神话、解释神话；社会神话包括人类起源神话、生产神话、生活神话、爱情神话、争战神话。东巴神话的类型分为卵生型、难题求婚型、兄妹相奸

———————————

① 白庚胜：《东巴神话研究》，社会科学文献出版社 1999 年版，第 28 页。

型、死体化生型、天柱型、谱系型。[①] 东巴神话内容、类型的繁杂丰富也说明了神话在东巴叙事中占有的分量及影响。神话构成了东巴叙事传统的叙述内容及表现形式。

（四）仪式叙事

东巴神话是借助神灵故事来宣扬东巴教的主旨，其讲述方式往往与仪式表演融合在一起。通过文本口头叙事、东巴舞蹈、东巴绘画、东巴音乐、东巴游戏等多元艺术表演形式的融合，给受众者以多种艺术审美感受、体验，从而达到"神话是真实的"的叙事目的。可以说，东巴叙事传统中的神话叙事同仪式叙事相辅相成，并行不悖。譬如，《丁巴什罗传略》是在东巴丧葬仪式上唱诵的主要经书，主祭东巴在仪式中以口头叙事方式讲述东巴教教祖丁巴什罗一生的传奇故事，从他的出生、成长一直到杀魔除妖，最后葬身毒海的整个过程。而仪式现场，东巴助手们以舞蹈形式再现丁巴什罗出生时的情景，如躺在地上，伸出左手做痛苦状，象征丁巴什罗从其母亲左腋下出生的情景；然后东巴又模仿他蹒跚学走路的样子，还有他的脚跟上中了青刺后一瘸一拐的走路姿势……另外的东巴助手在仪式神坛上挂上丁巴什罗的神像，在仪式旁边设置画有其形象的木牌，以及毒海场景，烘托"真实可信"的现场环境。在进行到"送魂"仪式时，主祭东巴一边念诵《送魂经》，一边手持油灯从《神路图》的最下端——"地狱"内容上方慢慢向上移动，依次讲述"人间""神间"的画卷情景。旁边东巴助手们也随着主祭东巴演述的故事情节展开舞蹈程序环节，手上有板铃、板鼓等乐器相伴奏。整个仪式场面带有浓郁的"仪式戏剧"的色彩，或者说东巴仪式叙事通过仪式表演达成了如临其境般的演述场域。

（五）口头叙事与书面叙事

口头性是东巴仪式叙事传统的主要叙述手段。在书写传统未形成之前，口头叙事是东巴仪式叙事的主要表征；东巴象形文字产生后，形成了体系庞大的书写经典系统，但这些书写经典内容都源于口头叙事文本，属于口头记录文本，而且这些书面经典用于仪式中的口头演述，文本类型属于口头演述的提词本（prompt）；由于东巴文字属于不成熟的文字符号体系，没有线性排列、逐词记录、字词对应的特点，形成了"看图说话"的文本性质，不同念诵者可以根据自己的演述习惯组织不同的口头表达形

①　白庚胜：《东巴神话研究》，社会科学文献出版社 1999 年版，第 274 页。

式。所以口头性不只是表现在口头文本中，也表现在东巴书面经典中，口头程式是东巴叙事传统的主要表达单元。

另外，与东巴经书并存的口诵经仍以口头叙事方式作为叙述手段。但东巴文的产生及经书系统的形成，无疑使东巴叙事传统具有了书面性特征。东巴经书中保留了大量的古纳西语、外来词汇、专有名词，形成了与口头语不同的书面语体系，而且书写传统所具有的可以超越时空、不断锤炼修改、易保存等功能，催生了大批语言精练、内容丰富、情节曲折、形象鲜明的东巴叙事作品，保留下来了许多东巴叙事精品，使处于衰落期的东巴叙事传统获得了"第二生命"。口头性与书面性在东巴仪式叙事传统中是互为文本的。这在下文中也有专门的探讨。

需要补充说明的是，首先，东巴教的原生宗教特点，并不意味着对外来文化的排斥性，事实上东巴教文化形态中融入了大量的苯教、藏传佛教、道教、本主信仰等多元文化因素。甚至可以说，如果没有这些外来文化的影响，东巴教及其文化可能在原始宗教中徘徊不前。其次，东巴仪式叙事传统属于纳西族传统文化范畴，具有族群叙事特点，也是族群传统文化的一个范例，一个标志性文化。但这种族群叙事带有显著的地域性特征：在东巴仪式叙事传统流布的不同区域的东巴文字、东巴经书的书写体例、风格以及叙事方式，都存在着很大的差异性，最为突出的是纳西族东部方言区的东巴仪式叙事传统仍以口头叙事为主，并未产生东巴文及东巴经书，东巴教也没有成为主流文化，而是形成了藏传佛教文化主导的，与母系家庭组织、走婚习俗以及东巴（达巴）文化相融的地方性叙事传统，这与西部方言区的东巴叙事传统有着很大的文化差异。当然，这种差异性是基于一个民族内部的文化差异性而言，属于同源异流的文化现象。最后，东巴仪式叙事传统中的地域性特征与周边民族、南方民族的叙事传统也存在着诸多共性特征。东巴教在与纳西族杂居、毗邻的不同民族中也有传播，如在受东巴文化影响的区域中，除了纳西族外，也有傈僳族、普米族、汉族、彝族、藏族信仰东巴教。这与宗教的多元功能特征相关联。东巴教除了具有协调人与自然关系，维持社会秩序、深化族群认同的社会功能外，其基本功能是通过宗教仪式来达成禳灾祛病的实用功能。这种"宗教治疗"功能恰好是这些处于地理偏僻、经济发展滞后、缺医少药的不同民族共同信奉的现实基础，与其说是一种共同的宗教信仰，不如说是共同的生存需要。当然，通过这些"宗教治疗"行为，东巴教成为纳西族与区域内不同民族间不可或缺的文化纽带，促进了民族文化间的对话与交流，形成了多元民族宗教文化共荣共生的文化格局。从更大时空范畴来看，本书中提到的宗教性、民间性、神话性、仪式性、口头性与书面性等东巴叙事传统特征也与南方诸多民族，甚至在国内外诸多民族的叙事传统中也有很大相似性。如果能对东巴仪式叙事传统与这些不同时空范畴中的不同民族的叙事传统进行深入的比较研究，这对叙事传统乃至口头传统、文化传统的研究无疑具有深远的意义。

二 东巴仪式叙事传统的概念界定

综上，东巴仪式叙事传统中的这五个特征并不是独立存在的，而是统一在东巴叙事这一主体行为实践中，受到东巴文化传统的制约与影响，不同特征之间存在重合、交叉、互动、互文的辩证统一性。东巴教所特有的萨满教、原始宗教与早期人文宗教的混融性特征，形成了一个神灵层出不穷、鬼怪数不胜数、表象光怪陆离、色彩斑斓的神话世界，使神话叙事成为其主要叙事方式。而这些宗教观念的表达方式——神话叙事又是通过东巴的书写文本——东巴经得以保留传承，通过仪式中的口头演述、舞蹈、绘画、音乐、游戏等多元表演手段构成了"宗教是真实的"的观念实践场域，共同构建了一个内涵丰富、表现形态多样的超语言的叙事文本。

经过对东巴叙事传统内容及特征的初步探讨，对东巴仪式叙事传统的概念有了一个清晰明了的界定范畴。概言之，东巴仪式叙事传统指纳西族民间祭司——东巴在东巴仪式中进行叙事活动的文化传统。它以宗教信仰及行为实践作为叙事动力，以仪式及民俗活动为载体，以神话为叙事内容及表现形态，以口头演述与仪式表演互为文本，以程式作为叙事表达单元，成为纳西族民间叙事的一个传统范例，一种文化标志。

第二节 东巴仪式叙事传统要素

东巴仪式叙事传统要素既指构成其内容的诸要素，也包括这些要素之间的内在关系。东巴叙事传统要素主要包含以下内容。

一 东巴

东巴仪式叙事传统的主体是东巴。东巴是对纳西族原生宗教祭司的称谓，过去汉文献中也写作"多巴""多跋""刀巴"等（东部方言区称"达巴"）。"东巴"一词在纳西语中并无具体释义，和志武认为这一词系藏语转译，指东巴教祖师丁巴什罗，是苯教祖师丹巴亲饶的音译转读，[①]意为智者、精神导师。东巴集巫、医、学、艺、匠于一身，为民众的生产生活服务，是纳西族传统文化的重要传承者。东巴在民间又称为"补"（py^{21}），用作动词时指念诵、反复念诵等。用作名词指诵经者，与周边民族的"毕摩""释比""贝玛"等意义相通。"补波"（$by^{33}mbu^{21}$）与苯教的祭司"本波"音义相近。

东巴传承以血缘传承、村寨传承为主，东巴因才艺学识、德行威望在民间分为大东巴、一般东巴、东巴学徒几个等级。传统意义上的东巴不脱离生产劳动，而且因多才多艺，除了是仪式中承担请神驱鬼的祭司外，也是民间起房建屋、种植庄稼、治病解难、管理村事、协调关系的能人。

从叙事传统而言，东巴传承形态具有复杂多样化的特点。首先，就东巴的叙事方式而言，既有东巴经文念诵为主的书面与口头相结合的传承特点，也有脱离经书的口头传承特点；东巴是东巴经的书写者、传承者，具有书写型传承者特点；东巴书写型传承者的身份特征也是多元的，既有秉承东巴经文书写传统的传承者，也有学习、掌握了藏语、藏文、汉语、汉字的传承者，且这些受外来文化影响的东巴传承者对东巴文化的转型、发展贡献甚大，晚清至民国期间的和文质、和世俊、和泗全等东巴就是杰出的代表。其次，当代东巴中出现了新的东巴传承人类型——学者型东巴，他们长年从事东巴文化研究，较为全面地掌握了东巴仪式、教义、经书等东巴文化知识，其水平超越了限于一地一村的东巴，且进行招收徒弟、民间传承、主持各种东巴仪式，在民间也被公认为德识高深的大东巴。丽江东巴文化研究院的和力民，丽江东巴文化博物馆的木琛、和丽宝，西南民族大学的继全属于这一类型的东巴传承人。最后，受东巴文化渗透、影响的傈僳族、普米族、彝族、藏族、汉族村落也出现了本民族的东巴，这说

---

① 和志武：《东巴教与东巴文化》，载《东巴文化论集》，云南人民出版社 1985 年版，第 14 页。

明民间叙事传统与特定的文化空间、文化变迁有着内在关系。

二　东巴教

"东巴教"一词普遍见于国内学术界，有时与"东巴文化"相混用。东巴文化研究的先行者——约瑟夫·洛克曾以"萨满"（Shamanism）宗教（religion）来指称"东巴教"。当代西方研究东巴文化的学者也多以"纳西宗教"（Naxi religion）一词来指称，如英国人类学家杰克逊在东巴教方面的专著《纳西宗教》（*Naxi Religion*）。本书仍采用了国内通用的"东巴教"一词，一则从其性质来考察，无法以"萨满"一词概之，二则"纳西宗教"有泛化之嫌，按其义解，"纳西宗教"应涵盖了纳西族所信仰的宗教文化，包括民间巫术、外来宗教，如藏传佛教、汉传佛教、道教。其实，在纳西族民间，东巴教与巫术是分开的，专门从事民间打卦算命巫师的称为"桑尼"（女巫师）、"桑帕"（男巫师），巫师的合称为"桑尼帕"。

东巴教信仰是东巴叙事的原动力。东巴教从观念层面上分为宗教信仰的意识形态，在行为层面上分为东巴仪式及民俗活动，东巴仪式及民俗活动是东巴教信仰观念的实践、操演。东巴叙事内容多为神灵鬼怪故事为主的神话叙事，杂糅了大量的自然崇拜、神灵崇拜、祖先崇拜的内容，这与东巴教的巫术、原始宗教、人文宗教的多元宗教因素混融共生的特点密切相关。

东巴教的性质一直是个纷争的问题，主要有三种不同的观点：第一种是认为应属于巫术为主的萨满教或原始巫教的范畴；① 第二种说法认为它属于原始宗教或原始多神教的范畴；② 第三种说法是认为属于由原始宗教向人为宗教过渡的一种宗教。③

这三种说法的分歧在于把巫术、原始宗教、人文宗教作为划分不同宗教性质的三个参照体系，而这三个参照体系本身存在诸多争议，由此关于东巴教性质的纷争也是在所难免了。这本身是个无法证伪的命题，就是说

---

① 冯寿轩：《东巴教的原始综合性》，载《东巴文化论集》，云南人民出版社1985年版，第57页。

② 和志武：《东巴教与东巴文化》，载《东巴文化论集》，云南人民出版社1985年版，第23页。

③ ［英］马列诺夫斯基：《巫术、科学、宗教与神话》，李安宅译，中国民间文艺出版社1986年版，第66页。

这三个不同性质的观点皆可在东巴教中找到充足的正反两面证据。显然，把东巴教定性为巫术、原始宗教、人文宗教受到"前逻辑""原始思维""巫术—宗教—科学"等进化论、功能论的观念影响。

东巴教仪式的一个重要功能是驱鬼治病，其间保留了大量的模拟巫术、交感巫术、咒语等巫术文化遗留，也保留了大量的图腾崇拜、自然崇拜、神灵崇拜等原始宗教的内容，但作为一种延续至今并且在一些纳西族村落中活着的民间信仰活动，显然无法概定为"巫术""原始宗教"，毕竟这些传承者及信仰群体无法归到"原始人"的行列中。何况东巴教本身有着自成一体的文字体系、经典教义、神灵体系、宗教仪轨等，明显具有了人文宗教的因子。从这个意义上说，历经千百年发展而来的东巴教绝非早期的"原始巫术"，即使它仍残留着大量的原始宗教的内容，但绝不能静止地、狭义地理解为纳西先民早期的萨满教（巫教）。东巴教的性质难以用"原始"二字涵盖。我们只有从历史发展的层次性、多元性、全面性上来考察，才能完整地把握、理解东巴教的内涵。其实这不只关涉东巴教的性质问题，诸多少数民族的民间宗教同样存在类似问题。学术界对此也进行了反思，提出了不少创见。许烺光先生认为："无论我们采取哪一种标准，都会得出这样一个结论：巫术和宗教不应看作是两种互不相容的实体，而必须整体地将它们看作是巫术—宗教或巫术—宗教现象。"[1] 这种观点得到越来越多人类学家的赞同。金泽提出以"原生性宗教"的概念替代"原始宗教"概念的观点，他认为，首先，原生性宗教不是创生的，而是自发产生的；其次，与原始宗教相对应的史前时代不同，原生性宗教可从史前时代延续到文明时代；再次，它不只是仅仅作为文献、考古发现的"化石"，而是还在社会生活中发挥作用的活态宗教。最后，与一般所说的原始宗教产生于无文字社会不同，许多民族的原生性宗教中还有成文经典。[2]

基于以上的观点，可将东巴教的性质归纳为：东巴教在承袭纳西族原始信仰的基础上，吸收早期苯教的内容，且逐渐融入佛、道等多元宗教文化因素，形成一整套独特的宗教、伦理思想体系，主要特征是多神、重卜、重巫，有相对规范、统一的仪式规程与宗教经典。东巴教是以神灵信

---

[1] 转引自史宗主编《20 世纪西方宗教人类学文选》，上海三联书店 1995 年版，第 726 页。

[2] 金泽：《宗教人类学导论》，宗教文化出版社 2001 年版，第 103—104 页。

仰为核心，包括自然崇拜、祖先崇拜、天命体验、祭祀活动和相应制度，以东巴为信仰活动中坚，以"敬天法祖""万物合和"为宗旨的纳西族原生宗教。①

三　东巴文

东巴文是一种原始的图画象形文字，主要为东巴教徒传授使用，书写东巴经文，故称东巴文。纳西话叫"司究鲁究"，意为"木迹石迹"，见木画木，见石画石。纳西族先民观天地、日月、山川、木石、鸟兽等物象而造型，创制了纳西象形文，主要流传于西部方言区，常用单字约1400个。其文字形态反映了人类文字从表形图画过渡到表意、表音古典文字的完整过程，沿用至今成为人类唯一仍保存和使用着的完整象形文字系统。在东巴文化的发展后期，丽江的东巴祭司们在象形文字的基础上创造出一套标音音节符号，称为"格巴文"，充实了纳西象形文字体系，使纳西语的记录手段更加便捷、完备。但大部分东巴经书仍以东巴文记录为主。

傅懋勣把东巴文分为图画文字与象形文字两部分②："我在研究这种经书的过程中，越来越感到，过去所称的象形文字，实际上包括两种文字。其中一种类似连环画的文字，我认为应该称为图画文字，绝大多数东巴文经书是用这种文字写的。另一种是一个字表示一个音节，但绝大多数字形结构来源于象形表意的成分，应当仍称为象形文字。东巴文经书只有很小的一部分是用这种文字写的。"

喻遂生认为东巴文有以下几个特点：其文字符号还近似于图画；文字表词的抽象程度较低，　词多形的异体字很多；大多数经书没有完全地记录语词，文字只起记录主要词语以帮助记忆和提示诵读的作用；文字不按语序成线性排列，而做图画式排列，几何位置甚至色彩有表义的作用；完全保留了文字产生初期的原始面貌。更可贵的是，东巴文时至今日，在纳西族边远山区仍在使用，使我们能看到其鲜活自然的原始状态。③

---

① 关于对东巴教性质的探讨，可参考笔者论文《再论东巴教的性质》，《云南民族》2010年第11期。

② 傅懋勣：《纳西族图画文字和象形文字的区别》，载《东巴文化论集》，云南人民出版社1985年版。

③ 喻遂生：《纳西东巴文概论》（未刊稿），西南大学语言研究所2010年。

东巴文的构字规律既反映了纳西先民的意识观念，也体现出其造字法中的程式化特点。方国瑜的《纳西象形文字谱》最早以"造字的用意"归纳出东巴文的十种结构类型。[①]

（1）依类象形，如天作 ⌒、日作 ⊕，是为象形。

（2）显著特征，如鸡作 🐓（突出鸡冠），鸭作 ⌒（宽嘴）。

（3）变易本形，如立作 大、卧作 ⼲、跪作 ⼸。

（4）标识事态，如上作 ⊞、中作 中，表动态的如 ∣ 示摇动、⫽ 示连续等。

（5）附益他文，如靠作 𝄞、啼作 ⽿、聚集作 𝄢 等。

（6）比类合意，如晴作 ⊙、阴作 ⌂、砍作 𝄫 等。

（7）一字数义，如耳环作 ⦿，音 $he^{33}khv^{55}$；其质银，又用为银字，读 ηv^{21}。

（8）一义数字，如光作 ⼲（星光）、⦿（日光）、𝄢（火光）。

（9）形声相益，如树根作 𝄞，音 $dz\partial r^{21}khɯ^{33}$，从树 ⼈（足 $khɯ^{33}$）声。

（10）依声托事，如猴作 🐾，y^{21} 声，假借作祖先、轻等。

方氏将文字表达的对象分为物（实体）、事（动态）和意（概念）三类，这种分类并不在一个平面上，物和事又何尝不是概念呢？方氏是参考许慎的"六书"来说明东巴文的构造，所以其十书也不是严格意义的造字法，第七、第十类属于表词层面。十种结构类型也存在分类不严谨的问题[②]，如其二显著特征，其三变易本形，就当归入象形；其五附益他文中的"眉"作 𝄡𝄡、"线"作 ⼈，当归入象形；"切"作 ⼲、"钻"作 𝄢，当归入会意；其八一义数字这一类，实际上是异体字，当分别归入象形或会意。喻遂生在此基础上归纳出"东巴文六书"：象形、指事、会意、形声、假借、借形。其中，象形字有 1076 字，占 47%；会意字（含指事字）有 761 字，占 33%；形声字（含假借字）有 437 字，占 19%。[③] 这说明东巴文字象形程度较高，具有图画文字的特征，但会意字、形声字又占

---

① 方国瑜：《纳西象形文字谱》，云南人民出版社 2010 年版，第 56—72 页。（以下简称为《方国瑜字谱》）。

② 参见王元鹿《〈纳西象形文字谱〉详介》，《辞书研究》1987 年 4 期。

③ 喻遂生：《纳西东巴文研究丛稿》，巴蜀书社 2003 年版，第 23 页。

了近半，应该说是图画文字与表意文字并存的象形文字符号体系。

关于纳西东巴文的创制，并无具体的文献记载。《木氏宦谱》中记载木氏先祖"牟保阿琼创制文字"，东巴经中也有"东巴教祖丁巴什罗造字"之说，但这些说法因没有确切的证据而并不可考。和志武认为："专业巫师采集整理早已流传在民间的图画字，逐渐约定俗成、流行和发展。"① 至于东巴文字创制的具体年代，学界并无确切的说法，只是根据东巴经典及纳西族历史做出大致的考证。方国瑜认为："用象形文字写经书，可能在公元 11 世纪中叶。"② 李霖灿则认为："最早当不能过唐，最晚亦在明代成化之前。"喻遂生认为："考虑到文化交流颇费时日，所以说东巴文创制于战国或是秦汉是不大可能的。而宋元似乎又太晚，结合纳西族形成、迁徙的历史和东巴字的地域分布，我们觉得把东巴字产生的年代定在南北朝至唐代初是比较合适的。"③

四　东巴经

东巴经是纳西族古代文化的百科全书，其内容涉及纳西族古代社会的语言、文字、历史、地理、宗教、哲学、民族、民俗、文学、艺术、天文、历法、农业、畜牧、医药等领域，是中华民族和全人类历史文化的瑰宝。2003 年 8 月，纳西东巴古籍文献被联合国教科文组织列入世界记忆遗产名录。④ 国内外学者认为，东巴经是研究纳西族古代哲学思想、语言文字、社会历史、宗教民俗、文学艺术、伦理道德及中国西南藏彝走廊宗教文化流变、民族关系史以及中华远古文化源流的珍贵资料。

"东巴经"是指由东巴文书写而成的东巴教经书，纳西语称为"东巴久"，即东巴经籍。东巴经的产生年代至今仍无定论，有秦汉说、隋唐说、北宋说三种。⑤ 东巴经由当地荛树皮制作的厚绵纸装订而成，形制横条较

---

① 和志武：《纳西族古文字概论》，《云南社会科学》1982 年第 1 期。
② 方国瑜：《纳西象形文字谱》，云南人民出版社 2005 年版，第 41 页。
③ 喻遂生：《纳西东巴文研究丛稿》，巴蜀书社 2003 年版。
④ 1997 年 12 月丽江古城被联合国教科文组织列入世界文化遗产名录，2003 年 7 月包含丽江在内的川滇藏三江并流被联合国教科文组织列入世界自然遗产名录，丽江成为我国唯一的列入世界文化遗产名录、世界自然遗产名录、世界记忆遗产名录的"三遗产"地区。
⑤ 方国瑜：《纳西象形文字谱》，云南人民出版社 2005 年版，第 41 页。

长，横竖比例大致为3：1，横向长度28厘米，竖向宽度为9厘米，这种装订形式与藏传佛教经卷、梵文经卷装订形式相似，三者有渊源关系。经书左端用线装订，从右往左翻页，每一页分为三四行，每行从左往右书写，每写完一句就画一竖线，写完一行就画一相隔的横线。东巴经的书写工具以竹管笔为主，也有玉米天花杆、高粱秆、铜管做的笔，以锅烟灰做墨汁原料。东巴经分布于金沙江上游的纳西族西部方言区，包括丽江和中甸、维西的部分地区。自19世纪至20世纪上半叶，英、法、俄、美等国传教士和人文与自然科学考察者，先后从丽江收集并带走大量的有关东巴文化的文物，收藏在以上这些国家，其中收藏较多的为美国国会图书馆、美国哈佛图书馆、德国国家图书馆。国内学者于20世纪30年代开始重视收集有关东巴文化的文物。其中所收集的东巴经书主要收藏在我国台湾、南京、北京、昆明、丽江等地的图书馆、博物馆和研究单位内。目前，已知不雷同的东巴经书1000多种，藏书共2.5万余册，其中国外藏书有1万余册，国内藏书1.5万余册。

东巴经除记载迎神驱鬼、祈福求寿、消灾消难等内容外，还记载了大量的纳西族古典文学作品，包括神话故事、史诗、叙事长诗、谚语歌谣等。神话中最著名的是创世史诗《创世纪》、英雄史诗《黑白战争》、悲剧长诗《鲁般鲁饶》，这三部作品又被誉为东巴文学中的三颗明珠。从中充分反映出东巴经典内容的丰富和题材的广博，在所描述的万物起源、宗教祭典、斩妖伏魔、部落战争、英雄传略、爱情婚姻、生活民俗等诸多内容中，也充分反映了纳西族人的自然崇拜、神灵观念和古代社会的生产、生活及价值观、世界观。

东巴经内容体例在不同区域呈现出不同特点，相比而言，从北到南依次呈现出经文内容从简略到复杂、粗略到详细的特点。譬如白地、俄亚、拉伯一带的东巴经内容比丽江太安、鲁甸、塔城区域的经书内容要简略。试举一例：

以下为拉伯、俄亚、鲁甸三地《董埃术埃》的开头第一句，简释如下：

段首符号，不读音。

 la³³虎。

读音：a³³la³³mər³³ʂər⁵⁵n̠i³³"。

大意：很久很久以前。

字释：

 a²3，语气词，读"啊"，引申为"昨天"（a²¹n̠i³³）。

 la²¹，手。形声字。

 çæ³³，假借为"说"（çə³³）。

读音：a²¹n̠i³³la²¹ʂɿ t³³n̠i³³。

大意：很久很久以前。

字释：

 a³³语气词，读"啊"。

 la³³虎。形声字。

 mər³³不，义为"不"。

 ʂər⁵⁵，义为"说"。

 n̠i³³，太阳，引申为时候。

读音：a³³la³³mər³³ʂər⁵⁵n̠i³³。

大意：很久很久以前。

五 东巴仪式

仪式行为是宗教观念的实践。东巴教种类繁多的经书，繁杂庞杂的神灵体系，为东巴仪式提供了丰富的载体及内容，同时也带来了分类难题。西方学者洛克把东巴仪式分出 122 种，并分别纳入"纳西宗教仪式""较小仪式""丧葬仪式""特殊丧葬仪式""延寿仪式"等五大类。[①] 他这一分类法并没有一个统一的分类标准，并未得到学术界认可，其功绩在于较为完整地记录下来了这些仪式的主要内容。国内学术界倾向于按东巴仪式的功能划分为祈福类、求"署"（自然神）类、禳鬼类、丧葬类、占卜类等五大类。

第一类是求神祈福仪式包括祭天、祭祖、求子、祭畜神、祭谷神、祭猎神、祭村寨神、祭星、祭署、祭素神、延寿；其他如祭嘎神（胜利神）、祭畜神等。祭天是最重要的东巴仪式，纳西人自称"纳西祭天人"，"纳西以祭天为大"。每年春秋两季分别以家族或家庭为单位在固定的祭天场举行。在祭天场中央竖立两棵黄栗树和一棵柏树，分别代表天父、天母和天舅，祭树下插大香，置供品，献牺牲。由东巴祭司诵念东巴经《崇搬图》（人类迁徙记），缅怀祖先，歌颂英雄，赞美创造，用来传递历史渊源，加强民族团结，祈求风调雨顺，天下太平。另外，祭家神仪式是经常性举行的家庭祭祀仪式，这一仪式的纳西语称为" $\mathfrak{s}\mathfrak{v}^{55}\mathrm{khv}^{31}$ "（素库）。纳西人认为，每个人有自己的生命神——"素"神。"素"神即供养在每个家庭的"素"篓里，在家境不顺或结婚、生子时举行这一仪式。结婚仪式中，在东巴的主持下，将新娘的"素"神从其家庭的"素"篓里请出来，迎进新郎家庭的"素"篓里，与新郎家庭其他成员的"素"神结合为一集合体，从此永不分离。在新郎新娘头上抹酥油是仪式中最重要的部分，意喻新人得到了家神的保佑。

第二类是祭署仪式，纳西语称为" $\mathfrak{s}\mathfrak{v}^{31}\mathrm{gv}^{31}$ "（署古）。"署"为自然之精灵。传说署与人为同父异母兄弟，二者和睦相处、相安无事。后来人类乱砍滥伐、破坏水源，署便发洪水报复人类。双方经过调停，立下契约：署供人类自然资源，但不能过量攫取。人类则每年举行祭"署"仪式，以此强化保护自然的意识，体现了自然崇拜的信仰。署类众多，分布于天上、地上、人间诸界。如天上有 99 个署，地上有 77 个署，山上有 55 个署，峡谷间有 33 个署，村寨有 11 个署。另外，有神海之署、岩间之署，以及云之署、风之署、虹之署、河之署、泉之署、坡之署、草滩之署、石之署、树之署、宅基之署。署的神灵体系分为署王、署后、署臣、署吏、

[①] Rock, J, F., *A Na-khi-English Encycloedic Dictionary*, part 2, Roma, 1972.

署官、署民、署鬼等不同等级。① 署类具有的神鬼合一的特征，人类遵守契约时，它往往带给人类风调雨顺，若人类违背契约而破坏自然，它则降下灾难，与人类为敌。也有些署类经常干扰、作祟人类的生产、生活，东巴通过仪式教训、规约这些署类遵守双方的契约，所以人类对署类的关系既有敬畏的一面，也有斗争的一面。东巴经里就有不少内容是叙述人类与署类争斗的故事，如《都沙敖吐的故事》《普蚩乌路的故事》《神鹏与署争斗的故事》《俺双金套姆和董若阿夸争斗的故事》《蚩堆三子的故事》《梅生都迪与古鲁古久的故事》《妥构古汝和美利董主的故事》《祭署的六个故事》等。

　　第三类是禳灾除病仪式。禳鬼类包括小祭风、禳垛鬼、退送是非灾祸、除秽、祭端鬼、驱抠古鬼、祭蛇鬼、毁鬼寨、祭突鬼、祭绝后鬼、顶灾、招魂、驱妥罗能持鬼。认为灾难和疾病由鬼魂作祟引起，需要施食慰抚鬼魂。做这类仪式往往要经过占卜测算，卜出是何种鬼魂作祟，于是以占卜结果选择仪式种类，充满着浓厚的巫术性质，具有不固定、应急、临时的特点，反映出鬼魂崇拜的思想。

　　第四类为丧葬仪式，包括大祭风、什罗务、拉姆务、关死门仪式。丧葬仪式的目的是把死者的灵魂送达祖居地，从而成为祖先神灵，来保佑后代子孙发展兴旺。东巴丧葬仪式以"祭风""丁巴什罗超度仪式"最有代表性。"祭风"，纳西语称为"$xər^{33}la^{33}l\mu^{31}k\mu^{55}$"（海拉里肯），目的在于超度殉情自杀和战争灾祸等非正常死亡者的亡灵。纳西族相信人死灵魂不死，非正常死亡的灵魂会被鬼魔所缠，变成恶鬼作祟于人，因而要由东巴祭司进行招魂、超度，安抚其亡灵。殉情而死的亡灵被祭司超度到神秘的玉龙第三国，那里白云、蓝天、高山流水，青松翠柏，草地鲜花，老虎当坐骑，白鹿当耕牛，男耕女织，谈情说爱，无忧无虑，是爱情的乐园，是幸福的天地。"祭丁巴什罗"，纳西语称为"什罗务"，它是东巴祭司去世后举行一种开丧仪式。届时在丧家屋内设神坛，持神像，置供桌，以铁犁铧代表居那若罗神山，设白牦牛、白马等神灵面偶、竹编、供酒茶等祭品。天井里置"标杆"，院内设鬼蜮、鬼寨，并从屋内灵柩前开始过院坝，至大门铺设神路图，表示亡灵将在东巴祭司的超度下顺着神路图达到祖先居住的天堂。场面宏大，气氛热烈悲壮。

① 白庚胜：《东巴神话研究》，社会科学文献出版社 1999 年版，第 89—90 页。

第五类为占卜仪式，包括推算甲子、流年数、推算九宫、推算凶星、合婚择吉日、掷贝巴、占炙胛卜等。占卜仪式一般多为小仪式，在举行仪式前需要除秽、烧香、请神、念咒语等程序。东巴占卜有羊骨卜、鸡骨卜、海贝徙、巴格卜星卜、手指卜、左拉卜等数十种占卜。巴格图是巴格卜重要的图式，画在粗棉纸上，以一只青蛙形体勾画而成，称为"海时巴美"，以蛙体头尾、四肢、肚腹分别代表东、南、西、北、中五个方位和木、火、金、土、水五行，配以十二生肖，用于占卜吉凶和人生疾病、婚姻等。东巴仪式类别繁多，但其仪式程序结构呈现出相似性：请神—求神—送神，这三段式结构在每一个仪式中都要出现，说明了东巴仪式与巫术有着明显的区别。如祈福类仪式程序结构往往是：请神—颂神—求神—送神；禳鬼类仪式程序结构为：请神—安神—颂神—禳鬼—送神，这一类仪式的主题为"禳灾"；丧葬类仪式的程序结构为：请神—送魂—火化—求神—回归祖居地—送神，这类仪式的主题是亡灵与祖先团聚。对东巴而言，这些不同的仪式类型提供了稳定的仪式叙事文本结构，有利于祭司可以根据仪式类别安排相应的仪式程序、仪式场景、仪式表演及仪式经文。东巴仪式中还包含了经书口头演述、东巴画、东巴舞、东巴音乐等表演内容。

第三节　东巴仪式叙事传统的传承与流布

东巴经不仅是纳西先民古代社会生活的百科全书，也是集纳西古典文学大成的宝库。东巴文学的出现，是纳西族文学史上的一件盛举。简言之，东巴文学是东巴教祭司——东巴用古老的纳西象形文字书写、编创，并记载于东巴经中的文学作品。这部分文学作品既有别于民间口传文学，也有别于纳西族用汉文创作的作家文学，属于独立的一个范畴。[①] 也就是说，东巴仪式叙事传统的传承流布与东巴教、东巴经的传承流布密切相关。

东巴仪式叙事传统是纳西族叙事传统的范例，但并不意味着所有纳西族地区都传承有这一传统，尤其是泸沽湖周边的纳西族支系——摩梭人的

----

① 和钟华、杨世光主编：《纳西族文学史》，四川民族出版社 1992 年版。

叙事传统中，东巴仪式叙事传统并不占主体，而是以达巴口头叙事传统及受藏传佛教深刻影响的民间叙事传统为主。所以东巴仪式叙事传统的传承与流布，与东巴教的形成、东巴经书的分布有着内在的统一性，而这一问题又与藏族宗教——苯教及藏传佛教在纳西族地区的传播与影响关系甚大。

一 东巴教及东巴仪式叙事传统的形成

东巴教属于纳西族的原生宗教，其底层文化与属于氐羌系统的民族文化存在同源异流关系。首先在语言上，与同属彝语支的彝语、哈尼语、傈僳语、阿昌语、拉祜语、独龙语、怒语等语言有着较为亲密的语缘关系。另外，在火葬、父子联名制、送魂、以黑为尊、崇虎以及创世、迁徙、祖先英雄等神话母题在文化内容上也多相似之处；东巴教中的骨卜、巫术、原始宗教残留与同一语支内的原生宗教也有不少共源现象。但纳西族传统文化中也体现出与彝语支民族很大的文化差异，集中体现在东巴教的意识形态及表现内容上，其中内因在于东巴教在承袭纳西族原始信仰的基础上，大量吸收了早期苯教的内容，且逐渐融入佛、道等多元宗教文化因素，形成一整套独特的宗教、伦理思想体系。东巴教之所以具有了一些人文宗教的特征，也与接受苯教及佛、道多元宗教文化因素密切相关。也就是说，东巴教的形成与接受这些多元宗教的文化事实有着内在的统一性，在这些多元宗教中，受苯教的影响最大、最为深远。这与苯教保留的巫术、原始宗教的底层文化较多，且历史上同属古羌后裔，地理上一直处于杂居、邻居的状态，政治上纳西族曾受到吐蕃王朝的统治等多种因素有着重要关系。

（一）苯教的传播及对东巴教的影响

苯教何时传入纳西族地区？从文献记载来看，公元6世纪末，吐蕃势力已经抵达金沙江流域的纳西族地区。《资治通鉴》中记载，吐蕃于唐调露二年（680）"并西洱河诸蛮"，"浪弯州蛮酋傍时昔等二十五部先附吐蕃"[①]。方国瑜认为："自唐初吐蕃南侵，达金沙江雅砻江流域，至贞元年

---

① 方国瑜主编，徐文德、木芹纂录校订：《云南史料丛刊》第1卷，云南大学出版社1998年版。

间，磨些受制于吐蕃者，已百有余年。"① 方先生说的百余年，是680—794年的114年时间。这一时期苯教在吐蕃王朝的地位是极为显赫的。"每千户有一个大的苯教巫师，称'拉本波'，每一个战斗小组有一个小巫师，称'拉巴'，即苯教中祝神之巫师。这两种巫师的分工是很明确的。'拉本波'的任务是主持各种隆重的敬神仪式，'拉巴'的任务是随时请神帮助战胜敌人。"②

在一个吐蕃统治纳西族地区长达一百多年的时间里，苯教又在吐蕃王朝中占有举足轻重的作用，这就为苯教传入纳西族地区提供了必要的政治条件。政治与宗教往往相伴而生，政治为宗教的产生和存在提供条件，宗教为政治的巩固和发展提供精神工具。历史上，当一个民族国家在政治与军事上征服另一个民族国家或地区时，宗教往往成为巩固其统治地位的有力工具。我们也不难推测出吐蕃在纳西族地区统治时期，苯教在纳西族地区的传播就受到吐蕃统治阶层的政治支持。这与明代木氏土司在其统治的藏区与藏传佛教的上层阶层互相利用的目的是一致的。

《纳西族史》称："东巴经名著《鲁般鲁饶》中有'藏神管纳人，喇嘛管牧奴'的记载。这与唐初吐蕃王朝南下，纳西族直接受吐蕃奴隶主统治一百多年的历史相符。……从分析东巴教的神、人排列次序证明，东巴教形成于唐代吐蕃、南诏统治纳西族时期，说明社会政治历史对宗教和文化的决定性影响。"③

苯教对东巴教的影响，现在学术界有不少的研究成果。和志武是较早系统地对苯教与东巴教进行比较研究的学者，在其《纳西东巴文化》一书中，专门辟了一个章节讨论了二者的历史关系。他的主要观点如下。

第一，东巴教是在苯教的影响下发展起来的。有十个方面的例证：(1) 东巴的古称 biubbiuq 一词是苯教"本波"之音译（借词）。东巴一词的象形字头戴五佛冠，读"本"，与苯教同。(2) 东巴教祖师丁巴什罗，是苯教祖师丹巴亲饶的音译转读。(3) 东巴教的主要法器也与苯教同。(4) 东巴教信奉的萨英威登、英古阿格当是苯教和藏传佛教的音读。(5) 东巴教的护法神有不少来自苯教。(6) 苯教与东巴教有着相似的龙神

① 方国瑜：《方国瑜文集》，云南教育出版社 2001 年版，第 4 页。
② 格勒：《藏族苯教的巫师及其巫术活动》，《中山大学学报》（哲学社会科学版）1984 年第 2 期。
③ 郭大烈、和志武：《纳西族史》，四川民族出版社 1999 年版，第 225—237 页。

信仰崇拜。（7）东巴教借用了苯教和藏传佛教的许多宗教用语。（8）纳西东巴文中借用了不少藏文字母。（9）东巴经中有八部藏语音读的经书，当是苯教经典的直接借用。（10）二者的经典中有着极为相似的关于宇宙万物起源的记载。

第二，关于丁巴什罗的记述。他从丁巴什罗的读音、身世、世系、传说等方面进行了论证，认为丁巴什罗是东巴教和苯教的共同祖师，是从苯教吸收进来的产物。

第三，关于纳西族东巴教祖师丁巴什罗的弟子和代谱问题。认为丁巴什罗是宗教神话式人物，所谓丁巴什罗99代谱系之说并不确切。

赵心愚认为，"和志武是从总体上来分析苯教对东巴教的影响的，因而所举十个方面影响（笔者注：应为大的三个方面，其中第一个方面涉及苯教对东巴教影响的十个例证）并没有在时间上分期。这十个方面中，尽管有的方面明确提到了是后期苯教和藏传佛教的影响，但没有这样明确指出的其他方面也很难说都是早期苯教的影响。并且，和志武也没有明确所谓'后期苯教'所指的具体时间。从其著作的相关内容来看，当指宋代或宋代之后"①。

笔者认为和志武对苯教与东巴教的比较主要是从宏观上来说的，也就是包括了苯教的三个发展时期，并不局限于具体的某一时间年限。从上文《纳西族史》所引的内容来看，主要突出的是从早期到唐代时期苯教对东巴教的具体影响："东巴教形成于唐代吐蕃、南诏统治纳西族时期，说明社会政治历史对宗教和文化的决定性影响。"至于说东巴教的内容中哪些是早期苯教影响的，哪些是后期苯教所影响的，甚至要明确"具体时间"，这是难以论证的。一是东巴教与苯教同为原始宗教向人为宗教过渡的类型，其间多为神话传说等附会之说，而非纪实性的编年史，具体时间年限无从考证。其次，从现有的文献记载来看，也无从搜索到所谓的"具体时间"，只能大体推测出一些模糊的年代。我们在上文中所说的苯教对东巴教的影响在唐代更突出一些，也是基于这一时期特定的历史条件而言。而且苯教对东巴教的影响在时间跨度上是相当漫长的，上限当在7世纪之前，下限可至20世纪初。冯智先生认为明代后期苯教还流传于西部纳西

---

① 赵心愚：《纳西族与藏族关系史》，四川人民出版社2003年版，第241页。

族地区。① 直到20世纪初，苯教仍在纳木依人（麼些后裔）中流行。② 甚至我们也不能排除东巴教中的一些藏传佛教内容是通过苯教传入的。因为从后期苯教（久本）的内容来看，藏传佛教内容占了相当的分量，甚至有喧宾夺主之嫌；藏传佛教中也融合了很多苯教的因子。苯教通过吸收大量藏传佛教从而实现对自身的改造，以适应社会发展的需要。从苯教的后期派别——久本的经典内容来看，这个改造的痕迹已经在藏传佛教后弘法期之前就很明显了。苯教在纳西族地区的传播时间比藏传佛教要早得多，并且已经有了相当成熟的经验，比藏传佛教有着更大的传播优势。这种传播的时间延续到苯教的三个发展时期。我们可以推断藏传佛教在纳西族地区的传播在苯教的后期就已经开始了，是通过苯教中的藏传佛教内容影响到东巴教中来的。苯教（尤其是后期）与藏传佛教有着紧密的联系，把藏传佛教与苯教截然分离开来是不符合历史事实的。当然，后期苯教在纳西族地区的渗透主旨在于传播苯教，而非藏传佛教，只是由于其自身夹糅了大量的藏传佛教内容，这样不可避免地把藏传佛教的内容也带进来了，客观上为后期藏传佛教在纳西族地区的传播奠定了必要的基础。随着苯教在藏区的势微，藏传佛教对纳西族地区的渗透、影响超过了苯教。这在下文中也有所叙述。

（二）藏传佛教对东巴教的影响

藏传佛教何时传入纳西族地区？学术界仍无定论。杨学政认为："藏传佛教约宋末元初传入藏、川、滇纳西族和摩梭人地区。"③ 赵心愚认为："吐蕃统治时期除苯教进一步传入纳西族地区，吐蕃佛教（前弘期藏传佛教）也随着扩张传入纳西族地区。"④ 杨福泉认为："藏传佛教是从元末开始，由西藏经川西传入纳西族地区的。"⑤ 张江华认为应在元代，"纳西族也信奉元代开始从藏区地区传入的藏传佛教"⑥。

从以上的观点来看，藏传佛教传入纳西族地区的时间范围在唐初7世

---

① 冯智：《明至清初滇藏政教关系管窥》，《中甸县志通讯》1990年第3期。

② 陈明芳等：《冕宁县和爱公社庙顶地区藏族禸历史调查》，《雅砻江下游考察报告》，1983年。

③ 杨学政：《藏族、纳西族、普米族的藏传佛教》，云南人民出版社1994年版，第199页。

④ 赵心愚：《纳西族与藏族关系史》，四川人民出版社2003年版，第242页。

⑤ 杨福泉：《纳西族与藏族历史关系研究》，云南大学图书馆馆藏2002年版，第143页。

⑥ 张江华：《论纳西族与藏汉民族的历史文化联系》，《1999年丽江国际东巴艺术研讨会论文集》，社会科学文献出版社2002年版。

纪中叶（678）至元末 14 世纪中叶，时间跨度达 7 世纪之多。藏传佛教传入纳西族地区的时间不可能会有这么大的时间反差。应该指出的是，藏传佛教传入纳西族地区的时间可能较早，但也只是先开了风气而已，这一时期并没有在这一地区得到有效的渗透、影响。藏传佛教在纳西族地区的真正扎根立足、全面影响、渗透则在宋元以后，尤以明代为著。

相对来说，藏传佛教对东巴教的影响范围及程度均不及苯教的影响。但我们仍可从东巴教中看出受藏传佛教影响的明显痕迹。现以东巴教的神路图为例谈谈藏传佛教对东巴教的影响。不少学者认为"神路图"是东巴教受藏传佛教影响较深的典型。

藏传佛教对东巴教的影响，在"神路图"中表现为五个方面。

（1）神祇：神路图中神灵众多，且均有严格的神灵排位及座次。而从苯教中引入的东巴教祖师丁巴什罗在神祇排位中仅列 54 位，把众多藏传佛教中引入的神祇凌驾于其上。萨英威登、英古阿格、恒丁窝盘三尊大神依次位居高位，成为整个图中地位最高的神祇。和志武认为前两个是藏体教和藏传佛教神灵名字之音读，后一个神名是其神灵名字的义译。① 李霖灿先生认为东巴经中的"英古阿格"是直接从藏文中转借过来的字。

（2）名称："神路图"纳西语称为"亨日皮"（heq ree piq），"亨"是"神灵"之义，是藏语借词。图中众多地名也是直接来自藏语，如神界的"涅麻瓦仁""达瓦尼生"，地狱的"涅坞""依道""迪猛""迪灿""史朵""奥久"等。宗教观念：神路图中所宣扬的"三界六道""十八层地狱""三十三神地""十三神数""生死轮回""因果报应"等观念明显来自藏传佛教的内容。因为在这之前的东巴经中并没有"生死轮回""因果报应""三界六道"等这些明显带有佛教色彩的观念。东巴经中人死后只有两种结果，一是其亡魂返回祖居地，二是成为鬼魂，并无下地狱、升天堂之说，也没有投生转世、生死轮回的观念，更找不到把人死后安排到"三界六道"的内容。

（3）画轴：神路图的画轴形状与藏传佛教的唐卡画极为相似，从图画的直幅式到长度、宽度均与唐卡相同。和志武说，"东巴神轴画颇受佛教神像画的影响，特别是受元、明以来藏传佛教唐卡卷轴画的影响"②。

---

① 和志武：《纳西族东巴文化》，吉林教育出版社 1989 年版，第 11 页。

② 同上书，第 204 页。

（4）绘法：神路图中每一位神祇占一幅画的位置，周围伴随护神、神骑、神树、神花；神祇坐姿以佛教的跏趺坐姿为主；绘图颜色繁复，疏露均衡，主次分明。这与唐卡的构图、绘法是一致的。

（5）神物：图中的护法神除了神灵以外，还有众多的动物，尤以鹏、龙、狮为主；地狱中的鬼怪形象也多与藏传佛教中的形象相似。另外，神祇的神座——莲花宝座也是佛教的产物。

以上讨论了藏族苯教、藏传佛教对东巴教的影响，相对来说，苯教对东巴教的影响明显要深于后者，这与东巴教生存的环境、发展水平以及纳藏两族的历史关系是密切相关的。但不管是苯教，还是藏传佛教，它们对东巴教的影响在东巴教的发展进程中并不是决定性的。东巴教虽因二者的影响发生了不少的演变和发展，但自己的本质并没有发生根本性的变异，仍保留着浓厚的纳西族先民的宗教特色和思想观念。

"神路图"也就是这一过渡时期的标志性作品，与前期东巴经内容相比，神路图显得"另类"。"由于各种原因，（东巴教）不能象苯教一样，对自己的本土宗教进行一次大的改革，因而，东巴经书仍保留了原始宗教的原貌。所吸收进来的外来文化，象一只不合群的动物，兀立在一旁，与原来的文化极不协调。"① 东巴教虽未能完全过渡到人文宗教，但其对纳西族的民族文化、民族性格的影响是深远的，已经成为纳西族民族文化不可或缺的重要内容。

从苯教文化和藏传佛教文化在纳西族社会中的传播过程可以清楚地看出，当苯教和藏传佛教进入纳西族社会，它已经过了纳西族传统宗教文化的取舍、融化、调和与改造，发生了内容和形式上的变化，逐渐整合为一种新的文化体系。纳西族宗教已不等同于藏族苯教和藏传佛教文化，属于纳西族自己的宗教文化，是纳西族文化的有机部分，正如藏传佛教已不同于印度佛教和中原佛教一样。同时，后期发展了的东巴教已经逐步向人为宗教过渡，它的内涵已经超出了"原始宗教"的范畴。

（三）藏族宗教文化对东巴仪式叙事传统的影响

综上，藏族宗教文化对纳西族东巴教带来了深层影响，甚至在某种程度上是改造了东巴文化，虽然这种改造并非意味着藏族化，而是相互交融

---

① 和宝林：《东巴文化和神路图长卷》，载《东巴文化研究所论文选集》，云南民族出版社2003年版。

调适后形成的本土化。毋庸置疑，随着藏族宗教文化大量渗透到东巴文化中，对纳西族东巴仪式叙事传统也带来了深刻的影响。

一是大量的本教及藏传佛教的神灵进入到东巴教的神灵体系中，从而极大丰富了东巴叙事传统内容。随着大量神灵在东巴教中的膨胀，与这些神灵相关的故事也进入东巴教经籍之中。白庚胜把东巴教中受藏族宗教文化影响而形成的神灵定位为"最新神灵体系"，并分为天界神灵、署神、鬼怪三大类。[①] 每一大类神灵都有庞大的神灵队伍，如天界神灵下面分为至尊神、战神、神灵乘骑三类，每一类都有根据不同神力排位的神灵子体系。庞大的神灵体系与相应的仪式和经籍是相匹配的，折射到东巴叙事传统方面，比之原生的叙事传统，这些新神灵体系渗透进来后，"新神灵故事"也由此猛增，甚至呈现出后来居上的特征。丁巴什罗作为东巴教教主，《丁巴什罗传略》是必不可少的经典，甚至在东巴丧葬仪式上都要回顾教主不平凡的一生来缅怀他的丰功伟绩。在超度丁巴什罗仪式上所念诵的经书，就多包含了以下经书：《铺设神座》《为卢神沈神除秽》《烧天香》《迎请盘神禅神》《点灯火第卷》《迎请什罗》《杀三百六十个鬼卒》《杀固松玛》《在居那若罗山四面招魂》《祈求神力》《招死者的灵魂》《出处来历》《遗福泽》《赐威力》《还毒鬼之债》《送固松玛第卷》《在黑毒海旁用黑猪还毒鬼之债》《竖督树的来历》《解脱过失》《施水施食给冷凑鬼》《开罗梭门》《从海中招魂》《刀子的出处来历》《寻找什罗灵魂》《弟子协力攻破毒鬼黑海》《灵魂从血海里接上来》《把本神送回去下卷》《送走斯姆朗登》《驱除是非过失引起的冷凑鬼》《在生牛皮上点灯火》《解除过失》《开辟神路》《洒沥血水》《接祖》《除秽》《粮食之来历》《寻仇》《迎接本丹神》《格巴弟子点神灯》《求威力》《赐福泽第卷》《驱赶冷凑鬼》《用岩羊角解结》《开神路》《越过九道黑坡》《打开柜子之门》《倾倒督树》《把什罗从十八层地狱接上来》《开神路上》《法轮之出处》《开神路》《开神路中》《开神路下第卷》《指引死者灵魂之路》《后卷》《施鬼食》《射五方之鬼王》《火化后送什罗灵魂》《烧灵塔》《赐徒弟以威力》《什罗改名十二次》《杀牲》《用羊占卜算卦》《宰杀牲畜》《供奉尊贵的祖先》《隆重祭送常胜的死者》《规程》等。

"夫贵妻荣"，作为丁巴什罗的妻子——拉姆地位也非同一般，与超度

---

① 白庚胜：《东巴神话研究》，民族出版社2015年版，第75页。

丁巴什罗仪式相对应，东巴妻子去世时也要举行规模宏大的超度拉姆仪式，所含经书包括：《拉姆的来历》《迎接神灵》《为圣洁的神女拉姆除秽》《茨拉金姆传略》《东巴什罗配偶茨拉金姆》《追忆生前》《寻找灵魂》《接送圣洁尊贵的神女》《用猪给毒鬼还债》《丢弃冷凑面偶超度拉姆趣衣拉姆仪式》《送走大鹏面偶第卷》《丢弃卡里面偶》《送走里朵》《超度女能人》《破除尼坞血海》《丢弃过失》《送拉姆》《射杀毒鬼仄鬼》《烧灵塔》《规程》等。①

与天上神灵众多相似，地上的神灵——署神体系也庞大宏富，数不胜数。正如东巴经中所言：天上有 99 个署，地上有 77 个署，山上有 55 个署，山谷中有 33 个署，村寨中有 11 个神，另外在海、岩崖、风、云、虹、草滩、河、石、坡、树等中也有不同的署神。② 有关祭署的东巴经籍就多达 50 余种：《撒神粮》《请署歇息》《唤醒署》《迎请尼补劳端神》《署的来历》《请署》《请署酋降临》《点燃神火灯》《送刹道面偶》《烧天香》《开坛经》《卢神的起源》《送署酋守门者》《迎接佐玛祖先》（上、中、下）《迎按佐玛祖先尾》《用白山羊白绵羊白鸡偿还欠署的债》《都沙敖吐的故事》《普蚩乌路的故事》《神鹏与署争斗的的故事》《把署猛鬼分开》《俺双金套姆和董若阿夸争斗的故事》《蚩堆三子的故事》《梅生都迪与古鲁古久的故事》《妥构古汝和美利董主的故事》《祭署的六个故事》《鸡的来历》《沈爪构姆与署争斗的故事》《纽莎套姆和纽莎三兄弟到人类家中》《高勒趣招父魂》《请署》《崇忍潘迪的故事》《红眼仄若的故事》《美利恒孜与桑汝尼麻的故事》《杀猛鬼、恩鬼的故事》《送傻署》《东巴什罗开署寨之门》《让署给主人家赐予福泽》《建署塔》《白"梭刷"的来历》《药的来历》《拉朗拉镇的故事》《给署供品》《放五彩鸡》《迎接四尊久补神》《开署门》《给署许愿、给署施药、偿署债》《招魂经》《不争斗，又和好》《求福泽与子嗣》《给署献活鸡》《开署门》《木牌的出处与崇忍潘迪找药的故事》《给仄许愿、给娆许愿》《立标志树、诵开坛经》《送神》等。

居住于泸沽湖畔的纳西族支系摩梭人的达巴文化中也有祭自然神、

---

① 丽江东巴文化研究所编：《纳西东巴古籍译注全集》，云南人民出版社 1999 年版。
② 丽江东巴文化研究所编：《纳西东巴古籍译注全集》第 6 卷《普蚩乌路》，云南人民出版社 1999 年版。

水神信仰，但从仪式种类、故事类型、神灵体系而言，远没有东巴文化的繁复庞杂。这说明藏文化中的自然神文化对纳西族东巴文化的深层影响。

有什么样的神就有与之相对应的鬼怪，正如有关丁巴什罗故事中所提及的：丁巴什罗在追杀最后一只小鬼时，小鬼哀求道：你把我杀死掉了，你和你的弟子们就失业了！其实这里包含了鬼与神是辩证统一存在的道理。东巴经里的鬼怪体系也极为庞大，一起构成了篇幅众多的神灵故事。

二是藏族宗教中的一些神话故事文本进入东巴叙事文本中。如东巴经典《休曲署埃》（大鹏鸟与署神争斗的故事）与苯教中的大鹏鸟神话故事有惊人的相似。藏族创世歌谣《斯巴形成歌》："最初斯巴形成时，天地混合在一起，分开天地是大鹏……"而关于藏族远古象雄六大氏族"琼"的起源，在典籍中也有如下记载："报身化身慧明王，化作三鹏空中游，栖落象雄花园内，象雄人们大惊喜，从未见过此飞禽，老人称其有角鹏。三鹏飞返天空时，爪地相触暖流闽，黑白黄花四蛋生，每孵幼童叫琼布。"其余版本大鹏卵生人而为始祖的神话也在各个支系流传。可见大鹏和藏族的创世神话有莫大的关系。而苯教神话中，大鹏称为"曲"，它与恶龙相斗，在《格萨尔王传》也有出现。这与印度以龙为食的伽楼罗到底有无联系，还有待考证。纳西族东巴神话中，大鹏称为"休曲"，与狮、龙等作为护法神守护含依巴达神树。在《休曲署埃》中，休曲制服了高傲的署神（纳西族的自然神）。它还出现在东巴教的木牌画与纸牌画上。纳西族东巴文化中的大鹏神鸟，纳西语叫"都盘修曲"，意为白海螺色的大鹏神鸟。东巴经书中说大鹏神鸟居住在"居那若罗"神山"含依巴达"神树上的巢里。在丽江六区及接近藏区的纳西人叫它"朵曲格布"，但老东巴说，这是藏语的音译。大鹏神鸟是纳西族东巴教始祖东巴什罗的三大护法神之一，是调解人与自然关系的使者，在纳西文化中大鹏神鸟代表着一切正义力量。①

纳西族英雄史诗《黑白战争》在叙及战争起因时强调双方是为争夺神树海英宝达树，这棵神树有 12 片叶子、12 分杈、12 朵花，隐喻了这是一棵制定天文历法的神树。历法树与日月星辰关系密切，所以"董和术的争

---

① 参见 http：//www. artwork - cn. com/Html/dongbawenhua/6498. html。

斗，是为了天地岁月时日而械斗，结仇战争的来历就从此开始"。这部英雄史诗的主要情节如下。

（1）黑白善恶世界之间生有海英宝达神树，但此树本属于善神所看护。

（2）术族的老鼠从山上打洞，使光明透到黑暗世界，董术两大部族开始了争夺光明的战争。

（3）战争的结果是董部族取胜，将术族首领美令术主尸体瓜分，从此善恶分明，是非清楚。无独有偶，藏族苯教经典《叶岸战争》也有类似的情节。

（1）神的世界叫"叶"，魔的世界叫"岸"，在两个世界间有分界线，神的世界有各种药物和花果，魔的世界则生长毒药和有毒的植物。神魔交界处生长有一棵奇特的树，叶片是丝绸，果实是黄金、珠宝。善神看护着此树。

（2）最初只有天，然后产生地，由此出现两种神灵的对立，它们有彼此的分界线，但一天一位恰神来到此地，从这棵树中看到即将发生的善恶之战，便派具有占卜能力的绵羊来作为中介。

（3）战争以神灵获胜为结束，魔王被俘获，各种占卜羊毛从此产生，各种解毒药出现，净化仪式以及世界的规范、准则也得到确立。[1]

白庚胜也对这两部作品做过比较研究，他认为两部作品的结构基本一致，两界性质完全一致，战争起因都是为了争夺神树，战争过程存在相对应的传承关系。[2]

三是藏族宗教叙事传统对东巴叙事传统的影响。东巴教在接受苯教及藏传佛教的神灵体系及教义的同时，其叙事传统也不可避免受到了对方的深层影响。英雄史诗《董埃术埃》作为受藏族宗教文化影响的文本，其叙事风格明显受到前者的深层影响。需要强调的是宗教叙事背后隐含的是宗教观念，宗教观念之间的交流影响必然投射到叙事风格中。在东巴叙事传统中有一引人瞩目的开头模式，即先叙述天地自然的变化生成万物，而这种变化往往与二元论密切相关，如好与坏、善与恶、白与黑、阴与阳、天与地、真与假等。创世史诗《崇般图》中对世界的起

---

① 参见孙林《论藏族、纳西族宗教中的二元论及与摩尼教的关系》，《西藏研究》2004 年第 4 期。
② 白庚胜：《〈黑白战争〉与〈叶岸战争〉的比较研究》，《民间文化》2001 年第 1 期。

源是这样描述的。

太古时候，天地尚未开辟，先出现三样天影子和三样地影子；日月没有造，出现三样日影子与月影子，同样地还出现山谷、水渠等影子。然后是"三样出九个，九个出母体：出现真和假，出现实与虚"。最初真与实来变化，产生白天明亮太阳和碧石，碧石又产生白晶晶的实蛋，实蛋变化又产生好声气的呼唤者，好声音做变化，产生善神依古阿格。假和虚做变化，产生夜晚暗月亮和墨石，墨石变化产生黑色虚蛋，虚蛋变化出恶声气的唤者，恶声音做变化，产生恶神依古顶那。善神又生出一个白蛋，对白蛋作用产生白鸡，白鸡自称东族（善神家族）的额玉额玛，生下九对白蛋，分别产生盘神（藏族之神）与禅神（白族之神）、高神与吾神、窝神与恒神（纳西族神）、阳神与阴神、能者与智者、丈量师与营造师、酋长与目老、巫师与占卜师等。恶神依古顶那变化出黑蛋，产生黑鸡，叫术族（恶神家族）的负纪俺那。该黑鸡最后生下九对黑蛋，分别产生鬼与怪、毒鬼与争鬼、水鬼与水怪、恶鬼与无头鬼、脏鬼与污鬼，等等。此后善神九兄弟开始创造世界，造出宇宙四方、天地空间以及宇宙圣山什罗神山等，然后又经过一番变化："最早好气象，上面出响声、下面出气息，声气相互变化，生出三滴白露，白露做变化，生出三个大海；大海做变化，生出人类祖先：海史海古、海古美古、美古初初、初初兹玉、兹玉初居、初居具仁、具仁迹仁、迹仁崇仁。崇仁丽恩（有五兄弟六姐妹，为人类先祖）。"最后人类产生并经过各种磨难和变故后，从天国迁徙到英古地，繁衍延续至今。①

苯教经典《黑头矮人的起源》也有类似的描述：宇宙最初的状态是虚空，之后有一道光射出，于是就有了光明、黑暗、冷暖及阴阳的分别，这种状态交替作用又产生空气的流动，于是有了风，风推动看不见的雾气流动，在冷暖温度和风的作用下使雾气变成露珠，露珠凝聚成大水塘，以上所产生的几种因素继续交替作用，使水塘表面由泡沫形成一枚神奇的卵，这个卵经自然孵化而生成出两个宇宙之鹰，一黑一白。双鹰结合又产下三枚卵，分别呈白、黑、黑白相间的花色。后来，这三枚卵破裂，从中诞生出天神的不同世系以及一位会思考的混沌之肉团，名叫世间祈愿王，他以

---

① 吕大吉、何耀华主编：《中国原始宗教资料丛编》卷1《纳西族卷》（和志武、杨福泉编），上海人民出版社1993年版，第320—329页。

其思考能力创造了万物。①

孙林认为，纳西族东巴神话中的这种二元论受到苯教二元论的影响。"苯教中的二元论主要反映于大约在 13 世纪形成文字的一些经书中，其中以《黑头矮人的起源》、《斯巴卓浦》、《金钥》等为代表，这些著作在描述宇宙起源时采用二元论的说法，将宇宙的原始动力解释为白色与黑色两种光，这两种光是对立的，它们共同发生作用，产生宇宙的一切。而且，黑色还是愚昧、迷茫、迟钝、疯狂等一切丑恶的孳生力量。白光与黑光在宇宙创造过程中有时还以白卵与黑卵的形式出现，它们分别产生神与恶魔的传承系统。纳西族东巴教中的有关宇宙起源的神话也有类似的思想。"②

苯教的传入对东巴仪式叙事传统的修辞、叙事风格也产生了深刻的影响。白庚胜认为，"在苯教传入之后，东巴神话从口传神话变为书面神话，许多作品开始定型化。在篇幅上，许多作品从过去的短篇向长篇发展；在形象塑造上，开始调动白描、心理描写、肖像刻画等多种技巧；在语言上，一改过去平白明快的叙述语言，大量使用排比句，有的甚至连续使用十几个或几十个排比，造成铺天盖地、势如波澜，或缠绵悱恻、细雨连连的艺术效果。如果没有苯教书面语言的影响，纳西族古老的神话语言是难以有如此重大的发展，形成如此富有特色的东巴神话语言特色的"③。

二 东巴仪式叙事传统的传承与流布

（一）东巴仪式教的发源与传承

从可考文献及田野考证，纳西族源于甘青地区的河湟流域。秦汉时期分两支南迁，在今四川省木里县境内的无量河流域中游会合，在此又分别向东、南两个方向迁徙。东部这一支从今天的云南省宁蒗县的泸沽湖一直迁徙、分布到四川省的盐源县、盐边县，自称为纳汝或纳，族群文化以口传的达巴文化为主，没有形成文字系统，元明时期受藏传佛教影响，泸沽

① ［法］卡尔梅·桑木旦：《黑头矮人的起源》，耿昇译，《国外藏学研究译文集》第 5 辑，西藏人民出版社 1988 年版。
② 孙林：《论藏族、纳西族宗教中的二元论及与摩尼教的关系》，《西藏研究》2004 年第 4 期。
③ 白庚胜：《白庚胜纳西学论集》，民族出版社 2008 年版，第 142 页。

湖区域的纳人①普遍信仰藏传佛教，达巴教文化趋于衰微。1931年秋，洛克到永宁调查时发现："他（达巴）在喇嘛寺外面的草地上为我举行了几个仪式，并解释了别的仪式。这些仪式过去很少举行，因为被喇嘛们反对。达巴主要为土司家庭举行法事。"② 1935年纳西族学者周汝诚在泸沽湖地区考察时，曾听到当地达巴讲述达巴教为什么没有文字和经书的来历："达巴与东巴大致相同，传说自西天盘兹萨美受时，把东巴经记在牛皮上，在回来的路上，半路绝粮，乃煮食牛皮才回至永宁。人是回到了永宁，经书却没能带回来。所以达巴无经卷，专门口诵，其行法时，唱美妙之歌曲。达巴多半为人驱鬼，为人送丧。"③

而南向这一支在无量河流域下游一带创制了东巴象形文字。李霖灿在20世纪40年代沿着东巴经记载的送魂路线从丽江、白地到无量河流域考察，根据东巴字——水的书写方式，认为此字应根据无量河的流向而创制，由此认为"纳西象形文字发生之地点，当在今日之无量河下游一带"④。李霖灿认为若喀（汝卡）的中心地域就是"在金沙江N字大湾上之北端，即丽江奉科对岸一带"⑤。王元鹿在《由若喀字与鲁甸字看纳西东巴文字流播中的发展》一文中指出，"东巴文从发生到发展，经历了一条漫长的流播路线。其肇始一段当是或当近若喀（汝卡）地区的若喀字的早期状态"⑥。无量河下游即现在的川滇交汇的三江口区域，这一区域的居民以纳西族支系汝卡人为主，至今仍保存着较为完整的东巴文化。钟耀萍博士通过对无量河流域的纳西族支系——汝卡人的文字考察研究，发现了123个与白地、丽江境内的东巴字不同的字体，认为这一区域的文字产生时间应早于白地与丽江。⑦

东巴象形文字在无量河流域最早产生，但作为东巴教是在三坝地区得

① 纳人是指历史上称为"麽些""摩挲""摩梭"的族群，20世纪50年代初民族识别中这一族群的身份分别列入纳西族、蒙古族中，但其自称中的核心词——"纳"是一致的，学术界称为"纳人"或"纳系族群"。
② 和志武主编：《中国原始宗教资料丛编·纳西族卷》，上海人民出版社1993年版，第198页。
③ 周汝诚：《纳西族历史调查》，未刊。
④ 李霖灿：《纳西族象形标音文字字典》，云南民族出版社2001年版，第41页。
⑤ 同上书，第282页。
⑥ 王元鹿：《由若喀字与鲁甸字看纳西东巴文字流播中的发展》，《华东师范大学学报》（哲学社会科学版）2001年第5期。
⑦ 钟耀萍：《汝卡东巴字研究》，民族出版社2015年版。

到了充分的发展。首先是白地形成了丰富的东巴经典体系，并产生了教祖崇拜，从东巴经记载来看，丁巴什罗为外来教主，而阿明什罗为第二代教主，系本土人物，至今仍有其传承家谱。白地水甲村人阿明家族的家谱世系如下：叶本叶老、叶老邦都、邦都邦精……阿明丁忍次（第九代即阿明）……（第二十代）阿若（健在）。[①] 这一教主崇拜集中体现在东巴仪式中的加威灵仪式——东巴要阿明教主修炼的灵洞前念诵东巴经《求阿明威灵经》，向阿明教主祈求加威赐神力。民间认为，只有举行了加威灵仪式后才能算真正的东巴法师，所以至今仍有民谚流传："不到白地，不算大东巴！"白地成为东巴教的弘法圣地，与其所处的纳人文化与藏文化交汇的地理位置也有关系。东巴教的形成与苯教传播关系极大。藏传佛教在松赞干布时期取代苯教成为吐蕃国教，苯教徒只能向藏区周边溃逃，至今青海、川西、滇西北仍保存着大量的苯教文化，而三坝处于纳藏交汇地，客观上提供了苯教向纳西族地区传播的条件。明代纳西族土司木高在白地留下一首摩崖诗：

> 五百年前一行僧，曾居佛地守弘能；
> 云波雪浪三千垄，玉埂银丘数万塍。
> 曲曲同流尘不染，层层琼涌水常凝；
> 长江永作心田主，羡此当人了上乘。
> 嘉靖甲寅长江主人题释哩达多禅定处

　　郭大烈认为，"释哩达多"当指"丁巴什罗"。"五百年"，即嘉靖前的五百年是宋仁宗时代，说明在那个时代就有了东巴教。"一行僧"当指东巴教与苯教合流后的一个称呼，因为在白地历史上是没有修建过什么寺庙，也没有其他宗教传入的记载。东巴教形成于白地，但发展却在丽江。[②] 另说为此人应是南诏时期到大理传播藏传佛教密宗的赞陀崛僧人。[③] 不管是哪种说法，都可以证明白地在历史上扮演了纳西族与藏族文化交流融合的重要角色。东巴文化在此异军突起与这一历史事实有着内在的逻辑

①　郭大烈、和志武：《纳西族史》，四川民族出版社 1999 年版，第 227 页。
②　同上。
③　和泰华：《白水台摩岩诗辨证》，《中甸县通讯》1994 年第 2 期。

关联。

东巴教在白地成型后，随着纳西族的不断迁徙，继续向金沙江以南地区传播发展。陶云逵、方国瑜、李霖灿、和志武、日本学者西田龙雄等一致认为："纳西族历史上自北向南迁移与东巴经的分布和传播是一致的。其分布和传播可表述如下：无文字地区（木里、永宁、盐源等地）→有象形文字地区（若喀地区、北地地区）→有象形文字和标音文字地区（丽江坝区及附近山区、玉龙县之鲁甸、塔城以及维西县）。"① 到了元明清的木氏土司统治时期，丽江较早进入封建领主经济，社会发展形态较为充分，东巴教在丽江得到了新的发展。木氏土司以学习汉文化著称于世，史书上记载："云南诸土司，知诗书，好礼守义，以丽江木氏为著。"但木氏作为纳西族首领，并不排斥东巴文化，他们一直采取多元宗教文化的兼收并蓄的政策。《木氏宦谱》中把自己的先祖谱系与《崇般图》中的人类产生过程相联系，把纳西族的英雄祖先崇仁利恩也奉为自己家族的祖先。《木氏宦谱》中把先祖牟保阿琮说成"不学而识文字""旁通百蛮诸书""且制本方文字"等，把东巴字的创制归功于他。历代木氏土司把"敬天法祖"视为家训，一直到民国时期仍承袭着传统的祭天习俗，并赐予自家的祭天东巴"金铃四方""精明教宗""医明法精"等匾额。

雍正元年（1723），丽江实行改土归流，木氏土司特权被剥夺，降为土通判，流官取代土司，实行"以夏变夷"政策，东巴教被视为"鄙陋之俗"而被予以残酷打击，逐渐退缩到边远山区中。但即使在高压政策下，丽江境内的东巴教及其文化仍获得了一定的发展。从清末一直到民国时期，其发展主线并未断绝，这一时期的东巴人数达到了632人，与当时的纳西族人口比例而言，东巴人数占了1%，如表1—1所示，这一时期从白沙到南山、鲁甸、塔城，出现了久知拉、和芳、康巴才、和世俊、和文质等德高望重、学识高超的大东巴，东巴教文化也得到了新的发展。在东巴象形文字的基础上创制了更为简化的哥巴字，并开设了丽江境内的加威灵仪式场地——汝南化灵洞、鲁甸新竹灵洞，东巴象形文字的书写趋于简化，经书内容更加宏富繁杂，原来大规模的祭祀杀牲逐渐被面偶所取代，甚至出现了雕版印刷东巴经的情况。丽江境内东巴文化的发展与变迁也与改土归流这一历史有关，东巴文化在受汉文化影响较深的丽江城区及坝区

---

① 朱宝田：《纳西族象形文字的分布与传播问题新探》，《云南社会科学》1984年第3期。

受到压制，由此迫使信仰东巴教的部分纳西族居民向山区迁移。据和旭辉东巴介绍，他的祖上久知拉是木氏土司从香格里拉市三坝乡白地村聘请过来的大东巴，时间大致在元朝时期。当时木氏土司的官府设在白沙，所以木氏土司在白沙的新尚村给久知拉大东巴分了田地，建了房屋，承担起了木氏土司家族东巴祭祀职责。相传久知拉曾参加过白沙壁画的绘制。久知拉在丽江白沙定居后，经过上百年的发展，其子孙后代分布到了丽江大研镇、黄山乡文华村、五台村，太安汝南化、塔城等地，并出现了大研镇的和风书（其祖上为木氏土司家族世袭东巴）、文华村的桑尼才、五台村的和田贵、太安汝南化村的康巴才、青爸羊、塔城乡和文裕、鲁甸乡的和世俊、和文质，白沙乡的和鸿、和诚等一大批大东巴。根据笔者田野调查资料判断，这些分布丽江各地的大东巴并非是同时代人物，也并非同一时期从白沙迁徙出去的。久知拉家族的迁徙时间与地点大致为：白地（元代）—白沙—大研、文华、五台（明代）——太安、鲁甸、塔城（清代）。这条迁徙路线也是东巴文化从三坝到丽江的传承、流布路线。东巴的血缘世袭传承特点决定了东巴文化的分布、传承带有浓厚的家族传承、家族迁徙发展的特点。这一特点又保障了东巴文化传承的点线面式的结合、互动。丽江东巴文化源头在白地，而白沙成为丽江东巴文化最早的传承点，以此为根据地又分布到大研、黄山、太安、鲁甸、塔城等不同乡村传承点，这些"点"通过迁徙路线连结成面，由此形成了东巴文化传承、流布的格局。一直到民国时期，这些分布不同乡村的东巴之间还保持着密切的交流合作关系。太安汝南化大东巴康把才被邀请到鲁甸乡新主村主持执掌求寿仪式、东巴加威灵赐法号仪式；1947 年康把才在太安与南溪之间的灵洞前举行了大规模的东巴大法令，参加的东巴超过一百多人，其中著名大东巴和风书在跳东巴舞时作为领舞者。这一东巴法会能够成功举行，与分布不同区域的家族东巴们的鼎力支持分不开。

关于东巴教第二代教主阿明于勒从白地开创了东巴教后到丽江传教的传说、故事也不少，至今拉市乡美泉村的不少地名与他有关。传说是否真实有待考证，但唯一可以证明的是这些传说之所以能够产生、流传是有历史根基的，东巴文化传承与流布的一个历史事实——白地是源，丽江、四川、藏区等地方的东巴文化是流。可以说，在改土归流前后，丽江境内形成了白沙、鲁甸两个东巴文化的发展高峰，但这一历史进程在 20 世纪 50 年代后中断了，东巴教及其文化陷入了传承危机，至今仍未解除。根据丽江市东巴传承院的统计，1999 年第一届中国丽江国际东巴文化艺术节时，丽江拥有 80 余名老东巴，此后数年里，老东巴的人数剧减。到了 2003 年的第二届中国丽江国际东巴文化艺术节，仅有 11 名老东巴尚在人世。而现在，健在的老东巴不足 4 人。① 丽江东巴文化研究院成立 20 多年来，先后请来了 11 位大东巴，现已全部去世。

表 1—1　　　　　清末至民国时期纳西族东巴、达巴空间分布②

区域　　　　　类别		东巴
中甸	东坝	52
	白地	51
	金江	26
丽江（包括古城区和玉龙县）	鲁甸	78
	鸣音	62
	大东	156
	宝山	23
	奉科	19
丽江（包括古城区和玉龙县）	大具	2
	塔城	25
	金庄	9
	太安	33
	金山	8
	红岩	3
	大研	6
	白沙	2
	七河	1
	拉市	1

① 李冬：《丽江出钱培训东巴传承人 80 人》，《生活新报》2008 年 3 月 23 日。

② 此表系杨林军依据李国文《人神之媒——东巴祭司面面观》、戈阿干、和继全和笔者实地采访所得数据制作的。参见《吸纳与分异：明到民国时期纳西族文化地理研究》，民族出版社 2015 年版。

区域 \ 类别		东巴	
维西		永春	14
		攀天阁	6
德钦	佛山	6	
芒康	盐井	2	
木里		28	
永胜		9	
宁蒗		10	
合计		632	

（二）东巴仪式叙事传统的传承与流布

东巴叙事传统作为东巴教及其文化的构成部分，与东巴教的传承与流布存在统一性，即东巴教流传的地区，东巴叙事传统也在传承，东巴教形态存在差异的地区，其东巴仪式叙事传统同样存在差异，东巴教在不同历史时期发生了变迁与变异，同样从东巴叙事传统方面也能体现出来。但二者也有差异性，东巴教对东巴仪式叙事传统的影响是统摄性质的，东巴教的教义、仪轨、功能、传承等因素制约东巴仪式叙事传统的发展，东巴仪式叙事传统是为东巴教的传承、宣扬服务的。此外，东巴仪式叙事传统不断吸纳新时代的合理因素，尤其是民间文化内容，推动了东巴教经典的丰富，如关于三多神、达勒阿萨命等民间故事经东巴提炼、整理后形成了后期的东巴经典。

下面从历时性、共时性两个方面考察东巴仪式叙事传统的传承与流布。

就历时性而言，东巴仪式叙事传统经历了早期、中期、晚期三个发展阶段。早期的东巴仪式叙事传统更多地与氐羌族群文化息息相关，反映了纳西族远古时期的生产生活。创世史诗《崇般图》就是这一时期最突出的代表，堪称"纳西族远古文化的活化石"。在诸多民族的洪水神话中，"兄妹成婚"的母题发生在洪水暴发之后，而纳西族的洪水神话情节明显不同，首先交代了是因为崇仁利恩兄妹之间的血缘婚污染了天地，从而触怒了天神而以发洪水来惩罚，洪水暴发之后天地间只有崇仁利恩一人，被迫到天上求婚。这说明了当时的婚姻关系从氏族内血缘婚发展到了氏族外婚制，但这一婚姻制度并不巩固，后面出现了崇仁利恩与鲁美猛恩魔女、天女衬恒褒白与长臂猿同居的经历，最后崇仁利恩与衬恒褒白二人相爱成亲。《窝依都奴杀猛恩》中的主人公窝依都奴一生经历了三次婚配，最终老无所依，"我像一只到处飞翔的乌鸦，飞到三个地方，三次与人结成伴侣。但是在这三个地方，我连一块裙尾都没有留下"。这反映了氏族社会中的对偶婚形态。天神给崇仁利恩出的难题中，不过是让他砍伐树林、撒种、捡种、打鱼、狩猎等内容，从侧面反映了那个时期刀耕火种及渔猎生产状况。《杀猛妖》讲述的是俄高勒九兄弟上山打猎，被猛妖吃掉八个兄弟，只剩下俄高勒一人。复仇的任务落到俄高勒的姐姐身上。她设计把猛妖诱到山上，利用野兽把猛妖咬死。这一神话反映了纳西先民经历过的游猎时代。《崇仁潘迪找药记》讲的是崇仁潘迪为了使已经死去的父母回生，历尽艰险困难，找到了回生草和回生水，但回生药并不能使父母复活。他就把回生水洒在山上，从此地上长满青草，山上长满树林，人间开遍鲜花，反映了古代纳西人民与疾病的斗争。早期的东巴叙事传统中神话色彩最为突出，受宗教文化影响较小，神话主题以讴歌人类自强不息的探索精神为主，这与当时人类生产力水平较低密切相关，面对他们无法理解的自然现象，只能借助神话予以理解，从而增强自身的生存自信。崇仁利恩对天神子劳阿普气壮山河的回答就突出表现了强烈的民族自信。

中期的东巴仪式叙事传统受宗教文化影响较大，主要受藏族宗教文化影响。这种影响渗透到了早期的作品中，譬如《崇般图》中认为天地是自然变化形成的，天地是由纳西族祖先开辟的，但也出现了"天由盘神来开、地由禅神来开""藏族是盘神的后裔，白族是禅神的后裔"的语言，与前面的叙述自相矛盾。这种自相矛盾的叙述其实曲折反映后期纳西族受到南诏、吐蕃、大理国统治的历史。关于东巴仪式叙事传统受到藏族宗教叙事传统的影响在前面已经做了论述，在此不赘。

晚期的东巴仪式叙事传统反映了进入阶级社会后的矛盾斗争，纳西族地区纳入国家统一版图后的文化变迁，人与社会之间复杂的关系等，整体而言，与前面两个时代的叙事传统相比，更多地突出了人的主体性及现实生活风貌。

自元朝以来，丽江纳入中央王朝的统一版图中，加快了经济社会与内地接轨的进程，木氏土司成为这一区域的地方统治者，积极主动吸纳汉文化为主体的外来文化，客观上推动了东巴教及其文化的发展变化。譬如在祭天仪式中，把原来祭坛上处于中间的天舅位置被皇帝所取代，仪式结束时还要高呼"考汝时，考浩英！"意为"皇帝万寿无疆！"这种与时俱进的时代变化也影响到了东巴叙事传统的发展。具体而言，这一时期东巴叙事传统的变化，体现在以下几个方面。

（1）大量吸纳了民间传说故事，并将其中的主人公列入神灵体系。三多传说的产生大致是在吐蕃统治丽江的唐朝时期。三多源于一个民间传说——纳西族猎人阿布高底打猎时发现獐子变成了一块白石，就把它背回家，到了玉龙村时背不动了，就放在地上，成了一块巨石，于是就在此地建庙祭祀。这是三多最早的原型——白石，白石就是雪石，这也是白沙地名的来历。后来在此基础上根据时代的需要不断建构，三多的文化形象不断丰富、演变：白石—玉龙雪山的化身—纳西族保护神。在三多文化形象的不断升级换代中，东巴扮演了重要的推手作用，首先把这一传说用东巴象形文字写成东巴经典，纳入东巴教神灵体系中，其次创制了相应的祭三多仪式，把称颂三多的东巴经在仪式上进行演述，成为新产生的东巴祭仪。祭三多仪式只是在奉玉龙雪山为神山的纳西族区域流传，而在三坝、泸沽湖、盐源、盐边等其他纳西族地区并无流传，说明这一仪式产生于较晚时期。《达勒阿萨命的故事》也是如此，东巴把这一流传在丽江纳西族地区的民间传说写成东巴经典，并把主人公封为东巴教的风神。

（2）这一时期的叙事作品明显带有现实主义色彩。《耳子命》讲述了粮食及农具的生产来历，从播种、耕作、栽培、收割、打粮、贮藏一直到酿酒的整个过程娓娓道来。还有《富偷穷家牛》《买卖岁寿》等叙事作品更具有现实主义色彩。

（3）《鲁般鲁饶》所反映的殉情现象，实质上与纳西族早期传统的婚姻自由观念及汉文化中的"贞操""媒妁"观念密切相关。

（4）反映了改土归流后东巴教在上层社会中受到冷落的境遇。《普尺阿路》中，普尺阿路请了丁巴什罗和三个工匠到家里来做事，开始时把丁巴什罗奉为上宾，引起三个工匠的不满，他们说："我们为你铸造犁铧，为你缝制衣服，你家所有财富都是我们替你创造的，为什么把那个不劳而获的丁巴什罗当作上宾？"普尺阿路听了后觉得工匠的话有理，于是就把他们奉为上宾。丁巴什罗一气之下，就指使鬼族摄去了普尺阿路的魂魄。普尺阿路最后只得向丁巴什罗请罪，并祈求替他作法还魂。

这个故事虽然在宣扬东巴教，但从中也反映出来了东巴教在民间受到冷落的事实，这无疑与改土归流后汉文化在丽江地区的传播、渗透来说这一历史事实相关。①

从共时性来说，可分为文化共性与地域差异性。纳西族所居住的地区多为高山峡谷纵横交错的高原山区，加上历史上不同时期行政区划的不同，以及经济发展状况的差异，造成了东巴文化传承及流布的非均衡性。表1—2从丽江坝区、丽江五区、六区、三坝白地、无量河流域等区域做了比较。

表1—2　　　　　　东巴仪式叙事传统的地域差异性比较一览表

区域 ＼ 类项	文字	经腔音调②	仪式	经书
丽江坝区（纳西）	东巴字、哥巴字，字体较简化，且有彩绘字，动物字体只突出关键特征部分。假借字多	与丽江纳西民歌调相似，以五声音阶调式为主分别为（ac6），mi（3）调式。	以祈福类为主，无祭胜利神仪式	经书种类较多，经书内容较为详细，基本上逐字逐音为主
五区（鲁甸、塔城、巨甸，纳西）	东巴字、哥巴字，字体较简化，一字一音或二三个音节，书写较密。假借字较多	受藏传佛教诵经影响五声音阶调式为主以（ac6）调式居多二、三音间列消失。	以祈福类为主，无祭胜利神仪式	经书种类较多，经书内容较为详细，基本上逐字逐音为主

① 和宝林：《东巴文化中的神祇及其所反映的历史层次》，载习煜华主编《东巴文化研究所论集》，云南民族出版社2003年版，第74页。

② 参见吴学源《东巴唱调的音乐结构形态浅析》，《玉振金声探东巴：国际东巴文化艺术学术研讨会论文集》，社会科学文献出版社2002年版，第737—739页。

类项 区域	文字	经腔音调	仪式	经书
白地（纳亥、汝卡）	东巴字。字体较复杂，动物字体以全貌为主，多音节字较多，假借字少	与三坝民歌调相似，以 co（1）、mi（3）、la（6）、sol（5）四声音阶调式为主，col（5）、la（6）、do（1）、mi（3）、re（2）五声音阶调式为辅。	禳灾类较多，有祭天仪式与祭胜利神仪式	经书种类比无量河流域多，但不及丽江境内，有字无词、有词无字现象较多
无量河（汝卡：拉伯依吉）	东巴字（其中有不同于其他地方的汝卡字一百多字），字体较小，假借字较少	受藏传佛教颂经影响，五声音阶为主，有 sol（5）、la（6）、ldo（1）3 种调式，以 sol（5）调居多，传统保留多。	以禳灾类为主，无祭天仪式。	经书种类不及丽江、白地
六区（纳西、妆卡、宝山、奉科、鸣音、大东），纳西与汝卡混居	东巴字，标音文字多，假借字少	经腔种类较多，声调比较高，四声、五声曲调为主，无 re（2）调式	以祈福类为主，汝卡人有祭胜利神仪式	经书内容不及丽江、五区丰富，经书字句较简化

以上的比较只能说是大体而言，毕竟即使是同一区域，因不同支系之间存在经济、文化交流，或者族群迁移，从而存在着同中有异、大同小异等多种复杂情况，如居住于泸沽湖区域的达祖村，这个村民都是在明清时期从丽江坝区迁移至此，这个村的东巴文化明显受到了达巴文化及藏传佛教的影响，但也顽强保留了东巴传统文化，从而与其他地方的东巴叙事传统呈现出不同的文化特征。

笔者在访谈宝山乡的和志豪东巴时，他认为六区的禳栋鬼仪式与四区、五区的有所不同，经书念诵基本上以简化为主（zherl lal byq），即每个重点程序环节都点一下就过，而不是叙述事件、情节的每一个细节。如果不是主人家特别请求，主要以跟着仪式的程序重点走，抓经书核心内容，以达到压鬼驱邪（ceeq tvl ceeq sserq）为目的。《黑白战争》在外面名气很大，列入国家级非物质文化遗产名录，被誉为英雄史诗，但与仪式中所有经书比较而言并不是很重要的经典，相比之下，压鬼驱鬼经书更重要。《黑白战争》在禳灾驱鬼仪式做凶事（xu be）时用及，点一下就走过场。六区的丧葬仪式上的跳"热美蹉"时，通宵达旦要唱这一经典，有名的歌手根据临场进行相应的创编。在禳栋鬼仪式中，念诵完开坛经之后念诵《黑白战争》，交代仪式的起因，所以称为"栋克术埃"，主要交代鬼的来历。《休曲术埃》是在祭署时用的经书，讲述大鹏神鸟与署之间争斗的故事。"术埃"系列还有小的几种，如《纽生苏罗与都萨阿吐术埃》。这些经书都有个共同点：所有的鬼都是美利术主放出来的，而作为人类的美利董主与他是对立面，最后请天上的 360 位优麻大神下凡镇压术部族的兵马才取得了胜利。丽江境内禳栋鬼仪式较少举行，而在三江口一带还保存完整，在这个仪式上还念诵另一本英雄史诗《哈埃术埃》，内容比《黑白战争》要简略些。经书丰富程度以丽江坝区、五区为著，六区这边经书相对简略些，念诵经文时，六区这边多借鉴民歌调，唱腔里借用了大量的"增辍"，着重仪式程序环节，顺口流畅，唱腔多种多样，仅《耳子命》一个经典就有九个唱腔。

五区与丽江坝区的东巴文化类型相似，这与相互之间的家族联系有关，从白沙、束河到太安、南溪、塔城、鲁甸，一直存在着家族迁徙路线。六区与三坝白地相似，三江口区域处于永宁、六区、三坝、俄亚、依吉之间，独成一个体系风格。另外一个是书写风格，一区、五区朝一字一音方向发展，叙事内容更为详细些。东巴舞也是丽江这边更舒展大方，活动范围也大，不像三江口一带局限在一个小范围内。丽江坝区、五区接受汉文化影响大，动物只画一个头，而六区则画整个身体，用一个唱腔为主。不只是不同地域之间存在差异性，同一区域同样存在差异。六区有两条送魂路线，一条是从宝山、奉科到拉伯、木里上去，抵达 ceq ni ssee perq zzeeq（十二栏杆坡）；另一条是大具、白麦、鸣音那边的，与丽江坝同，从大具到三坝一直往上走。宝山、梧母一带多汝卡人，仪式与轨程更古老些，有些祭祖的送魂路线与纳西同，送到坞拖底（wu toq dee），有些与泸沽湖摩梭人同，送到斯布阿纳坞。梧母为纳西与汝卡相融合的村落，江边一带多汝卡支系。

这种差异性的形成与东巴教的传播流布也有关系。东巴经里没有任何开创于哪一年的记载，也没有弟子传承谱系，只有一本《加威灵》经书可以破译些蛛丝马迹。相传为阿明于勒二世教主，与阿明次塔为一个师傅。阿明于勒一开始不属正式弟子，只有阿明次塔为正式的徒弟。所以东巴教祖丁巴什罗对阿明次塔倾囊相授，言传身教，阿明于勒躲藏在旁边偷偷地观摩学习，因其悟性高，善于触类旁通，从而后来居上，东巴水平超过了阿明次塔，成为第二代教主。阿明次塔虽然对经书内容不是很熟谙，但对于仪式轨程掌握很精通，唱腔较全面，后在六区（goq zhul）一带传教，影响了这一带东巴教风格。阿明于勒这一脉则从三坝传到丽江一带。阿明于勒更擅长创新，东巴教在白地一时兴盛发展起来，阿明次塔更保守些。

六区这边的经书简略为主，父子相传，外人看不懂。好多东巴说，"我只会读我父亲的经书"。汝可的文字程度更古老些。相传丁巴什罗有五个弟子，最厉害的有更布依短（gel bee yi der）和卢史麻达（ly shee maq daf）。更布依短以吟诵经受而名；卢史麻达为汝卡祖先，相传是他首先创制了东巴象形文字。三江口这边的唱腔为藏传佛教经腔影响很大。丽江的东巴仪式多祈福类（nee xu oq xu bei）——祭祖、祭署[①]、祭谷神、祭祖、成人礼，三江口、洛吉、依吉、俄亚、三坝这边多禳灾仪式（kul xu bei）——丧葬仪式，祭风、禳栋鬼、退口舌是非等。[②]

三 "聚散"之变：东巴仪式叙事传统的传承与流布的特点

东巴叙事传统形成、传承与流布的内因是东巴教的"聚散"之变迁。金泽认为，民间信仰在历史发展过程中存在"聚""散"两个特点，通过"聚"，一方面，原生宗教向民族—国家宗教形态发展，另一方面，原生宗教"散"的形式不断呈现向多神信仰、俗化形态发展。民间信仰及民间宗教的"聚"与"变"与其"宗教取向""政治取向""整合取向"三个因

---

① 祭署有些不同，有取悦于署神的成分，也有警告类的成分，亦神亦魔。
② 根据2017年7月5日对和志豪东巴的访谈资料整理。

素密切相关。①

东巴教的发展经历了两次"聚变"过程：第一次发生在位于藏文化圈与纳西文化圈交汇区的白地，时间大致在北宋时期。这一时期，吐蕃政权已经土崩瓦解，大理国政权内部争权夺利，政变迭起，无暇他顾，由此促成了纳西族聚居区相对平衡的发展时期，出现了"摩挲酋长国"的地方民族政权，原来源于古羌文化的自然崇拜为主体的原始宗教在吸纳苯教、藏传佛教基础上开始出现了人文宗教的萌芽，集中体现在东巴文书写的经书大量地出现，其宗教教义、观念形态趋于体系化，并出现了统一教祖丁巴什罗、宗教中心——白地、东巴身份准认制度——"加威灵仪式"，以及三界六道、生死轮回观念体系等，从而与原来的原生宗教形态发生了较大的文化差异。第二次"聚变"是在元明时期，这一时期纳西族地区纳入国家统一版图，汉文化成为主流文化，汉传佛教、道教也逐渐渗透到东巴教文化中，加上木氏土司成为大部分纳西族地区的统治者，从而使东巴教在其统治区域得以广泛传播，也影响了周边民族的宗教文化形态。东巴文、东巴经典、教义体系更加趋于完善，东巴教传播中心也从白地转移到丽江，东巴文字体进一步简化，出现了哥巴字，东巴经书也向逐词书写、字词对应形态发展，经书数量也有了大量的增加。但这两次聚变并没有实现向民族—国家宗教的质变，在原生宗教向人文宗教过渡状态中就停滞不前了。原因是多方面的，政治方面是没有形成强而有力的支持势力，前期出现的"摩挲酋长国"受到周边民族政权的挤压，一直处于不稳定状态；经济上仍处于畜牧经济状态，民族内部也处于"依江附险，互不统摄"的割据状态；后期出现的木氏土司政权实现了政治统一，经济也进入封建领主制，但政权性质属于中央王朝下的地方行政机构，国家主流文化的施化成为地方执政者施政方针，东巴教的发展状况也未能适应封建领主经济形态，使其一直处于民间信仰及民间宗教形态中，"散"仍是其主要的发展形态。

东巴教的"散"呈现出两个特点，一是其神灵体系不断趋于扩大，在原有神灵体系上，收编了大量源于苯教、藏传佛教、汉传佛教、道教的神灵，成为本民族原生宗教的神灵，同时历史上的地方人物也神化为崇拜对象，加入神灵体系，如阿萨命、三多、靴底老爷，加上不同地方的山神、

---

① 金泽：《民间信仰的聚散现象初探》，《西北民族研究》2002 年第 2 期。

水神、树神、土地神，使民间信仰的神灵体系趋于分散化、扩大化，没有形成一神统领整个神灵体系的"聚合。"二是东巴教的宗教性逐渐俗化、地方化。东巴教没有高居庙堂，一直是民间服务的松散民间宗教组织，与纳西族的民俗生活紧密联系，诸多宗教活动演变为民俗活动及岁时节日，如从出生礼仪、成年礼仪、结婚礼仪到丧葬礼俗都成为东巴教施展的文化舞台，原来的祭山神仪式演变为转山节、祭畜神仪式演变成三多节、祭天仪式演变为春节祭祖习俗等。不同地方的宗教俗化也呈现出地方性特征，如泸沽湖区域的达巴教受制于藏传佛教而趋于势微，一直未能形成体系化的教义、经典。

东巴教的"聚散"之变也折射到东巴仪式叙事传统的形态上。两次"聚变"的结果，先后形成了白地、丽江发展中心，不同程度地推进了东巴叙事传统的发展演变。白地时期，东巴文字得以创制，东巴经书趋于丰富，教义及宗教意识形态进一步体系化，从而使原来的口头叙事逐渐向口头与书面互文为特征的叙事形态过渡；大量东巴经书的出现丰富了东巴叙事内容，同时促成了东巴仪式叙事内容及形态的多元化；大量的外来神灵、宗教观念成为仪式表现内容，表现形式也出现了绘画、音乐、舞蹈、工艺美术、游戏、服饰等多种手段。但两次"聚变"的不彻底，东巴教发展形态仍以"分散"发展为主，从而使东巴仪式叙事传统也带上了同源异流的发展特点。民间叙事、神话叙事、地方叙事仍是东巴叙事传统的主要叙事特征，且不同地方的东巴仪式叙事传统呈现出大同小异、小同大异的差异形态，表现在东巴文字体例、东巴经典数量不等，宗教宗旨表现形式、内容各有千秋；同时原来东巴一统民间信仰的格局也演变为和尚、喇嘛、道士、民间巫师各行其道、共存共生的多元宗教文化格局。反过来，这些多元宗教形态也影响、制约了东巴仪式叙事传统的发展，如泸沽湖区域的东巴仪式叙事传统逐渐让位于藏传佛教为主体的宗教叙事传统，丽江城镇中心区域逐渐形成了汉传佛教、道教为主体的宗教叙事传统。东巴仪式叙事传统且战且退，逐渐退守到偏远山区的纳西族区域。

综上，东巴象形文字是在唐宋时期的无量河下游区域产生的，但作为更完善的东巴教形态及经籍体系是在白地形成的，主要一个原因是以本教为主的藏族宗教文化吸纳到东巴教中，极大丰富了东巴仪式叙事传统。改土归流后，丽江经济社会的发展有利推动了东巴教文化的发展，东巴文字向逐字注音、线性排列过渡，出现了更抽象的哥巴字。东巴经典叙事内容也由神事向人事发展，更具有现实主义色彩，东巴仪式叙事传统发展到了一个新的高峰时期。但由于缺乏强有力的政治势力支持，加上东巴教本身的保守性特征，未能实现自身宗教形态的质变，从而与时代脱节明显，一直处于原始宗教与人文宗教的过渡状态中徘徊不前，使东巴仪式叙事传统始终未能从神话叙事中独立出来。

第二章 东巴仪式叙事程式

——基于"哲作"的概念问题探讨

"哲作"是纳西语"$tʂər^{55}dzo^{31}$"的汉语音译。[①] 这一词汇的语义是什么？这是一个困扰笔者多年的问题。为什么同一个名称融汇了这么多的概念内涵，背后又存在着诸多不同的解释？这些解释的缘由、背景何在？这些相关的演述概念是否能够解答它的本真内涵？对这一问题的探讨，主要分为两个步骤。一是从其得以存在的传统根基中寻求、定位它的基本内涵、概念特征，这就涉及了仪式程序、演述者、叙事行为、文本构成、表演功能等内容。二是把从中总结、概括而来的概念内涵置放到故事形态学、口头诗学论的理论概念中进行检验，主旨在于以此来整体、辩证地把握"哲作"的复杂多元的概念内涵，同时来观照这些理论概念的有效性，从而对东巴仪式叙事传统的特征及整体面貌有个深入的认识。

第一节 "哲作"的基本义项探讨

一 问题的缘起：仪式中的"哲作"内涵

第一次听到"哲作"这个词是 11 年前的一次东巴祭天仪式中。2002年 7 月 28 日，笔者到玉龙县塔城乡署明村调查纳西族传统民俗，恰逢村里举行祭天仪式，就全程参与观察了这难得一见的古老仪式。祭天在纳西

---

① "$tʂər^{55}dzo^{31}$"在《纳西东巴古籍译注全集》中音译为"哲作"，但从读音上并不对应，这与汉字语音和纳西语音的非对应性相关。为了行文及阅读方便，本书采用了汉语音译名。

族传统文化中意义非凡，一直到现在民间仍有"纳西以祭天为大""纳西祭天人"的俗谚，说明了这一传统对民族意识的深层影响。在署明村这样一个纳西传统文化保留较为完整的村落中，至今仍有诸多与祭天仪式相关的民间习俗、民间故事仍在口耳相传。如祭天仪式中的经典——《创世纪》，在民间演变成"崇仁利恩的故事""三兄弟的故事"（纳西族、藏族、白族）、"洪水故事"等民间故事，一直在村中口耳相传，成为村民耳熟能详的民间叙事文本。纳西族传统祭天仪式分为春秋二祭，以春祭为大，此次秋季祭天仪式属于小祭天。村里的祭天传统一直延续到"文化大革命"初期，到1982年恢复，中断了十余年，但因地处偏僻，在世的大东巴仍有不少，东巴文化根基未受到摧毁。当天的祭天仪式是由杨玉华、杨玉勋两个年轻东巴主持，而仪式的主办方是和氏家族。署明村由杨氏、和氏两大家族构成，自古就形成了祭天东巴由对方家族东巴来主持的交换传统，反映了两个家族之间的亲密关系。

祭天场在村东北面的一个半山腰间缓坡地，场内的祭坛在前一天就设置好了。上午九点半开始正式的祭天仪式。在祭坛前摆放好供品后，东巴杨玉华开始口诵东巴经，并没有经书，对着祭坛神树口诵了近15分钟。笔者与旁边的东巴杨玉勋进行了简短的交流：

> 笔者：刚才口诵的经书有经文吗？
>
> 杨玉勋：没有，是口诵经，一直是这样的。
>
> 笔者：经文名称叫什么？内容讲些什么？
>
> 杨玉勋：名称叫"冲克猛克"（tshu^{33} kɯ^{33} mu^{31} kɯ^{33}），意思是"有关仪式中需要念诵经书和献牲的规定"，是用来交代整个仪式的"哲作"。
>
> 笔者："哲作"是什么？
>
> 杨玉勋："哲作"就是仪式程序，就是仪式到哪个程序就该做什么，都有具体规定，如到了"ha^{33} ʂ^{31}"（献饭）程序，就得向神位献上煮好的米饭、肉、汤，同时要念诵《ha^{33} ʂ^{31}》经。

仪式举行到中途，快到中午13点时，两个东巴休息片刻，杨玉华对杨玉勋说："今天时间有些拖后了，可能念不完所有经书了，经书里的哲作再压缩些……"这番谈话引起了笔者注意，因为"哲作"由"仪式程序"转换到经书内容中去了。这就有了下面的对话。

> 笔者：刚才我听到你说的"经书里的哲作"，这里的"哲作"又是什么意思呢？
>
> 杨玉华：仪式程序与经书内容是相一致的，仪式举行到哪一个程序，就得念诵相应经书，所以"哲作"也有"经书段落"的含义，经书中有些内容重复过多的，可以进行酌情删减。
>
> 笔者："哲作"是不是东巴仪式或东巴经书里的一个才出现的词语，日常生活中也用这个词吗？我以前没有听到过这个词啊！
>
> 杨玉华：可能是个纳西古语，平时不用，在东巴仪式里才用到这个词，我也是学东巴时才听到这个词。

在这次仪式中，"哲作"这一词给笔者留下了深刻印象，初步把它确定为"仪式程序""经书段落"的基本含义。但随着对东巴文化的不断学习、调查，发现这个词绝非这两个义项可以概括，其间包含了诸多复杂多元的内涵特征，自己也陷入"哲作"所设置的"罗生门"① 中。

二 东巴古籍中的"哲作"概念内涵

后来到东巴文化的相关论述中寻找前人所做的解释，但一直没有找到具体解释这一词的内容。翻阅丽江东巴文化研究所编的《纳西东巴古籍译注全集》（以下简称《全集》）时，却发现百卷全集中，以"哲作"命名的经书竟出现了 57 本。且同样一个名称，被翻译为"故事""传略""传""传说"等多种译名。这说明，"哲作"绝非以"仪式程序""经书段落"可以概括，它在具体的经文中可能还有类似于"个人故事""传记"的含义。

---

① "罗生门"源于日本佛教禅经的一个专有名词，指"当事人各执一词，各自按自己的利益和逻辑来表述证明，同时又都无法拿出第三方的公证有力的证据，结果使得事实真相始终不为人知，事实结果一直在'真相'与'假象'之中徘徊，最终陷入无休止的争论与反复，从而无法水落石出，真相大白"的事件或状态。

在《全集》中"哲作"的不同译名，主要有以下四种：

（1）故事。这是较为普遍的译名，在《全集》收录的经书名称中共出现了49次。① 这些"故事"中，有些经书在不同仪式中是重复的。如《都沙敖吐的故事》分别在祭署、关死门仪式、退送是非灾祸三个仪式中。② 《崇仁利恩的故事》在署古、延寿仪式中出现了两次。③

（2）传略。以此为译名的共有三本经书：《退送是非灾祸·崇仁利恩与衬恒褒白传略》④，《超度放牧牦牛、马和绵羊的人·美利董主、崇仁利恩和高勒高趣之传略》⑤、《超度拉姆仪式·茨拉金姆传略》⑥。

（3）传说。以此为译名的有两本经书：《关死门仪式·九位天神和七位地神的传说》《关死门仪式·都沙敖口、崇仁利恩、高勒趣三个的传说》。⑦

（4）传。有一本《退送是非灾祸·都沙敖吐传》。⑧

（5）事略。有一本《退是非灾祸·揉巴四兄弟事略》。⑨

同一名称出现了不同的翻译，这可能与不同翻译者的主观概念评判直接相关，这从《全集》的翻译者与译名的对应中可以看出，如和力民、王世英翻译的经书中并未出现"传说""传略""事略"的译名。和品正则把经书名称中没有主人公名称的叙事类经书翻译为"故事"，如《哈族与斯族的故事》⑩，而有人名的翻译为"传略"，如《退送是非灾祸·崇仁利恩与衬恒褒白传略》⑪。"故事""传说""传记""传略""事略"是从叙事文体上分类的，"哲作"应归到哪一类文体中？从内容上看，以"哲作"

---

① 《全集》中以"故事"命名的经书共有51本，有两本经书原文中并未出现"tʂər⁵⁵ dzo³¹"，第4卷《祭胜利神仪式：追述远祖回归的故事》《祭畜神仪式：追述远祖回归的故事》，所以没有统计入内。

② 《全集》，第12卷。

③ 同上。

④ 《全集》，第35卷。

⑤ 《全集》，第67卷。

⑥ 《全集》，第76卷。

⑦ 《全集》，第53卷。

⑧ 《全集》，第39卷第1页。此书经文标题中只有一个"tʂər⁵⁵"。

⑨ 《全集》，第36卷。

⑩ 同上。

⑪ 同上。

命名的经书主要以主人公故事为多，这些主人公又以神祇、英雄祖先为主，具有"树碑立传"之意，但与始于《史记》的纪传体例不同，它只叙及主人公的代表性事迹，而并未叙述一生经历，且这些主人公以神话人物为主，与纪实性"传记"并不对应。"传说"是由神话演变而来但又是具有一定历史性的故事，如《鲁班的传说》，在史料文献中有一定的历史根据，而东巴神话中的这些主人公并无历史根据，所以这个译名并不契合"哲作"的基本义。相对来说，"哲作"较为接近于"故事"，广义上的"故事"本身就涵盖了轶闻旧事、先例、典故、传记、传说、神话等多种叙事类文体。"哲作"就是讲主人公的故事，主要讲述他一生中的典型性事件。所以东巴古籍中出现的"哲作"，可以理解为"故事"。这样"哲作"除了有"仪式程序""经书段落"的两个含义外，又多了一个义项——"故事"。

三 东巴们的"哲作"概念诸解

东巴经书是东巴的口述记录文本，作为一个东巴仪式中频繁出现的关键词，东巴应该是最有权威的解答者。虽然以前也是从东巴解释中得到了最初的概念内涵，但作为一个贯穿了仪式程序、文本内容的复杂词汇，不同的东巴应该有不同的解释。而对这些不同解释的比较梳理，必定有助于对这一概念的整体性把握。笔者就这个问题分别咨询了四个有代表性的东巴。

（一）和承德东巴："哲作"是"情节""段落""程序"

"哲作"不是一本书的名字，是指经书里的内容，就是汉语里说的"情节""段落"。"tʂər^{55}"就是"一节""两节"的"节"，"dzo^{31}"就是连续下去的意思。要连起来理解，不能单独分开的，有点类似于东巴仪式里的"ngv^{33}dv^{33}"。"ngv^{33}dv^{33}"就是一个仪式里的程序安排，这个仪式里需要做什么事，念什么经书，都要一清二楚。"哲作"也是一样的，一本经书有头有尾，中间还有相互连接的内容，每一个环节，包括哪个先说，哪个后说，都要心中有数才能主持仪式。这有点像学校课本里的第一课、第二课，有个前后顺序，但每一课又是完整的，固定了的。还有一个意思是仪式环节，程序与上面的意思是一样的，都是指相互连接的每个部分。①

（二）学者兼东巴和力民："哲作"就是情节、段落组合而成的故事

"哲作"为什么会出现这么多不同的译名？原因很简单，一是当时没有一个统一的参照体系，没有一个类似于"凡例"的统一标准，所以才有了"百花齐放"的译名混乱情况。二是当时也没有这个条件，那么多经书需要抢救整理，时间紧，任务重，不可能像今天一样地探讨一个词。东巴经中这样的疑难词句多如牛毛，忙不过来。三是翻译者每个人的理解水平不同，包括东巴在内也是如此，同样一个词，可能在这本经书里是这样一个说法，另一本书里又是另外一种说法。当然，二者意思不会相差太远。而翻译者只能照实翻译。所以出现这种情况在所难免。"哲作"这一词，我是统一翻译成了"故事"。就我个人理解，"$t \c{s} \partial r^{55}$"就是情节、段落，它的本义是一节的节，一段的段。"dzo^{31}"的本义是"木槽""马槽"，它们都是容器，引申为积累、储蓄。两个字义连起来就是把与之相关的情节、段落连贯成一个完整的故事。段落一段一段地叙述，情节一节一节地展开，由此延伸下来，不就成了一个故事？所以我认为翻译成"故事"较为恰当。"哲作"就是由情节、段落组合而成的故事。为什么没有翻译成其他的"传略""传说""传""事略"呢？这些名称与故事的内涵差不多，都有情节、人物、结构、主题等共同特征，但也存在区别。"故事"比那几个名称要广泛得多，它里面可以有几个不同的主人公，而"传略""传"以一个主人公的生平介绍为主。比如，《崇仁利恩的故

---

① 和承德东巴，2013 年 74 岁，盲人，丽江市玉龙纳西族治县大具乡人。大具与著名的东巴发祥地——三坝乡仅隔一条金沙江，两地来往密切，也是至今东巴文化生态保存较好的纳西乡村。和承德 7 岁开始学东巴，18 岁独立主持仪式，以口诵经、东巴唱腔著称周边地区。2002 年受聘丽江市东巴文化博物馆，主持东巴文化解读、主持相关仪式。他可以说是丽江境内为数不多的大东巴。笔者于 2013 年 1 月 15—18 日随他到大具乡举行"垛肯"仪式。以上内容据2013 年 1 月 18 日的访谈记录整理。

事》不一定只有他一个主人公，一个故事里有可能存在他与多个主人公之间的故事：他去天宫寻找天女前，先找了竖眼美女，与他结缘成一家，并生下了许多怪胎，后来得到董神的指点才去天上找天女衬红褒白命的。所以有的经书名称里就有两个人的名字，如《崇仁利恩与衬红褒白命的故事》，如果翻译成"传略"，就与本义不相符合。这个词中的核心词是 tʂər⁵⁵，有的经书就只用这个字。"tʂər⁵⁵"只是"哲作"的省略。我不是说不能翻译为其他名词，但你得让人家知道这样翻译的来历与出处。不只是这个例子，如"ne³³nɯ³³o³³"也是东巴经书中比较常见的一个关键词，现在都千篇一律地翻译成"吉祥"，而把它的本义"生育""繁衍"掩盖了。如果没有从本义出发，进行随意篡改、加工，就会造成以讹传讹，带来概念理解的模糊、混乱，找不到落脚点了。"哲作"在仪式中就是"程序"，所有的仪式是由不同程序构成的，每一个程序都由仪式内容决定了它的次序，是统一在仪式的宗旨中，有内在的有机统一性。而东巴仪式与东巴经书也是有机统一的，什么时候读哪本经书是由仪式程序规定了的。所以，"哲作"虽然在仪式中、经书中的含义有所区别，但都有顺序、环节的共性特征。①

（三）东巴博士和继全："哲作"就是"故事模式"

"哲作"应该是一个合成词，"tʂər⁵⁵"的本义是"节""段"，"dzo³¹"的本义为"槽"，如"tʂɭ³¹dzo³¹"就是做土砖的模具，"ʐua³³dzo³¹"就是马料槽，有"模仿""模子"的原初义，从中引申为"模型""模式"。两个本义的有机结合才能准确解释这一合成词，以我的

① 和力民，2013年57岁，身份较为特殊，应该说是学者兼东巴。主体身份是学者，在丽江东巴文化研究院一直从事东巴文化研究30年，研究员，研究生导师，参加百卷本《纳西东巴古籍译注全集》的翻译出版工作，自己翻译完成12卷本，达474万字。他又是丽江有名的大东巴，与局限于一村一地的东巴不同，他利用丽江东巴研究院的地理优势，30年间徒步走遍滇川藏境内的纳西族地区，拜访百余位东巴，多次主持民间东巴仪式，自1999年在家乡（玉龙县金山乡贵峰村）创办东巴文化传承组织，自身培养了50多个东巴传承人。同时，潜心东巴文化学术研究，相关著述在国内外的纳西学领域有着广泛影响。作为参与百卷《全集》翻译、整理的当事人，又是对东巴文化研究卓有建树的学者，的确是理想的访谈对象。以上内容据2013年2月14日的访谈记录整理。

理解应该是东巴在仪式中吟诵经书时对经书段落、章节安排、布局的一种处理模式。它有内在规定性，比如说到"哲作"，限定于祈福请神类的仪式及神、正面主人公，不能用于反面的鬼怪类别。把这一名称翻译为"故事""传略""传记"，明显受现当代文学分类的影响，但这也是没有办法的办法，因为一旦译为汉语，意味着不可能找到完全严丝合缝的对应名称。比较而言，"故事"较为接近，但应加上一个"模式"，"故事模式"可能好些。另外，把"哲作"理解为"仪式程序"应该没有问题，但它不是指整个仪式的程序，而是指构成仪式的每一个程序环节，环环相扣，和而不同。①

（四）东巴师杨玉勋："哲作"就是"阶段故事"

"哲作"的本义是"阶段"。在仪式中指的是仪式环节、仪式程序，每个环节紧紧相扣，缺一不可，但也不是说固定死板，在大框架不变动的情况下，可以根据仪式进展情况进行范围许可内的变动，如可以压缩、合并一些程序内容。如果出现在东巴经书里，作为经书名字的时候一般可以理解为"传记""传略""故事"。但我认为应该说是"阶段故事"，因为"哲作"在用于东巴经名称的时候，并没有详细记载他的一生事迹，而只是他一生中的一个阶段故事。这些经书也可以灵活机动地运用到具体的仪式程序中，比如仪式时间比较紧张的情况下，可以选择性念诵其中的关键段落，而不是每一本经书都照本宣科地一念到底。②

---

① 和继全，2013年40岁，西南民族大学民族文化学院副教授，自幼成长于东巴文化发祥地——香格里拉县三坝乡，10岁就师从本地大东巴树银甲学习东巴文化，熟练掌握了东巴经典、仪式、地方民俗。大学毕业后在丽江东巴博物馆从事东巴文献整理、研究十余年，参与、主持各种东巴仪式。2012年在西南大学获得语言学博士学位，研究方向为东巴经文释读。与上面两位东巴相比，和继全对"tʂər⁵⁵dzo³¹"的解读更强调语义学分析的重要性。以上内容系2013年5月12日的电话访谈整理。
② 杨玉勋，2013年38岁，玉龙县塔城乡依陇人，19岁师从大东巴和训（国家级"非遗"传承人）学习东巴文化。2000年一直在丽江旅游景区玉水寨从事东巴文化传承工作，并多次到民间主持东巴仪式，现为东巴文化传承院院长。2012年东巴学位评定中被评为东巴师，是仅次于东巴大师的学位。以上内容系2013年2月19日的访谈记录整理。

综上，关于"哲作"的含义包含了"情节""段落""仪式程序""故事""故事模式""阶段故事"几个义项。虽然以上的四个东巴的解释视角不同，但都有一个共性特征，都认为"哲作"有仪式与经书文本两个概念范畴。仪式中的"哲作"主要指仪式程序，"经书文本"中主要指"故事"，且这一合成词具有相互有机联系的环节、情节的本义。分歧点在于对"故事"内涵的理解，如和承德强调了"故事"中的"情节"功能，和力民则强调了"故事"的组合部件——"情节""段落"，和继全则强调了构成故事的"模式"，杨玉勋强调的是故事中的"阶段性"特征。这说明了"哲作"概念内涵的多义性与其概念范畴及外延相关，它在仪式与经书文本中各有所指，但又相互联系，具有形态不同而功能结构一致的异形同构性特征。所以"哲作"的概念内涵并没有一个与之相对的汉语词汇，应该是多个义项构成的概念合成词。

第二节 "哲作"的语义分析及概念特征

上文内容笔者是从"哲作"的使用环境——仪式、文字载体——东巴经及使用主体——东巴三个角度对它的概念内涵做了相应的探讨，其基本概念内涵已经逐渐"浮出水面"，但作为一个有着音、义、形的关键词，从语言文字学进行探析就成为必要的手段。语义分析法是运用语义区分量表来研究事物意义的一种方法。在跨文化研究中，常常涉及量表或测试材料的翻译问题，而翻译出来的量表材料是否仍保存其原有的全部意义，则往往难以确定。语义分析法正是解决这一问题的有效工具。语义分析法在跨文化研究中具有独特的作用。①。因"哲作"这一词语涉及音、义、形三个方面的内容，本书引用了义位分析及字形分析两种方法。

---

① 汪凤炎、郑红：《语义分析法：研究中国文化心理学的一种重要方法》，《南京师范大学学报》（社会科学版）2010 年第 4 期。

一　"哲作"义位（音、义）分析

表 2—1
"哲作"义位分析

义项	1	2	3	4
t ʂər⁵⁵	节；骨节	恐骇	台阶；石级	淹；浸泡
字源	方国瑜，第 744 字；李霖灿，第 667 字	方国瑜，第 443 页	方国瑜，第 443 页	方国瑜，第 443 页
dzo³¹	槽，马槽	马槽	桥	
字源	方国瑜，第 1004 字	李霖灿，第 1105 字	方国瑜，1139 字	

　　材料质量决定分析的有效度。"哲作"源于纳西语，字源出于东巴经文。本书分析材料引用了李霖灿的《纳西族象形标音文字字典》（以下简称"李版字典"）①，方国瑜、和志武编订的《纳西象形文字谱》（以下简称"方版字典"）。② 这两本字典是迄今研究东巴语言文字的权威字典，在国内外学术界广泛得到使用。从这两个字的义项分析，两本字典都把 t ʂər⁵⁵ 的音义解释为"节"或"骨节"。dzo³¹ 字有"槽""马槽"两个义项也较为接近，方版字谱在"纳西标音文字简谱"中也有"马槽"的义项。从两个字的义群关系分析，t ʂər⁵⁵ 的义项在方版字谱中分别有"节""骨节""惊骇""台阶""石级""淹""浸泡"等义项，而李版字典中只有"节""骨节"两个义项。dzo³¹ 字的义项有"槽""马槽""桥"三个义项。在李版字典中 dzo³¹ 没有"桥"这一义项，而是单独标音为 ndzo³¹（李版字典第 206 字）。需要指出的是，这与两本字典编订时所参照的音系不同有关。李版字典参照的是鲁甸土语，方版字谱参照的是大研镇土语。在纳西语不同方言区中，大研镇土语只有一套浊辅音，而宝山州、鲁甸、塔城等地的土语则分为纯浊音和鼻冠音两套，宝山土语少 dz、dʐ、f 3 个辅音音位。也就是说，不同方言区导致了同义异音现象，由此也产生了音义混淆现象。

---

① 李霖灿：《纳西族象形标音文字字典》，云南民族出版社 2001 年版。
② 方国瑜编撰、和志武参订：《纳西象形文字谱》第 3 版，云南人民出版社 2005 年版。

二 "哲作"的东巴象形文字形分析

表 2—2 "哲作"的东巴象形文字形分析

形项 / 字音	1	2	3	4	5
$t\,\text{ʂər}^{55}$					
dzo^{31}					
$t\,\text{ʂər}^{55}$ dzo^{31}					
词源	《崇仁利恩与楞启斯普的故事》[1]	《揉巴四兄弟事略》[2]	《美利恒玖与桑汝尼麻的故事》《九个故事》[3]	李霖灿第667 字、第1105 字	方国瑜第 744、第 1004 字

从东巴字形分析，$t\,\text{ʂər}^{55}$ 的字体写法有两类：⚬⚬，，皆为"骨节"之义。 的本义为"骨"，音 o^{33}（李版字典第 665 字），与 形似而成为假音字。dzo^{31} 的写法有两类，，皆为"马槽"义项，字形因槽中马料不同而有所差异，前者突出了豆类的特征，后者则突出草料的特征。

结合上述音、义、形三种情况分析，我们发现 $t\,\text{ʂər}^{55}$ 的六个义项中，本义为节，后引申为"骨节""台阶""石级"，而"淹""浸泡"与前者没有内在的引申义联系，可以排除在外。"骨节""台阶""石级"三个义项皆从"节"的"分段连接"本义中引申出来。汉语中的"节"（節）的本义"竹节"，《说文》："竹节也。又操也。""操"取竹节之坚忍不屈而引申出"操节""气节"等褒义词汇。"节"在汉语词汇中的引申义多取

---

① 《全集》第 36 卷，第 241 页。
② 《全集》第 36 卷，第 163 页。
③ 《全集》第 8 卷，第 25 页；第 42 卷，第 211 页。

于竹节间分段连接的特征，诸如"季节""时节""节日""节气""节令""章节""节奏""关节""节目""节拍""骨节""节骨眼"等。东巴文中也有类似的象形字，如节节草写为：🌿，读音为"ko³¹zɯ³³tʂ ər⁵⁵"，画其节节中空之形。① 其中的"节"读音为 tʂər⁵⁵，与 ⌒⌒ 音同，突出了一个整体的有机构成部分或两段之间连接的部分。如《九位天神和七位地神的传说》经书标题的象形文字写为：

　　按东巴文本义翻译应为："是在关死门仪式中的九位天神和七位地神的六个故事。"

　　最后一段话的字释为：⫶⫶⫶ tʂua⁵⁵，六；⊶ tʂər⁵⁵，章节，引申为故事；〰 ua³¹，是；🐀 me³⁵，语气助词。意译："这是六个故事。"

　　该经书分别叙述了九天神、七地神、祭主、都沙敖土、崇仁利恩、高勒趣六个主人公举行关死门仪式的六个故事。② 这六个故事有相对独立性，因为每一个故事都有完整的情节，但又相互内在关联，通过六个不同主人公的相似经历叙事，讲述了关门经仪式的来历，强化了举行这一仪式的重要意义。从中可以看出，"哲作"包含了"多个故事"的义项，这多个故事独立成章，又相互联系，共同构成了完整的"故事集群"。

　　"dzo³¹"在纳西语的不同方言区中有"槽""桥""冲杀""穿""放"等不同义项，"冲杀""穿""放"为动词，与"节""段"没有构成语义联系。"槽"作为一种容器，具有"模子""模型""套路"的内涵，因为水槽、马槽、木槽、石槽都有容积、形制的规定性与同一性；另外也有"积蓄""集合"的引申义，这与容器功能相关。"dzo³¹"（ndzo³¹）的另一

_____

① 李霖灿：《纳西族象形标音文字字典》，云南民族出版社 2001 年版，第 1061 字。
② 《全集》第 53 卷，第 88 页。

个本义"桥",具有"连接""联系"的关联含义,与 t ʂər⁵⁵ 的义项有交叉部分。需要指出的是,"桥"读为 dzo³¹,仅限于大研镇方言区,而这个区域的东巴经书并不占多数。纳西语的大多数方言区中,"桥"读为 ndzo³¹;且在东巴经书中哲作并无出现与"桥"的象形字搭配的情况,只有"槽"的象形字。

综上,"哲作"的义项组合是以"节""槽"为基本义,这一合成词的引申义有"情节""段落""仪式程序""程序集合""故事模式""故事集群"等多个义项。

三 "哲作"的概念特征

我们发现"哲作"一词所涵盖的内涵十分丰富,不仅无法用传统的文体分类概念可以概括,也找不到一个能准确、完整反映其内涵及外延的汉语译名,只能从其概念的整体特征上予以把握。"哲作"的概念特征包含了以下几个方面。

(一)整体性

"哲作"是一个整体的有机内在构成,涵盖了仪式、叙事文本两个基本范畴的复合概念。"哲作"既是构成完整仪式的相互有机联系的系列仪式程序,又是构成完整叙事文本的情节、段落、故事、故事类型,二者共同构成了仪式叙事文本。整体与部分是相对而言的,在特定的情境中可以相互转换。从叙事层面来说,在一个故事中,情节、段落构成了"哲作";在一个超级故事中,单个的故事构成了"哲作";在一本经书中,不同的故事构成了"哲作";在一个仪式中,不同的仪式程序构成了"哲作";在一个由多个不同仪式构成的超级仪式中,单个仪式就构成了"哲作"。

(二)承接性

"哲作"在仪式进程及叙事过程中充当承接功能,指的是一个有机体中的连接部分,起承上启下的作用。这一特征体现在两个方面,一是整体而言的上下承接关系,如在一个仪式中的不同仪式程序的顺序关系、仪式程序中需要念诵的不同仪式叙事文本的逻辑关系。二是部分而言的内部承接关系,从仪式层面来说,每一个仪式程序是由不同步骤的序列关系构成的,如开坛程序中包含了挂神像、摆设祭坛、建鬼寨、献祭品等不同步骤,这些步骤由仪式传统内在规定;从一个叙事文本来说,是由不同情

节、段落、结构、主题、典型场景构成的有机统一体，这些内在构成之间
也存在相互承接关系，如"九天神七地神的故事"分别叙述了九天神、七
地神、祭主、都沙敖土、崇仁利恩、高勒趣六个主人公的六个故事，这六
个故事之间存在着从天到地、从神到人、从祖先到后代的结构承接关系。

（三）程式性

上述提到"哲作"概念内涵中包含了"故事模式""故事类型"的义
项，"dzo³¹"本身就有"模式"之义。模式性类似于程式，有高度重复性。
如仪式程序中的开坛、除秽、迎神、献牲、驱鬼、送神、收坛、家祭都是
传统沿袭而成，这些仪式程序的形式、内容皆有模式化、程式化特征。叙
事文本中的情节、段落、主题、典型场景、故事、故事类型同样存在高度
程式化特征，这与叙事文本的口头传统属性密切相关。仪式程序的程式化
保障了仪式在有条不紊的节奏中顺利进行，同时彰显了传统的延续性与权
威性，构成了庄严、神圣的仪式语境。从叙事文本层面来说，这些高度程
式化了的情节、段落、主题、典型场景、故事类型为演述者提供了充足的
叙事部件，使他能够在看似繁复多变的仪式现场中从容不迫、运用自如地
进行表演、创编。在仪式叙事中，与其说他是演员，还不如说是导演，是
他预设了仪式叙事的整体框架。他掌控着每一个仪式进程的节奏，把握着
仪式现场的每一个细节，并根据现场情境变化进行随机应变。传统沉淀生
成程式，这些程式并非一成不变的"陈规陋习"，而是在不同时期的每一
次轮回仪式、演述中不断进行合理化改造而成，所以他们既是程式的传承
者，也是程式的创造者。程式对他们而言，不是束缚，而是得心应手的传
统再造工具，他们自身构成了程式化了的传统本身。

（四）互文性

"互文性"（intertexuality），又称为"文本间性"或"互文本性"。
"任何作品的文本都像许多行文的镶嵌品那样构成的，任何文本都是其他
文本的吸收和转化。"① 其基本内涵是，每一个文本都是其他文本的镜子，
每一文本都是对其他文本的吸收与转化，它们相互参照，彼此牵连，形成
一个潜力无限的开放网络，以此构成文本过去、现在、将来的巨大开放体
系和文学符号学的演变过程。概言之，互文性概念主要有两个方面的基本

---

① ［法］朱丽娅·克里斯蒂娃：《符号学：意义分析研究》，引自朱立元《现代西方美学史》，上
海文艺出版社 1993 年版，第 947 页。

含义：一是"一个确定的文本与它所引用、改写、吸收、扩展或在总体上加以改造的其他文本之间的关系"①，二是"任何文本都是一种互文，在一个文本之中，不同程度地以各种多少能辨认的形式存在着其他的文本；譬如，先时文化的文本和周围文化的文本，任何文本都是对过去的引文的重新组织"。"互文性"概念强调的是把写作置于一个坐标体系中予以观照：从横向上看，它将一个文本与其他文本进行对比研究，让文本在一个文本的系统中确定其特性；从纵向上看，它注重前文本的影响研究，从而获得对文学和文化传统的系统认识。应当说，用"互文性"来描述文本间涉及的问题，不仅显示出了写作活动内部多元文化、多元话语相互交织的事实，而且也显示出了写作的深广性及其丰富而又复杂的文化内蕴和社会历史内涵。

"哲作"的互文性是明显的。从横向关系上看，构成一个完整仪式的诸个程序是在仪式轨程的逻辑中相互推进，而构成一个完整叙事文本的情节、段落、主题、典型场景等叙事部件也是在叙事逻辑中平行展开的，它们之间的关系是有机联系、内在统一的互为指涉关系，共同推动着仪式及叙事文本演述的进程。从纵向关系上看，这些仪式的不同程序以及叙事文本的内在构成是不同历史时期叠加、层累而成的，而这些不同时代的仪式传统与叙事传统之间存在着不断扬弃、吐纳的互文关系。也就是说，现在我们看到的仪式与叙事文本仍属传统的范畴，但又融合了不同于任何一个历史时期的时代因子。"哲作"为何成为东巴仪式中的一个专用语，其间折射出自身的传统性特征，但它仍能够顽强地沿用至今，也包含了自身的合理性特征。或者说它在每一次仪式或文本叙事中体现出来的是共时性特征，而作为传统文化的一个关键词，它又有历时性特征，二者互为因果，相辅相成。另外，"哲作"的互文性从叙事文本的文体跨越转换性特征中也得到了体现，如构成"哲作"的情节、段落、结构、主题、典型场景，可以在故事、传说、史诗、神话等不同文体中跨越应用。"哲作"的互文性也从仪式程序与叙事文本的相互镶嵌、异形同构的互动关系中得到充分的体现。

---

① 参见程锡麟《互文性理论概述》，《外国文学》1996 年第 1 期。

第三节 故事形态分析理论中的
"哲作"概念检验

但问题并未解决。"'哲作'是什么?"问题指向一个更为复杂的问题丛。是什么原因导致了其概念内涵的复杂多元化?它在仪式、叙事文本中充当什么样的角色?以上分析而得的概念内涵是否具有可证性?"哲作"本身就有"情节""段落""故事""故事集群""故事模式"的概念内涵,具有显著的故事形态特征。如果从故事形态学的视野来检验它的概念内涵,应该说是合理的双向选择:一是通过这些故事形态分析理论的观照来检验"哲作"概念内涵的合理性;二是通过这样的检验来发现隐含于其中的一些深层因素,或者说我们除了要回答"哲作是什么"的概念界定问题外,还需要回答"什么是哲作"的概念本体问题。

一 故事形态分析理论诸说

"哲作"本身就有"故事""故事模式"的概念内涵。一是从故事形态来说,上述的概念与这一概念皆有对应性。但这些基于不同时代背景及研究视角而生成的概念本身存在着适用性与有限性,所以这些概念的引用不能不慎察。从共性来说,上述这些概念皆源于西方知识体系,其材料大多源于西方本土或西方学者在一些无文字、微型社区中采集所得,而源于中国本土的材料少之又少。二是虽然这些材料大多以仪式、神话、故事、史诗等民间叙事作品为主,但其学术旨归各有倾向,如"原型"概念偏向于神话学、心理学,"功能"概念偏向于结构人类学,"类型"与"母题"偏向于文学,与后期的口头诗学存在较大的学科差异。三是这些名称不同的概念都有一个共同点,皆基于对重复性材料的归纳、抽绎,但因研究视角不同,由此带来了概念内涵的重合交叉甚至相互矛盾的一面,造成了一直纷争不断的诸多遗留问题。

分类是进行故事分析研究的第一步。"类型"(type)是较早提出的一个概念,指根据故事情节归纳出来的民间故事的基本型式。一个故事类型往往由若干个母题（情节单元）组成。情节大致相似的各种故事，同属一个故事类型。①"类型"概念最初源自芬兰民俗学家阿尔奈对不同民间故事做比较分析的分类方法。汤普森在《世界民间故事分类学》对这一概念进一步予以完善，引入了母题与情节作为故事类型界定的核心原则，由此创立了故事分类体系（简称 AT 分类法）。这一分类法提出后，对民间故事的统编分类影响极大，成为一种故事编目的国际模式。但这一概念在实际应用中出现了故事类型因相互重复而无法区分的情况，譬如神奇故事、动物故事、精怪故事等故事类型本身存在交集情况，断然划为单一类型有失偏颇，进行综合又失之于类型的模糊化。

为了解决这一疑难，汤普森引入了"母题"（motif）概念，并把"类型"和"母题"的联系与区别予以界定。他认为，一个完整的故事（类型）是由一系列顺序和组合相对固定了的母题构成的，从这种意义上说，母题即相当于故事的情节单元。一个母题是一个故事中最小的能够持续在传统中的成分。② 另外，与"类型"的故事传播路线构拟、溯源、复原的目的不同，汤普森提出"母题"概念是他者所使用的东西，而不是根据研究者自抒己见所任意规定的标准所得到的东西，于是母题索引就能够服务于我们今天对他者的研究即和他者的对话。③ 相较于"类型"的大而化之的界限模糊弊病，"母题"更有纯粹形式逻辑意味，以异文本中的重复律、最小情节单位作为确定母题的两个参照标准，有利于对不同国家、区域的不同文体文本之间的比较研究，从中发现文本共性与个性的深层特征。这一概念提出后成为故事叙事模式分析的利器，迄今仍是应用最为广泛的概念。

"原型"（archetype）是瑞士心理学家荣格提出的一个心理学概念，其概念是指"集体无意识"作为人类从其祖先和前祖先继承下来的原始经验的总和，包含了各种不同的原型，因而原型是"集体无意识结构中的内容"，是先天存在的，可以通过遗传而被继承的人类原始意象的典型表现

---

① 祁连休、肖莉等编：《中国传说故事大辞典》，中国文联出版社 1992 年版，第 67 页。
② ［美］斯蒂·汤普森：《世界民间故事分类学》，郑海等译，上海文艺出版社 1991 年版，第 34 页。
③ 吕微：《母题：他者的言说方式〈神话何为〉的自我批评》，《民间文化论坛》2007 年第 1 期。

形式。① 这一概念的提出也受到了"母题"的影响。荣格认为,"原型概念对集体无意识观点是不可缺少的,它指出了精神中各种确定形式的存在,这些形式无论何时何地都普遍地存在着。在神话研究中,它们被称为'母题'"②。当然,他所说的"母题"并不仅限于神话故事的分析,而是泛指人类的梦、幻觉、神话中的形象得以产生的共同缘由——"集体无意识"或"原型"。原型批判理论的主将弗莱对这种脱离历史根基的泛化弊病予以修正,他的分析对象集中在文学的原型——神话之上,把心理学、人类学的原型理论移位到文学发生论的研究领域中,通过分析古今大量文学作品中的相似程式、反复出现的象征意象和情节,来探寻神话原型对现当代文学的深层影响。他提出了一个重要命题——"有一个故事且只有一个故事"。他认为各类文学作品不过是以不同的方式、不同细节讲述同一个故事,或者讲述这个故事的某一部分、某一阶段:喜剧讲的是神的诞生和恋爱的部分,传奇讲的是神的经历和胜利,悲剧讲的是神的受难和死亡,讽刺文学表现的是神死而尚未出生的混乱阶段。所以文学不过是神话的赓续。他还特别提到向神献祭的仪式与悲剧英雄作品的产生直接相关联,并一直深层影响到后世的悲剧作品。从这个意义上说,这些祭仪中的英雄叙事"位移"到文学作品中,逐渐演变成了悲剧文学。③ 不可否认,弗莱的原型批判理论把心理学、人类学、神话学理论融合到文学研究领域里,极大地拓展了文学批判领域。同时,他这种通过对不同时期、不同国家的文学、文体之间的共性比较,进行系统、科学的文学原型研究,具有纯粹形式的研究范式,这与故事类型、母题、功能等概念理论的学术旨归是一脉相承的,不同在于他提出了所有文体、主题、典型场景皆源于神话原型这样一个不可证伪的命题,陷入了共时性与历时性的矛盾泥淖,未免有机械论、先验论之嫌。母题产生的根源也并非都是"原型"所能说明的,更不能真正说明文体演变的内在规律。这一问题的根源在于原型批判理论派对母题概念理解产生的歧义。

针对类型、母题分类的不准确性,普罗普另辟蹊径,他将故事中出现的动作简化为一种顺序组合,超出了表层的经验描述,使叙事体的研究更

① 乐黛云、叶朗、倪培耕、赵毅衡等编:《世界诗学大辞典》,春风文艺出版社 1993 年版,第342 页。

② [瑞士]荣格:《心理学与文学》,苏克译,生活·读书·新知三联书店 1987 年版,第 94 页。

③ [加]诺斯罗普·弗莱:《批判的解剖》,陈慧等译,百花文艺出版社 2006 年版,第 146 页。

趋科学化。角色的功能充当了故事的稳定不变因素，它们不依赖于由谁来完成以及怎样完成；它们构成了故事的基本组成成分；功能项的排列顺序永远是同一的；所有神奇故事按其构成都是同一类型。[①]

但普罗普的功能区分标准——是以行动还是以行动者为标准，为后来研究者留下了诸多遗留问题。功能区分的标准问题实际上是什么是最小的意义单位的问题，但这一问题与"母题"中的"最小叙事单位"一样至今仍未得到满意的解答。

吕微对于这两个概念进行了整合，提出了"功能性母题"的概念，这一概念的提出基于二者所具有的"重复律"特征，但与母题不同的是，功能性母题不是得自于各个异文中的重复性叙述，而是得自于特定类型的故事内容的自我分解。在功能的意义上，功能性母题遵循的是"分解性"原则，尽管功能也在故事的不同异文中重复出现。"由于功能性母题是通过对故事内容的整体做结构性分析而给出的，那么，每一功能性母题的价值（即功能所承担的故事的整体意义）就先天地包含在故事的整体价值、意义当中，因而具有分析的必然性，而不是像个别符号的形式与其象征的内容那样，总是要在经验性直观的综合性连结中才能被证明，因而永远摆脱不了偶然的性质。"[②] 这种合二为一的概念整合一定程度上矫正了原先的概念模糊弊病，但问题仍未解决：母题与功能的概念的核心——"最小叙事单位"在"功能性母题"概念中同样处于悬而未解的状态，前因未解，后果同样存疑。另外，这一概念在具体的文本分析中是否有效，同样没有得到验证。

二 "哲作"的概念检验

（一）"哲作"与故事类型

从东巴经书中"哲作"所包含的内容来看，主要是叙述神或英雄祖先的故事，所以其本身具有故事类型的特点。这些故事类型的划分既有普遍性分类法，也有地域性、族群性特点。以东巴经中的《崇仁利恩故事》为例，这一故事讲述了故事主人公崇仁利恩通过重重考验娶得天女回到人

---

① ［俄］普罗普：《故事形态学》，贾放译，中华书局 2006 年版。
② 吕微：《母题：他者的言说方式〈神话何为〉的自我批评》，《民间文化论坛》2007 年第 1 期。

间，从而化解了人类生存危机，突出了"生命繁衍"的文化主题，由此可以划入 AT 分类法中编号为 400—459 的"超自然的或中了魔的丈夫（妻子）或其他亲属"这一故事类型中，但这只能说是一个大而化之的类型。丁乃通根据中国故事类型的特点对此予以更为具体的分类，如 400—0 为"丈夫寻妻"，下设 400A 为"仙侣失踪"，400B 为"画中女"，400C 为"田螺姑娘"，400D 为"其他动物变的妻子"，400E 为"人鬼夫妻"。① 这是基于中国民间故事中的"丈夫寻妻"这一类型的特点归纳而成。东巴经中也不难找出与之相对应的故事类型，从《崇仁利恩故事》单个文本分析，在"丈夫寻妻"这一大类型下包含了这些"兄妹婚""动物婚""人仙婚""人鬼婚"的亚故事类型。与丁乃通划分的类型相比，出现了同中有异的情况：其间并未出现"仙侣失踪""画中女""田螺姑娘"的故事类型，而又多出了"兄妹婚""竖眼女""横眼女"的故事类型。这说明 AT 分类法只是提供了一种故事分类的方法论，而不是放之四海而皆准的故事类型标准模式。汤普森强调了这一点："一般来说，我已经使用了任何叙事，无论是通俗的还是文献的，只要它能够构成一个足够强大的传统以引起它的多次重复。"② 祁连休对中国古代民间故事进行分类时，与 AT 分类法中以故事中出场的人物、精灵、鬼怪或事物的名称命名不同，他是以故事的基干情节作为分类原则，如"谁先开口型""全都试过型""笑话一担型""妙计换人型"等。③

就作为东巴故事类型的"哲作"而言，上述的故事类型划分与本书的划分稍见分歧。笔者认为有两个分类方式更为符合东巴故事的传统。一是以故事中的主人公作为故事类型划分的一个参照标准，无疑更契合"哲作"普遍具有"传略"的文本特点。如"天神故事""仙女故事""自然神故事""英雄祖先故事"等作为第一大类，其下又可划分亚故事类型，如：

　　"英雄祖先故事"（001），

---

① 顾希佳：《生死不渝的恋情：人鬼夫妻故事解析》，载刘守华主编《中国民间故事类型研究》，华中师范大学出版社 2002 年版，第 225—238 页。

② ［美］斯蒂·汤普森：《世界民间故事分类学》，郑海等译，上海文艺出版社 1991 年版，第 56 页。

③ 祁连休：《中国古代民间故事类型研究》，河北教育出版社 2007 年版，第 78 页。

"崇仁利恩"（001A）

"高勒趣"（001B），

"都沙敖土"（001C）

"普尺伍路"（001D）

这一分类法有利于对东巴经中繁杂的神灵体系进行系统的梳理，从而对东巴神话叙事的内在逻辑结构有个整体的把握。

主人公故事类型的划分因研究角度不同，也有多种划分方法，譬如崇仁利恩作为英雄祖先的典型，可根据故事内容中的主人公关系分出不同的类别。

"英雄祖先——崇仁利恩的故事"（001）

"人与仙故事"（001A）：《崇仁利恩与衬恒褒白传略》《崇仁利恩的故事》《远祖回归记》《人类迁徙记》《人类繁衍记》《崇搬突》；

"人与署（自然神）故事"（001B）：《崇仁利恩与楞启斯普的故事》；

"人与鬼故事"（001C）：《崇仁利恩与丹美久保的故事》；

"人与祖先英雄故事"（001D）：美利董主、崇仁利恩和高勒趣之传略；

人与人故事（001E）：《都沙敖口、崇仁利恩、高勒趣三个的传说》等。

通过这一分类法，对崇仁利恩具有人类、神类、祖先英雄等人格、神格、超人的多元特征有了更为明确的认识。

另一种是根据仪式类型来划分，因为这些故事是为仪式服务应运而生的，不同的仪式决定了故事的情节基干、故事规模、故事主题。上述的以主人公为分类标准的分类法存在一个弊病，有些主人公故事的标题是一样的，但内容却出现了多种异文现象，如《崇仁利恩的故事》，出现在祭呆鬼、延寿、祭署等不同仪式中，而故事情节、篇幅、叙述手法不一而同。把分类范围再扩大些，同样是以崇仁利恩作为主人公的故事多达十个文本，这些故事往往存在交叉、重合的情况。所以以仪式为故事分类的标准可以有效避免这些弊病。以崇仁利恩（001A）为例，仪式分类法可以归纳到以下不同仪式中。

祭天仪式（001A1）：《远祖回归记》（《人类迁徙记》）；

退送是非灾祸（001A-2）：《创世纪》，《崇仁利恩与衬恒褒白传略》、《崇仁利恩与丹美久保的故事》、《崇仁利恩与楞启斯普的故事》；

禳垛鬼仪式（001A3）：《崇仁利恩的故事》、《崇仁利恩与愣启斯普的故事》、《开天辟地的经书》、《人类起源和迁徙的来历》、《崇仁利恩与丹美久保的故事》；

祭署（001A4）：《崇仁利恩的故事》、《崇仁利恩·红眼仄若的故事》；

除秽（001A5）：《为崇仁利恩除秽》、《崇仁利恩、衬恒褒白、岛宙超饶、沙劳萨趣的故事》；

关死门仪式（001A6）：《都沙敖口、崇仁利恩、高勒趣三个的传说》、《给美利董主、崇仁利恩解生死冤结》；

延寿仪式（001A7）：《崇仁利恩的故事》；

超度死者（001A8）：《美利董主、崇仁利恩和高勒趣之传略》；

祭畜神仪式（001A9）：《追述远祖回归的故事》。

通过这样的分类，我们可以发现，同样以崇仁利恩作为故事主人公，在不同仪式中出现了不同的故事分布状况：有的出现了故事群，有的只有一个故事，而有些仪式中一个也没有出现。为什么会出现这样的情况？原因可能是多种的，但从仪式类型、性质入手分析，其间的内在关系就迎刃而解。如在"禳垛鬼仪式"中有关崇仁利恩的故事出现了五本，这与此仪式的性质密切相关。禳垛鬼仪式是东巴仪式中规模较大的一个仪式，垛鬼是鬼怪类中较为凶险的一种鬼类，只有大东巴主持的大仪式才能进行禳灾驱邪，且这一类鬼经常与人类的疾病、灾祸关系密切，多在民间举行此类仪式。而崇仁利恩作为纳西族的祖先英雄，兼具人格、神格，威力无比，由此也决定了他在仪式中的频繁出现。

作为这些故事演述者的东巴，当他们把"哲作"视为"故事"时，也是置于具体的仪式中来分类的。一般来说，他们不会根据故事的内容或情节来划分不同故事类型，仪式是他们划分经书的唯一基准。他们不会说这是什么类型的故事，而是说这是用于什么仪式的经书，这本经书用于仪式的哪个程序，如"祭天经书""祭署经书""丧葬经书""除秽经书"等。也就是说"哲作"是作为仪式的一个有机部件镶嵌到仪式程序中，受其制约，从而使"哲作"特有的整体性、承接性、程式性、互文性特征得以彰显。

白庚胜在《东巴神话研究》一书中，从东巴神话的内容、类型两个方面进行了分类。东巴神话内容分为自然神话与社会神话两大类：自然神话包括了世界起源神话、解释神话；社会神话包括人类起源神话、生产神话、生活神话、爱情神话、争战神话。东巴神话的类型分为卵生型、难题求婚型、兄妹相奸型、死体化生型、天柱型、谱系型。作者认为这种分类的目的在于通过比较研究，使东巴神话与其他民族、国家的有关类型联系起来，探求某些类型的源流，从而更好地把握东巴神话的基本特质。[①] 客观地说，这种从比较研究视角出发的内容、类型的划分有利于打破长期以来囿于东巴神话的单一事象研究，把东巴神话置于周边藏缅语族、南方民族，乃至国内外民族的神话研究中，从而发现东巴神话的文化特质与文化共性。同时，这一基于比较研究的划分方法使以往对东巴神话分类的泛化、模糊化弊病得以体系化，从而"把一个混沌的世界变成了一个清朗明净的所在"[②]。值得注意的是，正如作者提及的这种类型划分的目的不是类型学性的研究，而在于通过比较国内外具有相似性的神话类型来探求其源流关系，所以书中的东巴神话类型只是涵盖了部分典型的"类型"，而非东巴神话的全部类型分类。汤普森认为，类型与母题的区别在于，前者是一个独立存在的传统故事，可以把它作为完整的叙事作品来讲述，是由一系列顺序和组合相对固定了的母题构成的。从这种意义上说，母题即相当于故事的情节单元。由此而论，上述的东巴神话"类型"更接近于母题。

（二）"哲作"与"母题"

白庚胜把东巴神话类型分为卵生型、难题求婚型、兄妹相奸型、死体化生型、天柱型、谱系型，严格来说属于"母题"，类属于"创世故事"这一类型下，是这些系列顺序组合的母题构成了创世神话的类型。如果按

---

① 白庚胜：《东巴神话研究》，中国社会科学出版社 1999 年版，第 274 页。
② 刘魁立：《序》，白庚胜：《东巴神话研究》，中国社会科学出版社 1999 年版，第 2 页。

照东巴史诗《崇船图》（《创世纪》）情节展开的顺序排列，应为卵生型、天柱型、死体化生型、谱系型、兄妹相奸型、难题求婚型。两部创世史诗先以天地混沌开始，然后虚实相交而生气体，气体变化生出神鸟，神鸟孵出神蛋，神蛋生出盘、禅、高、吾、俄诸神；其中一个煞尾蛋生出了一头怪牛，触翻了神山，天神杀死了怪牛，怪牛尸体化生出天地万物；天地生成后根基未稳，开天九兄弟与辟地七姐妹在东南西北角分别竖立了五个天柱才使天地稳定下来；天地万物中的气体升华为白露，三滴白露变成了三个黄海，黄海中生出了九代人类的祖先，最后一代是崇仁利恩五兄弟与六姐妹，发生了兄妹婚，秽气冲天，天神发下洪水惩罚人类，仅剩下崇仁利恩一人；为了人类的繁衍，他在董神的指点下，到天上寻求伴侣，并经过天神子劳阿普的重重考验，最终娶得天女衬红褒白命回到人间，由此成为人类的英雄始祖。① 从中可以清楚地看到，这些按叙事序列展开的不同情节构成了完整的"创世"这一故事类型。这些情节在这一神话中不是单独成立的，而是与整个创世神话构成了有机的统一体，所以它们是这一故事中的最小的情节单位，是母题，也是"哲作"，因为它在其中起到了上下承接的有机部件功能。需要指出的是，此处的"哲作"应理解为情节单元，而非作为独立故事存在的类型。母题除了具有最小的情节单位特征外，还有一个是重复律。重复律是判断母题的关键尺度。阿莫斯指出，母题不是分解个别故事的整体所得，而是通过对比各种故事，从中发现重复部分所得。只要民间故事中有重复部分，那么这个重复的部分就是一个母题，即使这个母题是一个完整的大故事中套的小故事，只要这个小故事能够自由地进出不同的大故事，那我们也就可以称这个小故事为一个母题。所以母题的内容千变万化，大可以是一个大故事中的小故事，中可以是一个故事的原因、场景、过程和结果，小可以是一个角色。但无论内容怎样变化，母题都是根据"重复律"这一纯粹形式化的原则做出的规定。②

　　情节单元与重复率相互联系但又有区别，联系在于这些母题往往存在于创世神话、洪水神话、开天辟地神话中，是这些母题构成了这些故事类型的情节张力，完整叙事；区别在于上述这些母题的重复率并不存在于"这一篇"中，而是在有关创世神话的"每一篇"中，是从不同叙事文本

①　参见和志武《纳西东巴经典选译》，云南人民出版社1993年版，第1—17页。
②　吕微：《母题：他者的言说方式〈神话何为〉的自我批评》，《民间文化论坛》2007年第1期。

的比较来说的。譬如上述的卵生型、天柱型、死体化生型、谱系型、兄妹相奸型、难题求婚型等母题在我国南方、世界诸多民族神话中也大量存在。从东巴故事中重复律较高的典型母题来说，大致可以划分为四类。

（1）角色母题：天神、自然神、鬼怪、英雄祖先、凡人、东巴等；

（2）场景母题：神山、神海、鬼蜮、人间、高山、山林、村寨、家庭等；

（3）情节母题：开天辟地、虚实变化生物、难题考验、主人公受难、天神相助、对立导致冲突、有难请东巴、祭祀消灾等；

（4）观念母题：还债、人与自然和谐相处、繁衍生息、敬天法祖、万物皆有出处等。

但不能不看到，"哲作"作为母题也有局限性。因母题划分的视角、出发点不同，母题的类型出现了无穷化、重复化、混杂化等弊病，反而不利于故事文本的有效分析。因为作为判断母题的核心标准——"最小的叙事单位"本身是一个不确定的因素，正如物理学意义上的物质存在无限小的本质特征，"最小"只能是一个理想中的目标预设，在具体实践中难以把握，如难题考验母题，以难题的行为目标为标准，既可再分为难题求婚、难题求子、难题求财、难题求福、难题求才等。如果以难题的出题者为标准，也可出现天神难题、仙女难题、鬼怪难题、岳父难题、仇人难题、皇帝难题等。如果从难题的内容出发，又可分为猜谜难题、冒险难题、计算难题、道德难题、知识难题等；从难题的数量可分为一个难题、两个难题、三个难题等；从难题考验的结果也可分为难题通过、难题未通过、难题通而不过（反悔）等。母题在仪式类故事文本中同样存在不适症状，如"哲作"作为一个完整的故事，受到具体的仪式进程的制约，即仪式进行到什么阶段，就必须念诵相应的故事文本，这时"哲作"就有了仪式程序与故事部件的概念内涵和功能，而不只是情节基干，也就超出了母题的适用范围。虽然祭天、祭署、祭风等仪式的传统性规定了重复律特点，每个仪式的程序也可划分到最小的叙事单位，但它不具备作为故事文本的分析前提，充当的是故事文本的演述载体。从这个意义上说，"哲作"更接近于程式的概念。

（三）"哲作"与"原型"

德国人类学家诺伊曼认为，原型并不存在空间和时间的具体形象，而是人的心理起作用的内在意象，处于仅有内在意象的原型阶段，它往往通过神灵的象征意义表达出来。①东巴经典就是一部神话集，而在这些繁杂的神灵体系中所蕴含的象征原型也是极为丰富的。

　　在东巴文化主题中，人自身的繁衍是一个贯穿始终的文化主线，而神灵崇拜、祖先崇拜往往与生殖崇拜相混融，这种借助神灵、祖先神的庇佑来达到人口繁殖的目的，又与纳西先民的"集体表象""万物有灵""集体无意识"等思维观念密切相联系。祭素神仪式是东巴仪式中较为常见的一种，这与素神所象征的"生殖力"有内在关系。在李霖灿编写的字典中，素神的东巴象形字以竹笼来代表，如 $\bigstar$ "sɯ^{55}"，家神也。纳西人以一竹笼做家神之所在，内插家神箭等物，此画家神竹笼之形。② "sɯ^{55}" 一般音译为"素"，本义为复苏、生机、生命，在东巴经中指代"家神""生命神"，统称为"素神"。在纳西族的传统文化中，素神往往具有保佑家庭和睦、人口繁衍、五谷丰登、家庭兴旺的神力，而这种神力能否得到保障，关键在于这一家庭对素神的态度，所以祭素神仪式是以家庭为单位的仪式中最为常见的。祭素神仪式主要有两类，一是"素库"（sɯ^{55}kv^{31}）仪式，即迎请素神仪式；二是"素名供"（sɯ^{55}mi^{31}ŋgv^{31}）仪式，即给素确认家人名字仪式。"素库"仪式混融在传统的结婚仪式中，"素神"在此起双重功能——确认新娘成为家庭的新成员，赐福新人生儿育女，延续家庭根脉。在此仪式中，新郎手持一个"素箭"，新娘手持一条五色"素线"，齐跪在代表素神的一个圆形竹笼（素笾）前，东巴吟诵《与素神拴结》《娶女托付给素神》的经书，诵毕，新娘手中的红线拴在新郎手中箭上，东巴把箭放入"素笾"中，然后向两个亲人的额头抹酥油，表示新娘已经成为家庭中的成员，并具有了素神注入的生机与活力。"素名供"仪式与诞生仪式相关，此仪式是婴儿出生三天后举行，仪式中东巴在新生婴儿脑门上点酥油，把新生命托付给素神，同时给婴儿父母的额头也抹上酥油，表示素神给家人注入了强大的生命力，共同保佑婴儿的健康成长。这两个仪式都明显带有弗雷泽所说的"交感巫术特点"，也具有荣格所说的"原型"特征。从"原型"特征来说，素神具有家神与生命神的双重神性，二者又相互关联。祖先作为家庭、家族的祖先，天然具有庇佑家庭的神性功能，而家庭的延续往往与生命的繁殖紧密相连。所以生殖成为素神

① ［德］埃利希·诺伊曼：《大母神：原型分析》，李以洪译，东方出版社1998年版，第23页。
② 李霖灿：《纳西族象形标音文字字典》，云南民族出版社2001年版，第2095字。

原型的核心内容。从"素库"仪式中可以看出，新郎手持的素箭，象征着男性生殖力，而圆形素笾象征着女性生殖力，素箭放入素笾中，隐喻着生殖繁衍。素神作为家神、生命神的原型，与纳西族先民的祖先崇拜、生殖崇拜密切相关。素神没有具体形象，是借助系列具有象征意义的物体作为表征物，如仪式中的素箭、红线、竹笼（素笾）、酥油成为素神的象征物。原型包含了最初形态之义，这些素神的象征物与男女生殖密切相关，由此也凸显了生命力的象征意蕴。但我们也发现，对原型最初形态的界定也是一个棘手的问题，寻找它的原点可能也是一个没有止境的过程。如素神的原型可能还存在更为原初的"原型"，也就是"原型"的"原型"。纳西族学者习煜华认为素神的原型为"女性""子宫"。她的这一观点建立在对素笾象征意义的分析之上。素笾是一个像肚腹的圆形竹笼，原型女性特征突出，是一个具有繁衍和保护性质的母体。"对素笾的崇拜体现了古纳西人对母体的崇拜观念，认为生命从母体产生，而母体是圆的，就像盛物的容器，它是产生人类生命和世界的源泉。这是古人把女性身体产生生命的经验加以总结，推广到精神领域里，并加以象征意义，就形成了母权社会的象征公式：女人＝身体＝容器＝世界。"① 另外，习煜华对东巴教中的自然神——"署"作为比较研究，认为署神具有典型的女性原型象征意义。署神类似于汉文献中的人首蛇身的女娲形象，但其间有个演变过程，东巴象形字的 🐸② 由蛙头、人身、蛇尾三部分构成，而在东巴经中也有以蛇体来象征署神：🐍③，这说明署神最初的"原型"为蛇，而蛇在东巴文化中往往作为女性的象征。④ 但我们又不能不看到，素笾不只是象征女性原型，它作为外形可能有女性身体的象征义，但在素笾里又放置了素箭、木塔、木桥、红线、木梯、石头、米粒等多种象征物，尤其是在结婚仪式中，新娘把红线缠绕在互箭上置于素笾，这说明素笾是一个以男女结合生殖为象征主题，融合了宇宙、人类世界多元象征意象的复合体，本身也是一个原型。作为自然神的署神也是如此，最为复杂的署神东巴象形字是一

① 习煜华：《生命的摇篮：纳西族素督的象征意义》，载《习煜华纳西学论集》，民族出版社2009年版，第182—183页。
② 李霖灿：《纳西族象形标音文字字典》，云南民族出版社2001年版，第1968字。
③ 同上书，第922字。
④ 习煜华：《纳西族自然神的女性原型》，载《习煜华纳西学论集》，民族出版社2009年版，第182—183页。

个佛像人身、蛇尾的形象。佛像为男性，也是一个融合了神性、男性、女性的复合原型，从中也折射出不同社会时期的发展演变过程。在东巴文化中，"董神"（男性神）、"色神"（女性神）、"嘎神"（战神）、"华神"（生殖神）等诸多神灵可寻找到诸多原型。这些原型不只是东巴构建神灵体系的原材料，也构成了东巴神话、东巴文学，乃至民间文学的"基因""胚胎"，塑造出形象各异、秉性不同、功能多样的文化象征意蕴，折射出浓郁的"人类童年时代"特有的诗性智慧，也形塑了独具特色的民族风格与民族特质。

需要说明的是，本书的讨论主题——"哲作"与"原型"并不对等，也就是说，这一词义中并不包含"原型"本义。"哲作"是从仪式、叙事文本的构成功能来说的，"原型"是基于文学作品中的形象分析来说的。但二者又存在联系，"哲作"在叙事文本层面上具有"情节""段落""故事""故事类型"等内涵，这些不同内涵中的神灵象征"原型"又无处不在，可以说东巴神话的"人类童年"所特有的诗性思维决定了"原型"的丰富性，这些"原型"又成为东巴叙事文本的主要内容。"哲作"（故事）中的主人公以神灵、祖先神为主，这些神上的原型特征鲜明突出。从仪式层面来说，"原型"叙事是在具体的仪式行为中达成的。如作为"生命力""女性""家神"原型的"素神"，是在"素库"仪式、"素名供"仪式及其东巴经书中成为显性的存在。以"素库"仪式为例，包含了以下几个仪式过程及经书。

　　（1）除秽，诵《除秽经》；（2）摆设神坛，诵《竖神石经》、《倒祭粮经》、《点神灯经》；（3）烧天香，诵《烧香经》；（4）迎请素神，诵《迎请素神经》、《送里多》；（5）敬酒，诵《敬酒经》；（6）大祭，诵《祭素神经》；（7）献牲，诵《献牲经》；（8）献饭，诵《为素神献饭》；（9）点洒神药，诵《施神药经》；（9）拴素绳，诵《与素神拴结经》、《娶女托付给素神经》；（10）安素神，诵《立素神桩经》、《往素神箩内放物经》、《拴流缨经》；（11）点酥油，诵《抹圣油经》、《赐福分经》；（12）颂素神，诵《办喜事说吉利话经》；（13）家人献祭，诵《素米故经》；（14）送素神，《送素神经》。①

---

① 《全集》，第2卷。

祭素神仪式除了在结婚、诞生仪式中举行外，也有日常祭祀，如果一家中出现了家人生病、庄稼歉收、诸事不顺时也可举行此仪式。另外，还有一种情况，东巴做完驱鬼禳灾类仪式后，回到家时必须举行祭素神仪式，主要是借助作为家神的素神来驱赶随身而来的一些鬼怪，这类仪式规模较小，但最为普遍。可见，作为仪式程序的"哲作"，除了具有一个仪式中的程序构件功能外，也可在多个不同性质的仪式中穿插应用。可以说，原型包含在具体的仪式叙事之中，与其说原型是受原始思维的作用形成的，不如说是传统的产物，它与母题、类型、功能、结构等不同概念一样，它们的仪式行为、文本叙事过程中的重复律都受到传统的统摄、制约。正如汤普森认为母题的重复性源于生成它的传统性："一般来说，我已经使用了任何叙事，无论是通俗的还是文献的，只要它能够构成一个足够强大的传统以引起它的多次重复。"[①] 笔者认为，"原型"是在传统作用下在不同历史时期多次重复中沉淀生成的，但这种重复并不是机械重复，是作为社会的连续有机体，在不断的整合、扬弃中得以持续，而非断裂与拼接。这与"哲作"的文化功能是一脉相承的。

（四）"哲作"与"功能"

与原型理论不可证伪的命题相似，母题的确定（如何为最小情节单位）也一直是个争论不已的悬案。普罗普另辟蹊径地提出了"功能"概念理论，他的这一理论建立在对民间故事重复律的研究之上，但与前人概念理论的不同在于，他把关注点放在了故事角色的行动上。"功能必须看成是人物的某种行动，确定这种行动应当考虑它对于作为一个整体的故事的行动过程所具有的意义。"[②] 普罗普在《神奇故事形态学》中提到了这样一个例子作为"角色的行动就是功能"的说明。

> 甲：国王给了英雄一只鹰，这只鹰把英雄带到了另外一个国度。
> 乙：老人给了舒申科一匹马，这匹马把舒申科带到了另一个国家。
> 丙：巫师给了伊凡一只船，小船载着伊凡到了另外一个国度。
> 丁：公主给了伊凡一个指环，从指环中出现的青年把伊凡带到了

---

① ［俄］普罗普：《故事形态学》，贾放译，中华书局2006年版，第123页。
② ［俄］普罗普：《民间故事形态学的定义和方法》，载叶舒宪编译《结构主义神话学》，陕西师范大学出版社1988年版，第7页。

另一个国家,等等。

在以上例子中,不变的成分和可变的成分都已显现出来。变化的是登场人物的名字(以及每个人的特征),但行动和功能却都没有变。由此可以得出如下推论:一个民间故事常常把同样的行动分派给不同的人物。这样按照故事中人物的功能来研究民间故事就是可行的了。①普罗普特别强调了组合与时间在功能中的重要性,如这些不变的行为和功能是通过组合(composition)成为叙事序列,而这些叙事序列是在单一的时间里展开的,二者缺一不可。

回到"哲作"的问题讨论。"哲作"作为"情节单元""故事""故事类型"等多元义项,情节的推动主体、故事的主人公行为本身构成了叙事核心。如果把研究视角转换到功能这一特定的概念中,我们会发现东巴经故事中的主人公行为和功能存着惊人的相似律。如《九位天神和七位地神的传说》分别叙述了九天神、七地神、美利董主、都沙敖土、崇仁利恩、高勒趣六个主人的故事,其故事情节基干如下。

A. 天神的九个儿子因不会关死门带来了系列灾难,请来天神的东巴纳补梭恭做了关死门仪式后获得了平安吉祥。

B. 地神七兄弟们因不会关死门带来了系列灾难,请来天神的大地的东巴莎补莎劳做了关死门仪式后获得了平安吉祥。就使行走轻快的年轻人,去请来大东巴。

C. 美利董主家因不会关死门带来了系列灾难,请来东巴益世窝佐做了关死门仪式后获得了平安吉祥。

D. 都沙敖吐因不会关死门带来了系列灾难,请来东巴吕史麻岛做了关死门仪式后获得了平安吉祥。

E. 崇仁利恩和衬恒褒白因不会关死门带来了系列灾难,请来东巴吕史麻岛做了关死门仪式后获得了平安吉祥。

F. 高勒趣因不会关死门带来了系列灾难,请来东巴吕史麻岛做了关死门仪式后获得了平安吉祥。

---

① [俄]普罗普:《故事形态学》,贾放译,中华书局2006年版,第236页。

这与普罗普提到的功能的四个维度是相一致的：（1）角色的功能充当了故事的稳定不变因素，它们不依赖于由谁来完成以及怎样完成。它们构成了故事的基本组成成分。（2）神奇故事已知的功能项是有限的。（3）功能项的排列顺序永远是同一的。四、所有神奇故事按其构成都是同一类型。

如果从仪式的视角来分析功能概念，我们发现一个有趣的现象：这些称为"哲作"的不同故事文本如果出现在同一个仪式中，它们的行为与功能是惊人地相一致的。如在祭署仪式的经书中，《都沙敖吐的故事》《普蚩乌路的故事》《神鹏与署争斗的故事》《俺双金套姆和董若阿夸争斗的故事》《蚩堆三子的故事》《梅生都迪与古鲁古久的故事》《妥构古汝和美利董主的故事》《祭署的六个故事》《沈爪构姆与署争斗的故事》《崇仁利恩的故事》《高勒趣招父魂》《崇仁潘迪的故事》《崇仁利恩·红眼仄若的故事》《美利恒孜与桑汝尼麻的故事》《杀猛鬼、恩鬼的故事》《拉朗拉镇的故事》等有相一致的行动链：

开天辟地—主人公出现—遭遇署神—抗争胜利—遭署神报复—东巴举行祭署仪式—获得平安。

可以说这些祭署仪式中的不同故事构成了一个具有共同行为链功能的故事集群，这一故事集群的行动元就是主人公与署神之间的争斗，最后东巴作为协调者角色出现，从而使人类与署神重归于好。另外，从这些高度重复的行动、功能中，隐含着系列的"组合"顺序：不同主人公的出现是依神力高低、祖先谱系所规定的，如《九天神与七地神的故事》中先后出现的主人公：九天神、七地神、美利董主、都沙敖土、崇仁利恩、高勒趣。从一个功能项向另一个功能项过渡中的"三重化"考验往往由易到难，如崇仁利恩求婚时的砍树、捡种、挤虎奶；必须经历两个回合的较量。

"回合"是"功能"理论中的一个重要概念，"每一次遭受新的迫害或损失，每一个新的缺失，都创造出一个新的回合"①。在上述的祭署类经书中，有明显的两个"回合"：第一回合——主人公与署神的争斗，最后

---

① ［俄］普罗普：《故事形态学》，贾放译，中华书局2006年版，第88页。

以代表人类的主人公取得胜利；第二回合——署神报复人类引发的争斗，主人公遭难，最后东巴举行祭署仪式而得以平安。

当然，我们引用这些概念的目的是为文本分析服务。普罗普的功能概念无疑提供了一个分析东巴宗教信仰故事共同的结构图谱，从上述的祭署故事中看到这些故事集群的核心价值观——人与自然相争没有胜利者，只有和谐共处才能获得平安；看到"故事在其内核中保留着最古老的多神教、古代风习和仪式的痕迹"，看到善恶对立、因果报应、取舍有度、万物有灵、人与自然和谐共存等根深蒂固的传统道德观念和价值取向。

"哲作"作为具有情节、主人公、备用部件、重复律高的特点，本身具备了功能概念的要素，通过对这些角色行为导致的功能链的结构分析，有利于揭示深藏文本背后的深层文化内涵。但从中也不难发现，"哲作"并非只是这样顺序的功能链排列、组合，它有着更为广泛的应用范畴，包含情节、章节、一个完整故事、一个故事类型、一个程序、一个子仪式、关键连接部分等多元内涵，这就超出了功能论的研究范畴。另外，构成这些功能的内驱力，即推动情节发展的源动力是角色行动本身，还是行动主体？重复律是依照情节，还是内容而定？情节与内容的边界在哪儿？等等。这些问题在具体的理论实践中不能不慎察。

三 小结

上述故事形态分析理论概念中存在两个共同点，一是皆基于对民间故事文本重复律、相似性的归纳、比较、综合而抽绎而得，有着纯粹形式化的特点。二是从研究者——他者的视角作为出发点。这些概念都是为了揭示隐藏于故事文本背后的共同规律，成为研究者的分析文本利器，但因世界上不同国家、不同民族、不同时期的故事形态呈现出共性与个性共融、多元与特质共存等复杂变化的特征，加上概念本身的视角不同，内涵及外延的界定模糊，在具体的概念应用上出现了诸多不适症状。如这些概念皆涉及的形式与内容、情节与时间、部分与整体、共时与历时等诸问题仍处于不断的纷争与深化过程中，其间也蕴含了学科得以可持续发展的理论生长点。笔者认为，一方面，我们有必要对这些概念的来龙去脉、内涵、特征有个整体的把握，这样才能在具体的文本分析、理论实践中对症下药，有的放矢；另一方面，要对这些概念的有效性及适用范畴有个度的把握，这些概念并非放之四海而皆准的绝对真理，不能盲目地模仿、套用，避免出现削足适履、刻舟求剑的机械主义。

笔者把"哲作"这一关键词置于这些不同概念理论中进行检验，目的在于揭示这一关键词的多元概念内涵及复杂性特点，同时也有以"哲作"之矛攻这些概念之盾的试验目的。从中不难发现，"哲作"在这些概念的实践应用中，既存在着工具的合理性与有效性，也存在排斥反应与无效性。这说明，"哲作"仍是一个无法定位的关键词。这除了与这些概念适用性的限制因素有关外，与他者视角也有内在关系。"哲作"本身是一个源于地方性知识的"我者"概念，是东巴祭司在仪式中运用的一个概念名词，一个仪式工具。基于此，研究视线转移到以仪式为中心的"我者叙事"，可能更符合这一概念的原真性。

第四节 "哲作"的程式化特征

一 "口头程式"的引入

与上述概念的基于文本研究的他者阐释不同，帕里、洛德开创的口头诗学理论实现了他者与我者研究视线的交融，即把研究文本置于其得以产生、表现的叙事语境及演述场域中，把演述者纳入研究的视野中，并从他们的"一次"（a time）、"这一次"（the time）的口头演述中发现文本背后的传统，以及这些口头文本在歌手表演中的内部运作模式，如何实现表演中的创编、流布。口头诗学理论同样基于纯粹形式的故事文本共性研究，但他们并不是把现在的文本当作理所当然的研究对象。他们的文本是源于田野中的实录采集，更关注这些文本生成的过程、成因的规律性。"程式""主题""典型场景""表演""创编""大词"构成了当下口头诗学理论的学术关键词。研究范式的转移带来了学术上革命性的突破：不仅使口头传统从书写传统的附庸地位获得了解放，且打破了原来把口头传统视为民间文学的旧格局，形成了口头诗学、民族志诗学、表演理论等多元学科共融并进的学科发展图景，展现出广阔的理论发展前景与应用价值。

如果从口头诗学理论视角切入，"哲作"又会呈现出怎样的概念反应？

也就是说，在"我者"视角的概念理论中是否更为契合自身实际？这当然需要理论实践的检验。

　　就"程式""主题""典型场景""表演""创编""大词"这几个口头诗学的关键词而言，"程式""主题""典型场景"类似于母题、功能；基于重复律的文本模式分析，"表演""创编"注重的是口头文本的生成模式，是一个过程的两个方面。何为"大词"？"大词"（large word）是美国民俗学家弗里从帕里与南斯拉夫歌手库库如佐维奇谈到的一个词"re"（词）中引发思考而提出的一个概念。他是这样下定义的：歌手库库如佐维奇是将一个"词"看作一个表达的单元。这个单元在南斯拉夫口头史诗中起到结构性作用。对他以及所有的歌手而言，最小的"词"便是整个诗行。较大的"词"也同样是表达的单元：它们或者是一通讲话（可长达若干行），或反复出现的典型的场景（武装一位英雄、旅行到一座城市、聚集起一支队伍，等等），乃至整首史诗故事。对一位歌手来说，"词"可以意味着全部演唱，或是其中任何有意味的部分。从单行的诗行、经各种较大尺度的单元，直至整个故事型式（story-pattern）。这一观念表明，我们的存在于文本中的印刷物中的"词"与之有着怎样决定性的差别。①

　　由此可见，"大词"作为歌手的"表演单元"，这一概念涵盖了程式、典型场景或主题、故事范型。这与本书的关键词——"哲作"的内涵与外延更为贴近。

　　吕微认为，母题从重复律及纯粹形式的概念性质而言，更接近于"大词"，二者的区别在于前者是以他者立场为出发点。② 朝戈金在此观点的基础上，对大词的概念内涵及外延进行了深入阐释：大词是一个结构性的单元，可以小到一个"词组"，大到一个完整的"故事"；是形成于长久的演唱传统的歌手武器库中的"部件"；大词的界定基于重复律的比较；它是跨文类的，可以由叙事歌、史诗、故事等不同文类共享；"大词"是从歌手立场出发，旨在发现歌手创编技巧和法则；负载着"传统性指涉"；在民间故事叙事背后，有一个支撑这些叙事的更大的传统，一个具体的故事，只不过是大量同质同构中的"一瓢饮"。③

① ［美］弗里：《口头程式理论：口头传统研究概述》，《民族文学研究》1997 第 1 期。
② 吕微：《母题：他者的言说方式〈神话何为〉的自我批评》，《民间文化论坛》2007 年第 1 期。
③ 朝戈金：《"大词"与歌手立场》，《民间文化论坛》2007 年第 1 期。

弗里把程式视为修辞学层面的"词",主题视为典型场景层面的"词",故事范型视为整个故事层面的"词",这些大小不等的"词"构成了歌手武器库中的"部件"。"哲作"作为东巴在仪式演述中频繁使用的关键词,明显具有上述的"大词"功能。相对来说,弗里的"大词"是把内容与形式作为一个统一体来概括口头诗人的创编技能,而洛德把程式与主题作为形式与内容的关系分开论述。口头诗人在表演创编这一过程中,程式用于构筑诗行,主题用于引导歌手迅捷有效地建构更大的叙事结构。程式之于形式,是主题之于内容的关系,属于同一事物的两个方面。程式是"大词"或"主题""故事范型"得以有机联系的关键内因。

二 作为程式化词语的"哲作"

程式是"一组在相同的韵律条件下被经常使用以表达一个特定的基本观念的片语",洛德则进一步说,"程式是思想和被唱出的诗句彼此紧密结合的产物"。他强调了歌手学习程式的模式。从修辞学层面来说,这些在口头演述中经常重复的传统性片语不仅构成了歌手的提词库,也成为其在表演中不断创编的资源库。由象形文字书写而成的东巴经是为东巴仪式服务而生成的,受到东巴传统文化的统摄与制约。"哲作"作为构成仪式叙事文本的有机部件,呈现出活形态的、流动的程式化特征。这不仅体现在程式化的传统性片语,也体现在仪式程序的过程中。下面从这两个方面进行简要的概述。

"哲作"的概念内涵中,最小的义项是"词"。段落是由字、词、句构成的一个叙事单位,其中词充当了段落的核心构件。与其他口传史诗相似,名词性修饰语是东巴叙事中较为常见的一种构词法。最为常见的是神类命名中的名词性修饰语,如:

$mɯ^{33}lɯ^{55}da^{33}dzi^{33}hər^{55}$ 美利达吉（神海）

$mɯ^{33}lɯ^{55}dv^{31}a^{33}phu$ 美利董神（天神）

$mɯ^{33}lɯ^{55}dv^{31}he^{33}dzɿ^{33}$ 美利恒主（天神）

$mɯ^{33}lɯ^{55}dv^{31}dzɿ^{33}$ 美利董主（祖先神）

$mɯ^{33}lɯ^{55}sv^{31}dzɿ^{33}$ 美利术主（鬼主神）

前面的"$mɯ^{33}lɯ^{55}$"（美利）用来修饰后面的核心名词，其义为"天地之间的"，意喻着这些神类具有通晓天地神力。可以说，"$mɯ^{33}lɯ^{55}$"（美利）这一修饰词成为"神性"的代称。

在东巴叙事传统中，一些关键名词的修饰语往往以多个诗行来进行强调说明，且这些名词性修饰语以排比形式出现。如在纳西族东巴经典《祭天古歌》、《崇般图》、《崇般绍》（《人类迁徙记》）中对天的描述。

$mɯ^{33}a^{55}pa^{31}gə^{33}mɯ^{33}$；	天啊！是天爷爷的天；
$mɯ^{33}so^{33}tho^{31}gə^{33}mɯ^{33}$；	是那笼罩大地的天；
$mɯ^{33}tho^{55}gə^{33}mɯ^{33}$；	是那帽子般罩在人头顶上的天；
$mɯ^{33}lo^{55}lo^{33}gə^{33}mɯ^{33}$；	是那碧蓝光溜溜的天；
$mɯ^{33}da^{31}phu^{55}gə^{33}mɯ^{33}$；	是那有阴天的天；
$mɯ^{33}ba^{31}phu^{55}gə^{33}mɯ^{33}$；	是那有晴天的天；
$so^{33}i^{33}bi^{33}thv^{33}o^{33}lv^{31}$，	是那白天出太阳温暖，
$khv^{55}i^{33}le^{31}tshe^{55}bu^{33}$，	夜晚出月亮皎洁，
$mi^{33}bu^{33}me^{33}gə^{33}mɯ^{33}$；	皎洁明亮的天；
$mɯ^{33}dʐ̩^{33}la^{31}ə^{33}pʰiv^{33}mɯ^{33}$；	是那子劳阿普的天；
$dʑi^{33}ɯ^{33}ku^{55}ʂua^{31}mɯ^{33}$；	是那良善高远天；
$tɕi^{31}pər^{31}gv^{33}tv^{55}mɯ^{33}$；	是那有九层白云的天；
$kɯ^{31}phər^{31}ly^{33}dɯ^{33}mɯ^{33}$；	是那有颗颗硕大灿烂星星的天；
$sɹ^{33}gv^{33}dɯ^{55}dɯ^{55}$，	是那身材长得处处齐整，
$si^{33}khua^{33}ʂua^{55}ʂua^{55}mə^{33}gə^{33}mɯ^{33}$；	生得双肩匀称美好的天。①

① 和开祥唱诵，李例芬整理：《远祖回归记》（《人类迁徙记》），《全集》第 1 卷，云南人民出版社 1999 年版。

　　这段经文以一个诗行来做"天"的名词性修饰语的居多，也有两个诗行、三个诗行的。这与东巴的释读经文情况，在仪式唱诵时的灵活机动表现手法密切相关。有"天"的东巴文只出现了五次，而在口诵中出现了12次。不同东巴吟唱的文本内容也会产生的变化，如下面由和即贵吟唱的内容中，"天"的名词性修饰语都是以两个诗行形式出现的，同时在一些诗行采取了名词前置的吟唱方式。

mɯ³³ tsv⁵⁵ tsv⁵⁵，　　　　　　　　　　　是那相连不断的，

kv³³ gə³³ mɯ³³ thv³³ tshŋ³¹；　　　　　　没有尽头的天来到了；

mɯ³³ ha³³ dɯ³¹，　　　　　　　　　　　是那生殖力旺盛的，

mɯ³³ lo⁵⁵ lo⁵⁵ gə³³ mɯ³³ thv³³ tshŋ³¹；　光华莹莹的天来到了；

tɕi³³ phəR ³gv³³ tv⁵⁵，　　　　　　　　　是那有九层白云，

hər³³ pər³¹ ʂər³¹ ty⁵⁵ gə³³ mɯ³³ thv³³ tshŋ³¹；七股清风的天来到了；

uæ³³ nɯ³³ bi³ thv³³ lv³¹，　　　　　　　是那左边出太阳温暖

i³¹ i³³ le³³ tshe³³ bu³³ gə³³ mɯ³³ thv³³ tshŋ³¹；右边出月亮明高的天来到了。①

　　同样是同一个人唱诵的同一本经书，因具体唱诵场域不同，也会出现不同的异文情况。如由和开祥唱诵、戈阿干整理的《祭天古歌》中都是一个以单独诗行组合的形式出现。

　　　　这天是能遮盖整个大地的天，

　　　　这天像一顶斗笠高悬在上界的天，

　　　　这天是铺着九层云锦的天，

　　　　这天是闪烁着大颗亮星的天，

　　　　这天是早起太阳暖照大地的天，

　　　　这天是晚间月亮照亮大地的天，

―――――――――――――

①　和即贵唱诵，李例芬整理：《奠酒》，《全集》第1卷，云南人民出版社1999年版。

> 这天是遮老阿普的天，
> 这天是身材十分魁梧的天，
> 这天是肩膀宽阔匀称的天，
> 这天是衣冠齐整的天。①

此处的诗行变成了十行，与上文相差了五行。而"天"的东巴文仅出现两次，而在口头唱诵诗行中出现了 20 次，说明了东巴经文在仪式中充当的是提词库的角色，而程式化是口诵词的突出特点。可以说，这些长达十余行的诗行构成的完整段落构成了"大词"，虽然在具体的演述场域中出现了诗行顺序不同、长短不同、行数不同的异文情况，但核心词——"天"，及诗行的平行结构是一致的。值得注意的是，因祭天在纳西传统社会中甚为重大，在民间影响甚广，有关《创世纪》、《人类迁徙记》的故事也流传较广，但涉及具体的描述性方面的段落、情节，往往没有东巴经文丰富、精练。从中可以看出，这一段"天"的大词，明显经过了不同时期东巴的不断加工锤炼，由此才成为仪式中世代传诵的名段，成为祭天时不同仪式程序中随时可调用的"哲作"——段落部件，也就是这样的高度程式化、诗意化的段落构成了经典史诗。

就故事结构程式而言，东巴史诗的传统叙事最突出的是三段式结构特征：开头部分是叙述天地万物的起源；中间为叙事主体，以故事情节为主；末尾部分则强调宗教主旨，如通过此仪式后，达成了驱邪禳灾、吉祥如意的仪式效果，有的直接歌颂东巴自身等。有些学者从民间文学立场出发，认为这些宣扬东巴教主旨的结尾部分"是作品的一个赘疣，有的甚至明显地损害了作品的主题"②。但如果把文本置于口头传统语境中，这些"赘疣"其实是整个仪式叙事文本的有机体，甚至是关键部分，因为经文与仪式主旨是有机的、完整的统一体，不能单纯地从"文学"意义上予以人为割裂。东巴史诗中的三段式结构，头尾段落具有明显的程式化特征。几乎毫无例外，每一个东巴史诗文本的开头以 ▓ "虎头"为标志，以此来比喻远古时候。在唱诵时，这一字往往以五言或六言、七言、八言等形式出现，如：

---

① 戈阿干整理：《祭天古歌》，中国民间文艺出版社 1988 年版，第 4 页。
② 杨世光、和钟华主编：《纳西族文学史》，云南人民出版社 1983 年版。

1. a³³la³³mə³³ ʂər⁵⁵ŋ̩i³³
2. a³³ŋ̩i³³la³³ ʂər⁵⁵ŋ̩i³³
3. a³³ŋ̩i³³la³³mə³³ ʂər⁵⁵ŋ̩i³³
4. a³³la³³mə³³ ʂər⁵⁵be³³ɖɯ³³ŋ̩i³³
5. a³³ŋ̩i³³la³³mə³³ ʂər⁵⁵ŋ̩i³³tɯ³³tʂ̩³¹

句子原义也有多种解释：如"人类'啊'字都不会说的时候""前天与昨天的时候""阿老还没去世的时候"等，[①] 但引申义皆为"远古的时候"。这是典型的传统性片语。这些传统性段落句群构成了东巴故事的开头程式。下面是最常见的关于描述"很久以前"的程式化传统性段落。

a³³la³³mə³³ ʂər⁵⁵be³³ɖɯ³³（ŋ̩i³³），	很久很久的时候，
mɯ³³ne³³dy³¹la³³mə³³thv³³s̩³³，	天和地还没出现的时候，
bi³³ne³³le³³la³³mə³³thv³³ s̩³³，	日和月也还没出现的时候，
kɯ³³ne³³za³³la³³mə³³thv³³（s̩³³）。	星和饶星也还没出现的时候。

最后结尾段落程式为：

i³³da³⁵nɯ³¹ne³¹ua³¹，	愿主人这家得到福泽，

---

he^{33}ne^{31}dzæ^{33}，　　　　　　　富有强大，

ko^{33}y^{31}he^{33}hɯ^{33}，　　　　　　　心安神宁，

dʑi^{33}i^{33}dər^{33}ʂər^{55}，　　　　　　流水满塘，

zʅ^{33}ʂər^{31}ha^{55}i^{33}，　　　　　　　富贵长寿，

mi^{55}hæ^{31}tsho^{31}dzʅ^{33}gv^{33}be^{33}ho^{55}。　人丁兴盛，大吉大利。①

　　"哲作"作为程式化段落还体现在仪式的程序中，如"开坛""设置神坛""建鬼寨""除秽""迎请天上诸神""献牲""驱鬼""送神""收坛""祭家神"等。这些高度程式化了的仪式程序内部又分为不同程序，如"设置神坛"可以分为挂神像、摆神坛、献供品三个程序，每一个程序都有相应的程式化诵词。"迎请天神"分为天神、署神、始祖神等三界神灵，每一界又分为众多神灵，而这些神中的至尊神、战神、始祖神都有一个类似于"传略"的故事文本。这些神灵的"传略"根据仪式需要嵌入具体的仪式程序，成为构建仪式叙事文本的"大词"。可以说，东巴故事文本的程式化与仪式的程式化是同构、平行进行的。

　　传统性指涉片语往往与主题或典型场景、故事类型有机地结合在一起。如"pha^{33}miu^{31}tha^{55}nɯ^{33}do^{31}"（利眼的卜师看见了）这一传统性指涉片语暗示着主人公遭灾病的原因得到确认，必须举行相应的消灾仪式，接下来就是仪式场景的描述，而这一仪式场景是与禳灾类故事内在相统一的。"khɯ^{33}y^{31}ʐe^{55}dʑi^{33}"（腿脚轻快的年轻人）这一传统性指涉片语暗含了"有困难找东巴"的程式化主题，这一主题又牵涉仪式的典型场景与禳灾类、驱鬼类、超度类的故事类型，其叙事结构也是高度程式了的：主人公遭难—消灾仪式—难题得到解决。当然，因主人公遭遇的鬼怪类别不同，所做的仪式类型也不同，故事情节也会产生相应的变化。

三　"哲作"与主题、典型场景

　　在口头叙事文本中，弗里把主题或典型场景视为介乎修辞学层面与故

① 《全集》第7卷《祭署》，第235页。

事范型层面的"大词"。主题或典型场景中包含了程式化特点，也是构成某一故事范型的灵活部件。主题或场景与母题概念较为相近，两个概念皆源于文本重复律的分析归纳。但也有区别，前者是从口头演述者立场来说，是演述者演述文本时的备用词库，是基于口头传统；后者是从研究者角度来说，重在对故事情节的共性研究，属于故事形态学研究。母题中包含了主题或典型场景。

日本学者斋藤达四郎通过参照梅西希对蒙古族叙事诗母题构成因素的分类，总结出东巴神话的 14 个母题。

    1. 时间：远古、大地混沌；

    2. 三个英雄的来历：人类之父——洪水后之祖先——高来趣（哥来秋）：父名不祥、英雄与龙为异母兄弟；

    3. 英雄的故乡……荒废，乱婚；

    4. 英雄的形象；

    5. 马起源神话：

    6. 婚约；

    7. 援助与友人；

    8. 对崇仁利恩的警告；

    9. 敌人；

      9.1　人类的敌人；

      9.2　那迦（龙）；

      9.3　其他敌人；

   10. 与敌人的接触，发生在黑白分界处；

   11. 崇仁利恩的策略；

   12. 与衬红褒白命结婚；

   13. 结婚仪式；

   14. 返回大地，举行祭天典礼。

斋藤达四郎的上述母题构成因素归纳是以《创世纪》作为分析对象，他认为这些母题构成因素也适用于氏族祖先高来趣（三大英雄之一）神话。他认为纳西族创世神话与蒙古族叙事诗的母题存在着相似性，是与纳西族源于北方游牧民族的历史有内在关系。①

　　但需要指出的是，斋藤达次郎对东巴神话母题构成因素的分析存在着明显套用蒙古族叙事诗之嫌。母题划分的原则除了重复律以外，还有一个是情节因素，尤其是情节单元的切分尤为关键。而斋藤达次郎对东巴神话母题的归纳存在着对情节因素的增减乃至忽略撇弃的情况。东巴神话由天地万物的起源叙述（创世母题）故事主体叙述、东巴圆满举行祭祀仪式及祷颂的"三段式"作为叙事框架结构，在上述分析中忽略了最后的结尾部分，而这恰恰是构成完整叙事逻辑的重要组成部分。《创世纪》作为宗教类经典，叙事的目的是宣扬其宗教主旨，而东巴神话的叙事结尾往往具有"灵验故事"的特征，起到了卒章显志、深化主旨的叙事功能，并非可有可无的"赘疣"。如果说故事主体重在说明祭天的来历，而结尾明显带有"模仿巫术"的痕迹，强调了人类模仿、承袭创始于崇仁利恩的祭天仪式后获得的灵验。可以说这一"灵验故事"构成了东巴叙事传统的重要母题，也是东巴口头叙事中的"主题或典型场景"。几乎每一个仪式叙事文本都是以此作为结尾。以"灵验"为主题或题旨（theme）的结尾往往与典型场景相联系，这一典型场景内部也有"三段式"特征：主人家派快脚年轻人请东巴做仪式—东巴举行祭祀仪式—仪式圆满，全家吉祥如意。但因具体的仪式类型、性质，典型场景也会出现相应的变化，如不同仪式中所请的神祇、驱鬼的对象、祭坛设置、念诵经文等都会发生相应的变化，但主题与结构是不变的。这也是"主题或典型场景"作为"大词"的典型特征——"他表达一个独一无二的情景，却用了一种传统的结构"②。

　　斋藤达次郎的东巴神话母题因素分析中，人为地增加了一个"马的来历"的母题因素，而《全集》及笔者所收集的有关《创世纪》的文本材料中却找不到这一母题因素，是为了与蒙古叙事传统"相一致"而强行加入，还是另有文本根据？遗憾的是，他也没有提供具体的文本出处。另外一个明显缺陷是人为地删减情节单元。《创世纪》中并无具体的三个英雄的来历，只有人类九代祖先的谱系：海史海古—海古美古—美古初初—初初慈禹—慈禹初居—初居具仁—具仁迹仁—迹仁崇仁—崇仁利恩。③ 这一

① ［日］斋藤达四郎：《纳西族东巴教神话与蒙古叙事诗》，白庚胜译，《民族文学研究》1995 年第 3 期。

② ［美］弗里：《口头传统研究概述》，《民族文学研究》2007 年第 1 期。

③ 和志武：《纳西东巴经典选译》，云南人民出版社 1988 年版，第 3 页。

祖先谱系与创世母题和卵生母题是一致的：声气变化结合生成黄海，黄海生出海蛋，海蛋生出人类。第一代人类祖先"海史海古"的本义就是"黄海之蛋"，第二代"海古美古"意为"海蛋天蛋"，且这一祖先谱系与藏缅语族的父子连名制特征相一致。另外，其中的洪水神话、难题考验、竖眼女、横眼女、天上求婚等母题也与藏缅语族尤其是彝语支内民族的神话存在着相近性，说明了《创世纪》是纳西族东巴神话中出现较早的文化底本，与古羌文化有着千丝万缕的文化渊源，具有"文化原型"的特点。

可见《创世纪》中的人类祖先名称历历可查，不是"父名不详"。另外，在"英雄来历"中，把"英雄"视为"与龙为异母兄弟"也不知从何而出。因为文本中的"英雄"——崇仁利恩在上天求婚前与竖眼署女结合生下一些动物、植物怪胎，这样才有了人类与署类是同父异母关系的说法。而斋藤达次郎把作为父亲的"英雄"人为地降低为"兄弟"，属于明显的篡改。这样的篡改还出现在"英雄的故乡""英雄的形象""敌人""与敌人的接触，发生在黑白分界处"等母题因素中。明显看得出来，他把开头的创世母题分解为"远古""大地混沌"、"三个英雄的来历"三个部分，把上天求婚母题分解为"婚约""援助与友人""对崇仁利恩的警告""敌人""与敌人的接触，发生在黑白分界处""崇仁利恩的策略""与衬红褒白命结婚""结婚仪式""返回大地，举行祭天典礼"等八个部分。这并不是说不能这样划分，关键是这样划分的标准、根据是什么？母题作为叙事情节单元，一个母题可以划分诸多小母题，但前提是这些母题是否在其他故事中存在重复律？是否可作为独立叙事单位穿插在其他叙事文本中？从东巴叙事文本来说，上述的东巴神话母题因素划分是不符合东巴神话的叙事传统的。其实反过来，斋藤达次郎所忽略的母题因素往往构成了东巴神话的关键母题。以《创世纪》为例，笔者认为可以划分出以下14 个母题因素。

1. 创世
    1.1 宇宙创生（天地日月星辰）
    1.2 万物创生（山川河谷）
    1.3 卵生创生（善神、恶神、董族、术族、人类）
    1.4 开天辟地（五方天柱）
    1.5 怪物化生（草木石土）

2. 建造神山（居那若罗神山）

    2.1　诸神出现

    2.2　建造神山

    2.3　支撑神山

    2.4　守护神山

3. 主人公的出现（人类祖先谱系）

    3.1　神山出现禽类、昆虫

    3.2　出现黄海

    3.3　祖先谱系

4. 兄妹相奸

    4.1　兄妹群婚

    4.2　秽气污染

    4.3　触怒天神

5. 洪水

    5.1　天神相助

    5.2　制造避难工具

    5.3　洪水暴发

    5.4　洪水脱险

6. 繁衍难题

    6.1　荒无人烟

    6.2　娶竖眼女

    6.3　生出怪胎

    6.4　遭遇仇敌

7. 上天求婚

    7.1　仙女下凡

    7.2　羽衣飞天

    7.3　求婚

8. 求婚难题

    8.1　刀耕火种（烧山、播种）

    8.2　收割难题（收种子）

    8.3　狩猎难题（捉岩羊、挤虎奶）

9. 人仙结婚

9.1 婚庆

9.2 嫁妆

  9.2.1 嫁妆缺失（猫、蔓菁、占卜术）

  9.2.2 告别

10. 返回人间（迁徙）

10.1 天梯

10.2 居那若罗神山

10.3 迁徙路站（37站）

10.3 英古地（丽江）

11. 生育难题

11.1 结婚无子

11.2 蝙蝠取经

11.3 祭天生子

12. 兄弟族源（藏族、纳西族、白族）

12.1 哑巴

12.2 蝙蝠取经

12.3 学会说话

13. 祭天

13.1 请东巴

13.2 东巴祭天

14. 结尾祝词

14.1 仪式圆满

14.2 祝福吉祥语

14.3 赞颂东巴

    这14个母题因素的划分遵循了《创世纪》的情节发展逻辑与具有相对独立的情节单元两个条件，每个母题就是一个具有承上启下功能的"哲作"，14个母题构成了叙事文本的基干情节，而每一个母题又由不同具有"最小的情节单位"的子母题构成。这些大小不等的母题也就是东巴口头演述中的"主题或典型场景"。一个真正的大东巴，可以不看经文，在仪式上滔滔不绝进行演述，真正的秘密也在于此：他们根据仪式规模、程序、具体时间、场所，可以对这些主题或典型场景进行灵活机动的征调、增减，有时一个主题或典型场景浓缩成几个片语就一笔带过，有时又予以大规模的扩充，甚至把一个主题或典型场景扩充成为一篇独立的叙事文本，如《崇仁利恩传略》《崇仁利恩与衬红褒白命的故事》《蝙蝠取经记》等。这也是东巴叙事文本中大量出现"大同小异""小同大异"的原因。

《创世纪》作为东巴叙事文本的鼻祖，其间的母题、主题或典型场景往往具有"文化原型"特点，是讲述"出处、来历"的参考模本，如涉及宇宙天地、世间万物的来历，人类婚姻、生育的来历，祭天、祭署、祭祖的来历，神灵、鬼怪的来历等，皆从这些母题、主题中找到最初的"原型"。民间的一些习俗也与这些母题、主题密切相关，如上述母题构成因素中最小的母题单位——"嫁妆缺失"就包含了三个民间故事：崇仁利恩与衬红褒白命从天上返回人间时，天神所给的嫁妆中并没有猫，是崇仁利恩偷偷地隐藏在衣服里带回人间，天神发现后发咒语让它作祟人间，猫在民间看作通神灵，可作祟施蛊的灵物；嫁妆中没有蔓菁种，是衬红褒白命藏在指甲缝中带回人间，天神发咒语让蔓菁变成"一背比石重、一煮变成水"的累赘；五谷中没有稻谷，是狗把稻种藏在尾巴下带回人间，人们为了纪念狗的功劳，形成了不吃狗肉、除夕夜吃饭前先喂狗的习俗。"嫁妆缺失"主题在其他仪式叙事文本中存在诸多异文，主要体现在嫁妆的种类及缺失物之间的差异上，如在禳栋鬼仪式吟诵的《日仲格孟土迪空》中，缺失嫁妆中还有野紫苏，同时增加了母亲送的珠宝、衣服嫁妆。

这些主题都有几个典型场景作为支撑，如上述 14 个主母题下面的子母题，往往具有典型场景的特点。如洪水母题是由"天神相助""制造避难工具""洪水暴发""洪水脱险"等四个子母题构成了四个相对独立又相互联系的典型场景。这四个典型场景在不同仪式叙事文本中形成了不同的异文。如《日仲格孟土迪空》中，在叙及黄海中生出九个人类祖先后，直接把洪水主题插入文中，并且把洪水暴发的原因归于崇仁利恩的两个弟弟殴打了天神，而不是兄妹相奸；洪水暴发后也没有出现崇仁利恩在海上飘荡的叙述，而加入了崇仁利恩抱住柏树和杉树躲避洪水的情节。这一册减情节的处理方式与仪式性质相关，它的叙事主干是禳除栋鬼带来的灾祸，崇仁利恩故事只是作为迎请天神的一个组成部分，而不是《创世纪》中的主人公角色。"繁衍难题"也是如此，在大祭风仪式的《崇般崇笮》

里，在"荒无人烟""娶竖眼女"两个主题中穿插了另一个主题："鬼怪的来历"：洪水过后，大地荒无人烟，天神用木偶制作人类，制人失败后，这些木偶变成了山崖、森林、河水中的妖魔鬼怪。这为"大祭风"仪式中的禳鬼缘由提供了证据。这也说明了一个典型场景与一长串叙事模式相联系，可以引出一个长篇叙事章节。

另一部史诗——《董埃术埃》也有类似"文化原型"的特征，在《全集》中就出现了六个不同的异文，这也与仪式性质密切相关。如在除秽仪式中，只叙及董部族杀死术部族首领儿子后，术主把一块秽石丢进董地，由此秽气污染了董地，董主请东巴进行除秽仪式，从而避免了灾祸；而并未叙述两个部族交战的情况，叙事情节、内容只及禳栋鬼仪式中《董埃术埃》的三分之一。从中可见，这些史诗或东巴故事受到东巴教仪式的整体统摄，它们只有在举行仪式时才是活形态的，从属于仪式的主旨，仪式对叙事文本的内容、主题、典型场景、故事范型都产生了决定性影响。一方面，东巴故事文本受东巴宗教价值观的深层影响，东巴教吸纳了苯教、藏传佛教、道教等外来文化后，内容及形态获得了巨大扩充，从而也丰富了叙事文本的内容。但另一方面，作为东巴教及其仪式的附属，这些神话叙事一直未能以独立形态走入民间，成为民众口头传统的主体文本，从而限制了自身的创编、流布。东巴教的保守性特征也制约了东巴神话的民间化进程，这也是东巴神话及史诗形制偏于短小的内因。

日本学者斋藤达次郎正是因为没有顾及东巴神话的这些文化传统，而简单地进行文本母题比较，由此导致了生搬硬套、削足适履的形式主义错误。可以看出，他所忽略了的动物化生、洪水、迁徙、族源、人类繁衍等母题因素恰好是东巴神话的关键主题——祖先崇拜、自然崇拜、神灵崇拜。《创世纪》的东巴文名称为："崇般图"（tso^{31}bər^{33}thv^{33}），"崇"指崇仁利恩为代表的人类始祖，"般"有两意：迁徙、繁衍，"图"意为出处、来历。它的叙事内容包含了创世、祖先来历、人类繁衍、祭天缘起等多重文化主旨，所以这一东巴经典出现了《创世纪》、《人类繁衍篇》、《人类迁徙记》、《人类的来历》等多种译名，这也反映了这一经典的"复合性史诗"特点，而这些主题包含在更大的"文化主题"——"血缘脉传"

及"与自然互惠交换"中。① 可以说这两大文化主题涵盖了整个东巴经典、东巴教，对纳西族的历史、传统、民族精神的沉淀生成产生了深层影响。这与蒙古族叙事长诗的两大主题——"征战"与"婚姻"是明显区别的。

四　"哲作"与故事类型

最大尺度的"词"被口头理论定义为"故事型式"（story-pattern），或故事类型（tale-type）。这是个依照既存的可预知的一系列动作的顺序，从始至终支撑着全部叙事的结构形式。正如其较小规模的同族程式和话题，故事型式提供的是一个普泛化的基础，它对于诗人在演唱时的创作十分有用。同样地，此基础也允许在一定限度之内的变异，也就是说，在统一一致的大构架中允许特殊的细部变化和差异。②

需要指出的是，故事类型是由仪式类型决定的，仪式类型又与传统密切相关，如祭天、祭署、祭祖、祭三多神、祭山神等岁时传统祭祀有严格的时空限定，这些仪式多为祈福类仪式；而一些由天灾、人祸、病痛引起的仪式则与个人或家庭的具体情况相关。东巴根据灾祸、病痛根源选择针对性仪式进行消灾，属于禳灾类仪式；也有交叉复合的仪式，如祭署类仪式具有祈福、消灾合二为一的仪式性质，这与署类所具有的神性、人性、鬼性合一特征相关联，且署类众多，分布于天上、地上、人间诸界。如天上有99个署，地上有77个署，山上有55个署，峡谷间有33个署，村寨有11个署。另外，有神海之署、岩间之署，以及云之署、风之署、虹之署、河之署、泉之署、坡之署、草滩之署、石之署、树之署、宅基之署。署的神灵体系分为署王、署后、署臣、署吏、署官、署民、署鬼等不同等级。③ 祈福类的祭署仪式与祈求风调雨顺、五谷丰登的内容相关，祭署对象也是以天界署类为主；而消灾类的祭署仪式则与驱鬼禳灾、祛除病痛的内容相关，祭署对象以地上、人间的署鬼为主。祭署仪式中念诵的经书构

① 文化主题（cultural theme）是美国学者 M. E. Opler 提出的一个概念，指的是在族群文化内公开或隐藏的一种控制社会行为的基本假定、要求或价值态度。这一概念被看作对以前"文化模式"理论的修正，力图阐明文化模式形成、联想、态度以及合理化内因。

② ［美］弗里：《口头程式理论：口头传统研究概述》，朝戈金译，《民族文学研究》1997 年第 1 期。

③ 白庚胜：《东巴神话研究》，社会科学文献出版社 1999 年版，第 89、90 页。

成了有关署的"故事类型"。这一故事类型的叙事结构也是以传统的"难题出现—举行仪式—难题解决"的三段式为主，但因为署类具有复杂的神、人、鬼等属性，与人类关系时好时坏，善恶难断，所以故事情节叙事模式与一般的驱恶鬼故事类型出现了差异，最为突出的是"两个回合"的情节模式。

第一回合：主人公与署遭遇—人类触犯了署类而发生冲突—人类取得胜利；

第二回合：署类报复人类，降灾于人类—请东巴举行祭署仪式—双方相安无事。

署类故事结构中存在着大量的程式化的典型场景。

每一个署类故事毫无例外地以"开天辟地"场景作为开篇：

> 很古的时候，开天辟地的时候，日、月、星、饶星出现的时候，山壑出现的时候，树、石、水、渠出现的时候，盘神、禅神、嘎神、吾神、沃神、恒神产生的时候，能者、智者、丈量者、测量者产生的时候，酋长、老者、祭司、卜师产生的时候，精人、崇人产生的时候。

主人遭到署类报复，身体得病的情景往往使用这样的语句：

> 白天筋骨痛，夜晚肌肉疼，又病又发烧，生了烂疮，得了瘟病。①
> 白天筋骨痛，夜晚肌肉疼，病得眼冒金星。②

而请东巴举行祭署仪式的场景描述也是高度程式化：

> 请来能干的东巴作仪：用白羊毛毡子铺设神坛，用青稞与白米作祭粮。做七百块白木牌，五百块高木牌。九丛竹子，九片白杨林，九

---

① 《全集》第 7 卷《崇仁利恩·红眼仄若的故事》，云南人民出版社 1999 年版。
② 《全集》第 7 卷《祭署的六个故事》，云南人民出版社 1999 年版。

片开贝林。做白牦牛一千，黑牦牛一万。做枣红马一千，灰黄马一万。①

故事最后往往以祝福语作为收尾句：

> 主人家得福泽，变富强，心安神宁，流水满塘。愿主人家长寿日永，愿娶女增人！
> 愿主人家不病不痛，不得冷病悸病，愿主人家得富强，心安神宁，流水满塘。

这些传统性指涉片语、典型场景为这类具有同构同类的故事提供了阅读提示，同时也奠定了这一故事类型的基调。当然，程式化片语及典型场景的应用也有个度的把握，因为故事结构、情节的同质化不同程度地减弱了故事叙事张力及受众者的吸引力。东巴谙熟此道，他们往往在具体的故事叙事中会采取灵活机动的相应策略来弥补"呆板""单调"的叙事缺陷。如在《祭署的六个故事》中，如果按照传统的每个故事都使用"三段式"模式，则意味着过高重复率带来的"审美疲劳"，东巴在此采取了六个故事共用一个开头、结尾，而六个故事情节分别叙述的分合叙事策略，且六个故事的主人公、情节、场景也有着"小同大异"的变化。如六人与署结怨，遭受报复的情节结构是一致的，但具体情节存在较大的差异。如第一个故事中，雄补三兄弟牵狗打猎，闯到董神的地里耕地，结果得罪了署，遭署报复；第二个故事讲述了三个兄弟经常在山上猎捕动物，结果被里母署抓去遭了灾难；第三个故事讲述崇仁利恩去黑杉林中放牧牦牛，他的牦牛踩死了绿颈小蛇，结果遭到署的报复；第四个故事讲述依古格空去山上打猎，猎获一头野牛，结果遭到署的报复，得了病灾。这些故事都说明人类有错在先，没有遵守人类与署签订的互惠互利、舍取有度的契约。也有署类有错在先的故事，如《高勒趣招父魂》、《崇仁潘迪的故事》、《休曲术埃》、《都沙敖吐的故事》、《杀猛鬼、恩鬼的故事》中的署神成了负面形象的典型。如《休曲术埃》中有一段人类对署神龙王的控诉："龙

---

① 《全集》第7卷《祭署的六个故事》，云南人民出版社1999年版。

主左那里赤呀，不让我开辟新的天，他自己却开了九重天；不让人类建造新的地，他自己却建了七层地。恶霸龙族呀，不让人类到高原放牧，不让人类去开荒种地，不让人类去挖沟引水，不让人类下套来捕野兽，不让人类牵着猎狗去打猎，不让人类平安地生息在大地。"[1] 人类也并非一味屈从于署神的作威作福，这些故事的主人公通过与署斗智斗勇取得了和平协商的地位，重新达成了互惠契约关系。这说明了署类故事作为同构的故事类型，在大结构框架内，具体的细节、情节、场景还是存在着不同程度的差异，而这"限度之内变化的原则"恰好构成了口头传统中的叙事张力，也有力地证明了东巴何以通过片语、主题、场景、情节等"大词"的有机组合（composition），有效地达成传统的创编。

第五节 "哲作"与"仪式程式"

一 "哲作"与"程式"的对应分析

至此，对"哲作"的概念内涵探讨可以做个简要的总结。"哲作"是东巴仪式中经常使用的一个关键词，因其概念中包含了"段落""情节""故事""故事集群""故事模式""仪式程序"等多元内涵，所以在东巴仪式程序、叙事文本中，这一关键词与故事类型、母题、原型、功能、程式、传统性片语、主题、典型场景、故事类型等多种故事形态学或口头诗学的概念相对应。这一对应关系既是由哲作的概念属性决定的，也是由文本叙事功能决定的，同时受到仪式、文化传统的制约。从表2—3的中可以清楚地说明这些复杂深层关系。

---

[1] 和志武：《纳西东巴经选译》，云南人民出版社1994年版，第112页。

表 2—3   "哲作"义项对应关系

义项	概念特征	相对应的概念理论	示例
段落	句子或句群，传统性片语	程式、母题、功能、主题、原型、典型场景、大词	"很久很久以前""快脚的年轻人""利眼卜师"、仪式场景、主人公形象、神山、神海、神树
情节	事件的发展过程	程式、母题、功能、主题、原型、典型场景、大词、故事类型	创世、洪水、难题考验、求婚、争斗、迁徙
故事	一个完整事件的描述	程式、母题、功能、主题、原型、典型场景、大词、故事类型	《崇仁利恩传略》、《董埃术埃》、《白蝙蝠取经记》、《鲁般鲁饶》、《创世纪》
故事集群	完整的系列事件	程式、母题、故事类型、大词	天神故事、署类故事、祖先英雄故事
故事模式	故事构成方式	程式、母题、故事类型、大词	创世、迁徙、殉情、灵验
仪式程序	构成仪式的序列步骤	程式	开坛—设置神坛—建鬼寨—除秽—迎神—献牲—驱鬼—送神—收坛—祭家神

从中可以看出，"哲作"的概念义项所指不同，与之相对应的概念理论的适用有效范畴也发生了变化。段落与情节相对应的概念理论比较中，后者多出了一个"故事类型"，这与二者概念所指不同相关：一个情节可以由多个段落组合而成，一个情节可以单独构成一个故事，而一个段落以描述性叙事为主，并不具备单独构成故事的功能。这也是情节与故事的概念理论对应项出现一致的内因。后两者的区别在于，情节中的故事类型范围要小于后者，因为一个单独故事由一个到多个情节构成，而一个情节构成的故事只是最小的故事单元。情节是基于故事的叙事结构、手段而言，故事则以文体构成类型而言，狭义的民间文学体裁可划分为神话、传说、

故事、歌谣、史诗和民间叙事诗、谚语和谜语、民间说唱、民间戏曲等10类。① 广义上的故事概念指叙事类文体，如神话、传说、故事、史诗统称为民间故事，也有学者根据故事的散韵形式分为韵文体叙事、散文体叙事。故事概念内涵的复杂性与多元性特征决定了它的概念理论特征的包容性，可以说从故事形态学到口头诗学的理论成果，无不基于故事这一研究对象，所以它涵盖了所有的概念理论。

故事集群与故事类型在概念理论对应性上也出现了一致的情况，这也与二者都有"超级故事""复合型故事"的特征相关，区别在于故事集群是从外在的同类量来说的，故事模式是从内在的相似结构来说的。同样的概念理论，在不同的义项分析语域中所指是不同的，譬如故事集群中的故事类型主要以故事主人公的类型而定，而后者的故事类型则以故事结构而定，示例中的迁徙类型有些类似于《荷马史诗》中的"复归型"故事，其程序是：人间遭遇天灾，出现人类生存危机，主人公到天上求婚，与天女结婚后返回人间，人类得以繁衍。其故事结构是人类生存危机获得解决。殉情故事类型的叙事结构是殉情者冤魂获得超度。故事集群的故事类型则以故事主人公作为划分标准，如天神故事集群包含了沙英威德、英古阿格、恒丁窝盘、优麻战神、丁巴什罗等显赫神灵的系列故事。

从上述比较来看，"哲作"的义项与程式、母题、大词这三项对应程度最高，在六个义项中占了五个，说明了三个概念理论的适用范围要大于其他诸项。不难发现，本书提及的这些概念理论的一个共性就是基于重复律的归纳研究，但相对来说，程式、母题、大词所包含的重复律所旨范畴要大于其他概念理论，它们的最小单位可以是一个片语，一段情节，大到一个故事类型、故事集群。三者的区别在于：程式与母题是从研究者立场来说，大词则是从民间故事演述者立场来说。对于研究者来说，这三个概念是相互联系而又有区别的，但对于故事演述者来说，就是为演述服务的不同"大词"。所以，"哲作"这一源于东巴口中的传统性关键词更接近于"大词"的概念所指。但我们又不能不正视这一事实——"大词"的概念并不包含"仪式程序"这一义项，而只有"程式"与之相对应。"程式"是与"哲作"义项对应最高的一个概念理论，包含了"段落""情节""故事""故事集群""故事模式""仪式程序"等所有义项，这一方

---

① 钟敬文：《民间文学概论》，上海文艺出版社1980年版。

面说明了"哲作"最突出的概念特征就是"程式";另一方面也证明了"程式"这一概念理论的普适性及有效性。它本身包含了口头程式、仪式程式两个不同层面。程式与重复律、规律、形式、逻辑、结构等有概念互构性,从更广阔的语义来说,则与宇宙天体的运行规律、一年四季、人生阶段、历史阶段等自然、人文的"周而复始""螺旋型上升"特征密切相关,而这一特征本身具有更为宏观意义上的程式特征,属于"相对真理"的哲学范畴。

"tʂər⁵⁵"的基本义为"节""阶段",与汉语的"节"等同,其引申义为"季节""时节""节日""节气""节令""章节""节奏"、"关节""节目""节拍"等,"dzo³¹"的基本义为"模子",可引申为"模式""范式""形式""规律"等。由此可见,"哲作"一词的核心概念就是"程式模式""程式模型"。程式化不等同固定化、死板化,它是"机动灵巧的重复",是根据演述者、演述场域、传统语境、现场受众、仪式过程等不同情况灵活机动地进行组合、创编。它可以是只言片语、一个情节单元,可以是一个故事类型、故事集群,甚至包括了仪式程序的大小环节。这里突出了演述者的主体地位。"哲作"这一词汇本身也是东巴祭司"建构"的一个词。而基于"我者"立场建构的"大词"并不涵盖"仪式程序"这一义项。可以说,"大词"并不能涵盖"哲作"的总体概念特征。"程式"是与"哲作"的多元义项更接近的一个概念,但它并没有涵盖到所有仪式的程式范畴中。

二 "哲作"作为"仪式程式"的特点

行文至此,引申出了一个问题:是否可以把"程式"的概念内涵延伸到仪式程序中,由此构拟出"仪式程式"?"仪式程式"的提出,不仅契合了"哲作"概念的整体性特征,而且扩大了"程式"理论应用的普适性,涵盖了不同类型的史诗范畴。仪式本身也是叙事文本,仪式叙事文本的流动性、活态性是与口头叙事文本平行、同构的,二者共同构成了仪式叙事文本,也是口头传统真实性与整体性的体现。"哲作"作为"仪式程式",有这样几个特点。

首先,它是基于仪式类叙事文本而言的,与仪式的程序、主题、类别、时空、形式、内容密切相关。也就是说,"仪式程式"既可指一个完整的仪式，或由几个仪式构成的超级仪式，一个仪式类型或仪式主题，也可指一个仪式中的某一程序，为仪式文化主题服务。"仪式程式"是构成仪式的重要承接部件。这些"承接部件"既可在一个仪式中进行有机的逻辑组合，也可在不同仪式包括不同季节、不同场合的仪式中进行"有限度"的穿插、重复使用。

其次，"仪式程式"涵盖了仪式行为叙事文本与口头或书面的叙事文本两个层面。两个不同文本相互融合、交叉，传统性片语、主题、典型场景、故事类型等不同层面的"大词"是由演述者灵活机动地嵌入流动的、活形态的仪式行为中，推动着仪式程序的进程；仪式行为统摄、制约着叙事文本的逻辑展开，二者具有互文同构的特征。

再次，"仪式程式"集合了口头传统的历时性与共时性两个维度。仪式与叙事文本都是传统的产物，并在具体的仪式行为、文本演述中得以传承、丰富。"仪式程式"是东巴叙事传统的核心特征，与东巴教义、纳西族历史传统密切相关。如按季节性循环的春祭、秋祭两次祭天仪式，其叙事主题与英雄祖先崇拜有关，是族群认同沉淀生成的重要文化媒介。"素库"仪式则与传统的结婚礼仪、诞生礼仪等日常民俗活动相关，其主题是人口繁殖、家庭兴旺。

最后，程式是"仪式程式"的核心特征，包括仪式层面的程序程式、时空程式、仪式主题程式，叙事行为层面的主题程式、典型场景程式、故事类型程式，也包含了叙事文本层面的母题、类型、功能、结构等概念程式。这些程式在仪式及叙事文本的基本结构中是相对固定的，重复律是共性，但又是"巧妙地重复"。三个层面在仪式与叙事行为中互动融合，互为前提，形成了三位一体的整体性特征。这些高度程式化了的传统性片语、主题或典型场景、故事类型，根据叙事及仪式进程的需要灵活机动地予以穿插、组合、增减。同样，在不改变仪式基本结构的前提下，仪式的程序、主题、规模、时间、空间可以进行相应的调整、增减、组合，共同构成了流动的、活态的、有机的仪式叙事文本。

第三章　仪式叙事的程式化特征

——以祭天仪式为例

仪式本身也是叙事文本。"哲作"是否具有"仪式程式"的概念特征？必须置于具体的仪式中予以检验。本部分内容就是对"仪式程式"这一概念的一次仪式检验。

在东巴仪式中，祭天仪式无疑是最有代表性的。一则历史悠久。元代李京《云南志略》中即有记载：么些人"正月十五登山祭天，极严洁，男女动百数，各执其手，团旋歌舞以为乐"。祭天属于纳西传统文化的底层文化，与古羌文化的渊源关系颇深。二则影响大。祭天是纳西族自识的重要文化标志，历史上一直以"纳西祭天人"自称，内部分为"铺笃""古徐""古哉""古珊""阿余"等五大祭天群，也是与他族相区分的文化标志。三则规模大，文化内涵丰富，分为春秋两祭，春祭分为小祭、中祭、大祭，从除夕一直延续到大年十五。仪式内容包含吟诵《创世纪》、《人类迁徙记》等东巴经典，除秽、祭祖、祭署、请神、禳灾、赐福等众多系列仪式，以及东巴舞、东巴绘画、东巴工艺、民歌等民间艺术。祭天文化涵盖了神灵崇拜、祖先崇拜、自然崇拜、生殖崇拜等多元文化主题。

笔者在此引入祭天仪式，旨在通过对这一典型仪式的深描，揭示隐藏于仪式叙事中的程式化特征。口头叙事文本中无疑存在口头程式，仪式叙事中也会有相应的程式，二者是如何达成统一的仪式叙事的？这也是本书重点探讨的问题。传统既是沿袭成俗的，又是不断变迁的。笔者选取了不同时期的三个祭天仪式个案，其旨不在管窥祭天仪式的变迁过程，而重在考察"仪式程式"在祭天传统的"变"与"不变"中如何生成、运用、传承的问题。

第一节　祭天仪式的民族志考察

一　传统祭天：塔城祭天

2002 年 7 月 21 日，笔者在丽江市玉龙县塔城乡的依陇村调查，与村民闲谈中得知署明村要举行一个祭天仪式，便萌生了前往一探的念头。塔城位于丽江的最西北部，与藏区相接壤，是藏纳文化交融的典型社区。塔城离丽江有 120 公里，路况皆为柏油路，5 个小时即可抵达。塔城乡政府在金沙江边，历史上的"神川铁桥大战"① 发生于此，纳西族、藏族、傈僳族是主要原住民，东巴教、苯教、藏传佛教在此共荣共生。东巴文化生态保存较好的村落是依陇、陇巴、署明、巴甸 4 个自然村，离乡政府 20 多公里，皆为悬崖峭壁间穿行的山路，而署明村当时还未通公路，可能也是偏僻的地理位置为东巴文化的保存提供了天然屏障。毕竟对祭天的概念一直停留于文献书籍中的认识，笔者从未参与观察过。第二天一早与同伴徒步前往署明村，走了一个多小时山路，抵达祭天场时已是上午 8 点半。祭天场在署明村东北边的一个半山坡上，是一个缓坡地带，面积约为 80 平方米，依山势从高到低分成了神坛、敬香坛、献牲坛三个祭坛；祭坛下为一块平地，是村民做饭、休息的地方。我们到达时村民也刚到半个多小时，正式祭天还未开始。村民在祭天场周边忙碌着，妇女们主要忙生火做饭，男子们在两个东巴指挥下准备布置祭天场。两个年轻东巴都刚 30 岁，他们并未戴五幅冠，只是在头上戴着绛红色的布，身着红袍。经交谈得知他们的名字分别为杨玉勋、杨玉华，皆为同一家族叔伯兄弟。杨玉华比杨玉勋大一岁，两人都从 12 岁时拜师于村中大东巴和勋，21 岁正式出师，成为可以独立掌坛的东巴祭司。该天的主祭方是他们的老师家族——和氏宗族，而主祭东巴是杨氏兄弟，这与村内和、杨两个宗族的传统关系相

---

① 唐贞元十年（794），吐蕃向藩属国南诏征兵万人。异牟寻亲自率兵数万北进吐蕃境内，大部队后隐随 5000 名士兵，昼夜兼程抵达丽江境内的神川铁桥后，向吐蕃军发起突然袭击，吐蕃军惨败。南诏自臣服吐蕃近 30 年以来，第一次大获全胜，此役后吐蕃势力日衰，纳西族地区纳入南诏管辖范围。

关。宗族祭天都要请另一个宗族的东巴担任主祭，而其他地方的祭天东巴只能由本宗族东巴来担任。听杨玉勋介绍，祭天以春节祭天为大，从春节前开始就得为祭天所需的米、酒、祭牲做准备，大年初二开始祭天，一直延续到十五，以初三、初五、初八三个祭天仪式为主，初五那天为大祭天，规模最大，也最隆重。秋季祭天属于小祭天，以前分为两天举行，准备一天，祭天一天，现在基本上集中在一天内举行。好多禁忌也放开了，如以前严禁外人、妇女进入祭天场，现在已经打破了。以前除了有宗族的集体祭天场外，还有每家每户的祭天场，现在只保留一个祭天场，主要原因是村民的东巴信仰程度大不如前，很少有单一家庭举行祭天的情况，而且也不利于保护山林植被，因为举行祭天仪式要砍伐祭天树、围场树，现在的宗族祭天场也没有用松树枝来围场了。以前砍祭天树、围场、清理祭天场、准备祭品是提前一天举行，现在都集中在当天。另外，以前轮流养献牲猪习俗也变成集体统一购买。现将观察到的祭天流程简述如下。

（一）砍祭天树

9：10。东巴带着两个助手到山上砍祭天树，东巴先砍象征天地的两棵栗树，先砍的第一棵作为"天树"，后砍的做"地树"，地树必须是分权的。助手砍象征天舅的柏树以及做顶灾、木桩用的白桦树。砍好后，东巴扛着天树带领大家回到祭天场，把祭树放在场边。

（二）布置祭天场

9：41。助手在神坛上挖了三个插树洞，挖好后插入木桩；修整祭天树，砍去底下杂枝，只保留顶上枝叶，象征地神的栗树必须留有两个权枝；拔掉木桩后从左到右插入祭天树，柏树居中，天树居左，地树居右，树下放上杜鹃叶、蒿叶，并分别用三块称为"卢鲁"的圆石压住；在每棵祭天树的左右两侧插上代表神仆的木偶；[①] 在代表天舅的柏树前插一个白杨木桩，桩顶用刀切成十字形，用两小根木条分开，在凹陷处放入一个鸡蛋，称为顶灾杆；在神坛、敬香坛、献牲坛都铺上青松毛。

（三）敬香、献祭米

10：05。布置完祭坛后，东巴召集大家做好敬献准备，众人收拾好祭品集中到祭坛前肃穆站立。东巴口诵《敬香经》、《献祭米经》，大意为感

---

① 左边的木偶称为"优洛"，意为神的男仆；右边的称为"玛洛"，意为神的女仆。木偶上部刻有眼睛、耳朵、鼻子、嘴巴。

谢上天对和氏宗族、村子的保佑，希望年内收成五谷丰登，六畜兴旺，家族兴盛。诵毕，东巴把三炷香分别插于象征天神、地神、天舅的三棵祭树前，并率众人齐拜天神三次。拜完后，村民依次把手中本炷香分别插入敬香坛内，并把祭米摆放在献牲坛上。

（四）敬酒

10：30。助手把祭酒倒入三个木碗中，陈放于三棵祭树前。东巴口诵《献祭酒经》，大意是：我们这个祭天群过上丰衣足食、幸福安康的日子，是靠了天、地、天舅、董等神灵的保佑，所以我们这一祭天群的每一个子民向诸神虔诚地敬酒。敬完酒，东巴口诵赐福经：

> 今年的祭酒味道美极了，全拜天地诸神保佑！预示着今年肯定是个好年成！五谷满仓，牛羊遍山，家和业兴！

参加祭天的男子都手持酒碗，东巴说一句，大家重复一遍，说完后席地而坐喝祭天酒。

（五）除秽（t ʂ hər^{55} ʂ ^{55}）

10：50。东巴诵读《除秽经》。东巴助手手持青蒿、松枝、杜鹃扎成的火把分别在祭坛、敬香坛、献牲坛的神树、供品上挥动而过，然后绕场除秽。

（六）献牲（mv^{33}dʑi^{33}）

11：15。东巴念诵《蒙增、崇搬绍》经书。此本经书是整个祭天仪式的核心经书，主要讲述了祭天的来历，阐述了人命由天命而得，是上天赐福给人类，所以人类通过行祭天仪式来表达对天地诸神的感恩之情。这本经书分为两部分，"蒙增"意为献牲，向天、地、天舅三神祭献牺牲，并赞颂三神的恩德。笔者根据经书内容做了部分翻译。

> 我们这一"铺督"祭天群，要举行祭天的仪式。纳西人生来就崇奉天，伟大的天神也生来就保福保佑纳西人。福泽和吉祥、富裕和强盛、胜利和美好、能干和敏捷、延年益寿，都是天和地及位居天地中央的柏三个来赐予的。是长寿的白鹤连接了天上与人间。
>
> 天呵！是天爷爷的天；是那笼罩大地的天；是如帽子般罩在人头顶上那神圣的天；是那碧蓝光滑光滑溜溜的天；是那有阴天的天；是

那有晴天的天；是那白天出太阳温暖、夜晚出月亮皎洁的天；是那孜孜劳祖父的天；是那良善高远的天；是那有九层白云的天；是那有颗颗硕大灿烂星星的天；是那身材长得处处齐整，生得双肩匀称美好的天。属于"恩余铺督"祭天群的这些人；若不祭天，天廓不高远；若不祭天，地域不辽阔。祭天后，一切都平平安安、稳稳当当了。

天神和地神设置了年年岁岁，在这新的一年里，卢神和沈神确立了月份。在这新的一月里，福泽和吉祥、富裕和强盛、能干和敏捷，都要靠天来保佑赐予。用这四脚白净的黑猪做牲品，整头祭献、完整供奉在天的面前。祭祀了天后祭祀地。

地啊，是那生育力旺盛的大地；是那乳房丰满、乳汁充盈的大地；是挂着墨玉珠串、带着绿松石项链的大地；是那名为衬恒衬孜的大地；是那衬恒祖母大地；是水大长流的大地；是那地下有成背黄金的大地；是那地上牛羊成群的大地；是那用金银做被盖的大地；是石缝中都生长着药草的大地；是那身材长得处处匀称、衣襟华美、双肩齐整的大地。福泽和吉祥、富裕和强盛、胜利和美好、能干和敏捷、长寿又延年，都要靠大地来保佑赐予。天地设立的新的一年里；卢神沈神确立的新的一月里，不祭祀大地，天廓不高远；不祭祀大地，地域不辽阔。祭祀大地后，一切就平平稳稳、顺顺利利了。用这四脚白净的黑猪来给大地做牲品，整头的祭献、完整地供奉在大地的面前。最后，祭祀与天地并列、位居中央的柏。

人的舅舅是天，天的舅舅是柏。那在高崖上扎下深根的柏，成了天的舅舅。天门边有了郁郁葱葱的柏树，天大不动摇。大地上绿叶茂盛的杉，是地之祖母。地之门紧依杉树，大地稳固不震动。茂盛的柏树有千杈，获得了千年的福寿；高大的柏树长百枝，获得了百年的福寿。属于"铺督"祭天群的福泽和吉祥、福裕和强盛、能干和敏捷，长寿延年都要靠柏来赐予和保佑。天地设置了年年岁岁，在这新的一年里，若不祭祀柏，天廓就不高远；若不祭祀柏，地域就不辽阔。祭祀柏后就会平安稳当、顺顺利利了。用这四脚白净的黑猪做牲品，将它整头的祭献、完整地供奉在柏的面前。

给白杨树枝做成的顶灾杆和顶灾蛋前也祭献上整头的牺牲、完整地供奉。上方那是人类始祖父的天，愿您降临在为您竖立的祭木上。下方那是人类始祖母的地啊，愿降临在为您竖立的祭木上。那位居中央的柏，愿您降临在为您竖立的祭木上。白杨顶灾杆、顶灾蛋也被顶灾之神占守之后就平平稳稳、顺顺利利了。

《崇搬绍》（《人类迁徙记》）主要讲述人类祖先崇仁利恩遭遇洪水灾难后到天上寻求伴侣，后经过种种困难考验，娶回衬红褒白命回到人间的过程。与《崇搬图》（《创世纪》）不同，前者主要叙述天地万物的起源以及崇仁利恩上天求偶的过程，而后者重点在讲述崇仁利恩夫妻从天上返回人间的过程。他们返回人间后，三年没有生育，并遭遇了诸多不顺之事，后听从神谕举行祭天仪式，从而获得了幸福生活。诵完此经后，众人开始杀祭天猪，清理完祭牲，东巴助手把猪胆、猪腰子、猪脾分别挂于象征天舅的柏树、天树、地树上，其余的肉一部分煮在锅里，另一部分分割成块，平均分配给祭天户。

接下来就是熟献程序，因肉还没煮熟，大家在树下休息闲聊。笔者从一个老者处了解到，中华人民共和国成立前的祭天仪式程序比现在要复杂得多。比如以前东巴念诵《崇搬绍》经书时，各户家长站成排在旁边听经，当念至天神时，各户家长轮流向天神告白祭天的虔诚态度，举行仪式时没有发生任何不妥行为及错误，祈求神灵保佑。

（七）献饭（ha^{33} s^{31}）

12：06。待肉煮熟后，东巴助手把猪头放在柏树前，肩胛骨放在天树前，肋骨放在地树前。然后把熟肉切碎后放入三碗热汤中，与三碗热米饭、三碗酒一起祭献在三棵神树前。东巴念诵《献饭经》。东巴念经时，助手手持除秽火把在祭品上挥一下，以示除秽。当东巴念诵到给天神、天舅、地神、董神给饭时，助手从碗中分别取出一点饭、肉，一一放在神树、神石上。

（八）施灵药（tʂʰər^{33}khe^{55}）

12：25。东巴念诵《献灵药经》。《献灵药经》又称《求长生不老药》，与求寿内容相关。经书大意讲述了崇仁利恩夫妻从天上返回人间后，发现忘带了长生不老药。崇仁利恩带着黄狗、黑狗两条神犬，以及一个神射手到雪山、大地、山谷间寻找长生不老药，最后猎到一只体内藏有长生不老药的神兽，但神药太重，牛马都拖不动。这神药是由天神掌控的，拿到天上，日月星辰熠熠生辉，拿到人间大地，大地绿草如茵，生机盎然，拿到白云间，白鹤长寿得千岁。所以东巴念诵此经时，要祈求天神赐神药于人间。

长生不老药是天神所有的，他把一滴药水洒天上，蓝天高远苍茫茫；一滴洒大地，人间绿茵茵，山间柏树郁葱葱；一滴洒居那若罗神山，神山巍峨又雄伟。天神啊！祈求您把长生不老药也带给人间，使我们这个"铺笃"祭天群的子民也永远健康长寿！天神啊！请您把神药普洒人间大地，使我们人人健康幸福！

东巴念毕，助手从柏树上取下猪胆放入酒碗，以此作为神药，然后用柏枝醮之施于神坛诸神树；给神施完神药后，参加祭天的人们也纷纷前来，主动接受神药施福。

（九）送神、分福泽枝

12：40。东巴念诵《送神经》，念毕，助手们开始撤神坛。拔神树时，东巴及助手从上折下小树枝，作为天神的福泽分别送给村民，村民把树枝插入祭米篓带回家中，供奉于家神神坛前，以祈求天神庇佑。分完福泽枝，众人开始清理神坛，祭树与洗净的神石放在祭天场旁边的一棵大树上，扫除场内垃圾。然后大家席地而坐，聚餐喝酒。聊天中，有个老者说道："有没有参加过祭天是不一样的。他的侄子当兵前参加过三次祭天，最后一年的祭天猪他家还多出了一份。后来他参加了对越自卫反击战，是尖刀连的骨干，在老山战役中，全连就剩下连长、通讯员和他三个人，真的可以算是大难不死了。后来因为立了功就在部队当上军官。有一年探亲回来，他说起打战时的那些事，有几次他以为必死无疑了，眼睁睁看着子弹朝自己射来，而倒下去的是旁边的战友。他说是老天爷在保佑。那年春节他还特意参加了祭天仪式，说要感谢老天爷。"另一个村民谈到一件轶闻，说是有一年祭天，祭牲不是在祭天场杀的猪肉，而是由各家各户自带过来的，但那次祭天后，村中有一户发生了诸多不顺事，家人外出出车祸，家中猪、鸡连续莫名而死。后来知情人透露出来内幕，说是他家的祭天肉是被猫吃过了，不洁，由此受到了上天的惩罚。祭天的仪式叙事与民间叙事往往相辅相成，祭天是传统信仰观念的实践，而民间叙事巩固了仪式的功能与意义。

二 圣地祭天：三坝祭天

三坝是迪庆藏族自治州内一个纳西族乡，位于哈巴雪山脚下，与丽江的大具乡隔着玉龙雪山与金沙江，离丽江市区 120 公里，离迪庆州府近 100 公里，十年前开通柏油路。三坝因白水台、东巴文化著称于周边地区，相传东巴教教祖丁巴什罗、第二代教祖阿明什罗都出生于此地，至今流传着有关他们在此创教、修行的诸多神话故事，由此三坝也被誉为"东巴教的发祥地""东巴文化圣地"。东巴教在三坝纳西族村落的影响很深，加上地理位置的偏僻，使东巴文化生态得到较好留存。

2009 年 3 月 3 日（农历二月初七），笔者受邀到三坝参加一年一度的纳西族传统节日"二月八"①。我们提前一天到达三坝乡，在乡政府听到白水台在举行祭天仪式，心里觉得很奇怪：传统祭天仪式是在春节期间举行的，此地为何在"二月八"期间举行？乡里一个主管文化的干部说明了原因，中华人民共和国成立前有春节祭天之俗，后来受到批判禁止，20 世纪 80 年代初期政策放宽后，原来的传统没有得到恢复。后来在乡政府支持下重新恢复祭天仪式，由白水台附近的波湾村主办，祭牲猪由乡政府出资购买。现在的祭天仪式是这样恢复而来的。

趁着时间还早，我们就前往白水台考察这一有些特殊的祭天仪式。现依仪式程序分述如下。

白水台离乡政府只有半里，是一个碳酸盐沉淀形成的华泉台地，好似层层梯田，被称为"仙人遗田"。明代纳西土知府木高在此摩崖题有一诗，字迹至今仍清晰可辨："五百年前一行僧，曾居佛地守弘能。云波雪浪三千垄，玉埂银丘数万塍。曲曲同流尘不染，层层琼涌水常凝。"民间相传东巴教祖丁巴什罗在此修行成仙，并创立了东巴教，所以白水台被东巴教徒视为圣地。祭天场在白水台高地的一块平地上。我们到达时已经是上午 9 点多，祭天仪式已经进行到除秽程序阶段。

---

① "二月八"在丽江又称为"三多节"。"三多节"于 1986 年由丽江纳西族自治县确定为法定节日。"三多节"源于"二月八"，是纳西族从传统祭畜、祭自然神仪式中发展而来。丽江纳西族视三多为玉龙雪山化身，由此升格为地方保护神而受到崇拜。丽江以外的纳西族地区仍沿袭传统的"二月八"节日。

（一）除秽仪式

10：16。两个头戴黑布箍、身着红长衫的东巴在一个石头垒起的烧香台前念着《除秽经》，另一个东巴怀抱一只公鸡在旁边坐着。烧香台旁边插着三棵黄栗树，树下插着三棵小木桩、三块圆石，地上铺着青松毛，周边放着祭天户带来的米篓。这时陆陆续续上来背着米篓，上面放着木牌画、松枝、桃枝，手持除秽火把的村民，其中有两个大汉抬着一头祭牲猪，后面有抬着大锅、餐具、牵着羊子的四五个男子。他们到了祭天场后，米篓放到祭天树旁边，松枝放在烧香台上，并在上面撒上带来的白米粉，除秽火把统一放在一旁。村民把带来的五彩线绕在东巴抱着的公鸡身上。

（二）祭署仪式

10：32。念诵完《除秽经》，三个东巴带领众人走向旁边的神泉边，举行祭署（自然神）仪式。东巴念诵《祭署经》，村民把画有署神的木牌画插在神泉边，在潭内倒入牛奶，并在旁边烧香台上放上青松枝，撒上白米粉。东巴念诵完经书，旁边东巴把祭牲鸡抛向潭水对岸，作为献给署神的祭牲。因署神作为主管自然之神，祭署仪式不能杀牲见血。东巴行祭拜礼，村民也依次磕头，祈求署神保佑风调雨顺，五谷丰登。

（三）献牲仪式

10：51。东巴又回到祭天场边，一个东巴吹响牛角号，两个东巴开始念诵《蒙增、崇搬绍》（《献牲经》），同时村民开始杀祭牲猪，清理干净内脏后，东巴助手把猪头供奉在神树前，并把猪腰子、猪脾、猪胆分别挂在三棵神树上，然后用松枝蘸着猪血涂抹在木牌画、祭天树、神石以及代表胖利神、村寨神的石头上。猪肠子拿到祭天场北边十米远处的鬼寨处，挂在柳枝做的桩子上。从中可以看出，这一祭牲仪式中融合了祭胜利神、祭村寨神两个小仪式。

（四）分福泽肉

11：12。献牲仪式完后，进行分"福泽肉"，村长把猪肉按户数平均分配好，然后挨户唤人，领肉户主先到神坛前磕头，然后拿了猪肉回到旁边林中自己家的火塘。从参加仪式村民的不同姓氏情况可以看出，波湾祭天群并不限于一个家族内，而是以村为单位的，但在具体的仪式过程中，又可看出这种"和而不同"的村内区隔：火塘是以家为单位，同一宗族的火塘集中在一块，与不同宗族的有距离界限。

（五）跳阿卡巴拉舞

11：30。祭天场内东巴仍在吟诵《崇搬绍》，而离祭天场近 200 米远的另一空地上，村内青年男女跳起了传统歌舞——阿卡巴拉舞。他们手拉手，按逆时针绕圈而行，舞队领头边舞边吹奏葫芦笙。这情景让人想起元代李京所记载的纳西先民祭天盛况："男女动百数，各执其手，团旋歌舞以为乐。"林间弥漫袅袅炊烟，妇女们在底下忙着做饭，她们仍遵循古制，并不参加祭天仪式。

（六）举行顶灾仪式

12：16。祭天场内的东巴仍然忙碌着，近 12 点多，东巴们在前举行另一场仪式——顶灾仪式。两个东巴念着《顶灾经》，顶灾仪式中包含赎罪求寿内涵。大意是向天神讲述一年到头，属于这个祭天群的人们谨守天条，不敢有任何违背神旨的行为，在天神面前不敢隐瞒任何错误行为，想到还是会有一些注意不到的地方，由此也会有不自觉犯下的一些过失，所以以这只鸡作为赎罪的恭礼，敬请天神开恩恕罪，继续庇佑赐福，使他的子民走路有大路，过河有大桥……东巴助手杀祭牲鸡，并将鸡血淋到祭天坛内神树以及代表董神的石头上，然后又淋到鬼寨内的每个柳桩上。鸡皮整张地剥下来后挂在一棵树枝上，口中不断念诵着咒语，并把它插在祭坛北边。《顶灾经》内容与崇仁利恩故事相关：崇仁利恩从天上娶回天女衬红褒白命回到人间，却触怒了另一个天神——蒙汝可洛可兴，因为衬红褒白命原来是许配给他的，是崇仁利恩夺走了自己的妻子。为了发泄心头之恨，他经常作祟降灾给人类，由此才有了顶灾仪式。

（七）献饭

12：27。顶灾仪式举行完后，东巴准备下一个仪式程序——献饭。村长大喊一声："献饭啰!"在户主的带领下，各家各户带着煮熟的肉饭，来到祭坛前。东巴念诵《献饭经》（"哈失"）。村民将肉汤、米饭、饵块、面饼轮流放在祭坛前，并一一行祭拜礼，然后从神树上折下树枝作为福泽枝。助手从神树下肉饭中各取了一些放在瓦片中，送到场边一块石头上，作为献给乌鸦的祭食。纳西族民间认为乌鸦通神性，是祖先神的化身。由此祭天仪式中融合了祭祖的内涵。

（八）送神

12：49。东巴念诵《送神经》，大意是感恩崇仁利恩先祖及诸天神带给村民的庇佑，希望诸神继续施与他们恩泽，让他们在新的一年里风调雨顺，五谷丰登，人畜平安兴旺。东巴助手将祭坛上的神树拔起来，插在祭坛上方，意为送天神。村民中的男人们团聚在东巴旁边聆听经文，东巴助手用松枝蘸着酒水洒至祭坛及众人。念诵完经文，助手则把祭坛前的九块神石取齐，放入天香台下的小洞中，以备来年再用。然后村民各自回火塘边聚餐聊天。将近13时15分，仪式结束。

在闲聊中得知，主持仪式的东巴分别为和学仁、和宇恒、树格若，都是六七十多岁的老人了。和学仁说，今天的东巴仪式不只是祭天，还包括除秽、祭署、祭天、顶灾、祭战神、祭村寨神等仪式。以前的三坝"二月八"是以祭畜、祭署为主的。畜牧是纳西先民的主要经济形态，祈求六畜兴旺是主要东巴仪式，在二月八那天，东巴与放牧者要举行专门的祭畜仪式，村民各家要把煮好的饭、香肠、猪肉献给畜神。祭署主要祈求自然神保佑风调雨顺、五谷丰登，主要与种植农业有关，早期与狩猎也有关系，因为自然神除了具有风雨雷电的神力外，还主管自然界中的山林植被、飞禽野兽。后来祭天也融合到其中，成为一个具有多种仪式功能的民间节日，也是一个规模最大、最为隆重的纳西族节日。这一天，全体村民都要参加，如有新生婴儿、刚过门的媳妇，都必须向村民敬酒、敬烟，标志着由此成为这一祭天群的新成员。

第二天笔者参加了正式的"二月八"节日活动，整个三坝乡及其周边的民众集中到白水台，其间也有汉、藏、彝、回、傈僳、普米等不同民族，这从不同民族服饰中可以看出。人们一至白水台，先到神泉边烧香、献祭供品，行祭拜礼。新婚夫妻、未孕女子则到白水台下方一个山洞前举行求子祭拜。上午在台上空地跳东巴舞、阿卡巴拉舞；中午吃过饭后举行对歌、跳民族舞、赛马等活动。散场时各家都在神泉处装一瓶水，并折一把栗枝带回家中，寓意着把神灵之福泽带回家中。

"二月八"在三坝是过三天的，祭天仪式只是其中的一个节日活动内容，甚至与以娱乐为主的节日基调相比，祭天这一神圣重大的传统逐渐呈现出衰落趋势。在整个祭天仪式举行期间，自始至终参加的村民并不多，基本上以中老年男子为主。但这并不是说祭天在"二月八"中被边缘化了，反过来，可以看出这一传统对整个民族文化的深层影响。祭天本身包含了祭神、祭祖、祭自然神、驱鬼禳灾等多元文化主题，从仪式经书内容来看，丁巴什罗、崇仁利恩等神灵仍是不同仪式中的主角，他像无所不在的神灵，统摄着整个仪式的进程及叙事细节。甚至在娱乐功能更加突出的节日活动中，神灵们仍如影相随：开场的东巴舞具有缅怀东巴教祖丁巴什罗的意味，相传他出生于三坝，在白水台创立了东巴舞、东巴教，且一直护佑着这方水土；青年男女执手团旋而歌舞，与崇仁利恩和衬红褒白命相遇于梅花盛开的春季的故事相关，隐喻着人口生殖繁衍的文化主题。二月八也给青年男女提供了相亲相爱的平台，以前青年男女通过对歌相互认识，并邀约到林间谈情说爱。可以说，从祭天衍生而来的宗教行为与世俗狂欢有机地融合成为不断演进发展的民族节日。从这个方面来说，宗教是民俗的源头，民俗是退化了的宗教。

三　城区祭天：郭氏祭天

祭天作为纳西族的传统根脉，在纳西族民间有着深远的影响，这从上述两个延续至今的祭天仪式中可以领略得到。然而，在急剧变迁的当今社会中，祭天传统也不可避免地受到空前冲击。变是永恒的主题，传统也一直处于不断的变迁中，正如上文中的三坝祭天，把传统的春节祭天挪移到"二月八"节日中，并融合了众多的子仪式，从而使这一传统在变迁与融合中历久弥新。但与上述两个偏远山村不同，丽江城镇及周边乡村的东巴文化生态早已破坏殆尽，这与清朝雍正元年（1723）在丽江实行"以夏变夷"的改土归流历史事件密切相关，由此而始，汉文化在国家主流意识形态支持下大行其道，逐渐取代了东巴文化的主导地位，东巴文化退缩到偏远山区苟延残喘，这一趋势从"五四运动"延续到"文化大革命"，再到改革开放时期，整个纳西族地区东巴仅存十余人。东巴文化命运的转机出现在 20 世纪 90 年代中期，那个时期丽江旅游业迅猛崛起，成为丽江的主导产业，而东巴文化作为可以促进旅游经济发展的文化资本，受到政府、学者、企业的热捧、推崇，东巴文化为主题的旅游景点、线路、产品构成了丽江"文化旅游"的主体。东巴文化由此一洗长期的污名化所受的屈辱，"化腐朽为神奇"，成为不同利益相关者共谋的工具，客观上对民众也形成了"传统补课"效益。近年来丽江城区及周边乡村开始恢复东巴仪式，已经消失了 200 多年的祭天仪式重现民间。下面这个祭天仪式就是典型的个案。

2011 年 2 月 18 日（正月初五），笔者受邀参加了一个在丽江城区居民家里举行的祭天仪式。地点是在丽江市古城区束河街道办事处宏文街 5

号,郭大烈是户主,年愈七旬,但身体仍硬朗。我们平时尊称他为"郭老师"。他是纳西学界德高望重的学者,现任云南民族学会会长,退休后在丽江家中创办了东巴传承院、东巴文化研究会,一直从事东巴文化的传承工作。他与笔者谈起了这次举行祭天仪式的缘由。郭老师家所在的街道居民大多为同一宗族,中华人民共和国成立前有着祭天传统,在现在60多岁的老人们的记忆中仍有参加过祭天的印象,七年前还举行过一次规模较大的祭天仪式,是中华人民共和国成立以来的第一次恢复祭天仪式。2011年腊月里宗族议事时,有些老者认为2010年出现了诸多不顺事件:九人住院动手术,两人出车祸,且连年遭遇干旱,有必要举行一次祭天仪式。这一动议获得了族人的支持。然后大家商量了具体操作方案,决定请丽江最有名的大东巴和力民来主持祭天仪式。和力民欣然答应了郭氏宗族的请求,并用东巴占卜算定了举行祭天的场所及地点,地点定在郭老师家,日期为大年初三、初四、初五三天。其中,初三为准备阶段,东巴及助手准备祭天所需用品,郭氏宗族内部分成购买祭天猪、备置供品等几个组同时行动。初四设神坛,举行杀牲、小祭天仪式,初五为大祭天。笔者只参加了初五的大祭天仪式,现根据访谈将三天的仪式流程分述于下。

(一)准备阶段

初三清晨,和力民带着徒弟及村民数人赴离古城20多公里的龙山砍祭天树、围场所需杂木,并寻找三颗象征董神的圆形石。下午返回郭老师家中。东巴占卜后把祭天坛定在院中东北角花坛边,然后搭建了神坛、敬香坛、献牲坛,四周用杂木围了起来,整个祭天场约为60平方米。大门设在西南侧,上面有东巴字写的对联,大意为"纳西祭天大,纳西祭天人"。郭氏宗族的成员到离城20多公里的太安乡山区买祭天猪,按照传统,祭天猪是由族内轮流饲养的,但现在宏文社区已经没有人养猪,而且祭天猪必须是四脚白的黑猪,只能到山区购买。族内妇女在院内忙着准备祭天所需要的锅碗、米、肉菜等物品。

(二)族内祭天:小祭天仪式

1. 布置祭坛,插神树,铺青松毛。祭天场门口放着一盆除秽火。东巴口诵《楚给楚姆》,交代仪式所需程序及所念经书。

2. 参加祭天人员都在门外准备入场,主祭东巴交代相关注意事项。主祭东巴手持夹着杜鹃、柏枝的火把率众人走进家门,一边高声说着:"吉祥如意的好日子,上天保佑参加祭天的所有子民!"一边撒着青松毛;后面跟随的助手抱着公鸡，另一个东巴手持香柱，其后是抬着祭牲猪的村民及背着米篓的妇女。进入祭天场后，东巴吩咐助手把米篓放到献牲坛上。

3. 除秽仪式。东巴念诵《除秽经》，助手手持除秽火把在神树、神石、祭品上——熏过，以示除秽，然后把除秽火把丢到门外鬼寨中，后面跟随的东巴一边念《驱秽鬼经》（大意为把秽鬼驱往南方鬼蜮），一边摇着手摆鼓。

4. 敬香。东巴念诵《敬香经》。众人先在盆内净手，东巴助手给每人分发三炷香。东巴分别向天神、地神、天舅三神献香，每位神灵前分别献一次。众人在东巴示范下行三次祭拜礼。

5. 烧天香，迎请诸神。主祭东巴和力民念诵《迎请天、地、天舅三神经》，另一东巴助手木琛在烧香炉前念诵《烧天香经》。

6. 献牲。主祭念诵《献牲、崇搬图》。助手给祭牲猪洒净水除秽，然后村民把猪抬到祭天场外进行宰杀。猪肾、胆、脾分别挂于天、地、天舅神树上，并用松枝蘸了猪血涂于神树、神石上。最后把猪头、猪肉放在祭牲坛上。

在东巴率领下，所有郭氏成员行祭拜礼，当天仪式到此结束。

（三）族外展演：大祭天仪式

初五清晨八点，院内挤满了参加祭天的人群。与昨天宗族内成员为主不同，今天有不少外来的学者、记者，共近百人。

1. 除秽仪式（与昨日同）。

2. 敬香（与昨日同）。

3. 烧天香，迎请诸神（与昨日同）。

4. 献祭粮。东巴边念《撒敬神粮经》，边把碗内五谷撒向神坛。

5. 许愿。东巴念诵《来年许愿经》，以主人名义答应明年再向天神献牲祭拜，祈求神灵庇佑主人一宗族万事大吉，健康平安。念毕，东巴把献牲鸡抛向神坛。

6. 射箭仪式。东巴手持一把弓箭念诵《弓箭的来历》。念毕，率众人走到院子西南边一棵挂有鬼怪图的柏树前，向东、南、西、北、中五个方向做射箭状，意为射杀四面八方的鬼怪，然后拉弓射箭。当箭射中鬼怪时，众人高声欢呼；众人轮流射箭，每射中时都引起大家高呼。射箭活动结束后，东巴助手手持一除秽火把，另一只手拿着秽鬼饭，一齐丢到门外的鬼寨内。而祭天场内，在东巴领舞下，众人翩翩起舞，和着东巴一起唱民歌，以示庆祝杀死仇鬼。

7. 献饭（哈失）。东巴念诵《献饭经》。助手把肉汤、米饭、酒水一一摆放在神坛、神石前。

8. 分福泽枝。东巴助手从三棵神树上折下象征天神的树枝，一一分发给众人。

9. 施灵药。东巴念《求长生不老药》。助手从柏树上取下猪胆放入酒碗，以此作为神药，然后用柏枝醮之施于神坛诸神树；给神施完神药后，助手手持杜鹃枝醮酒水给众人赐福泽，参加祭天的人们也纷纷前来，主动接受神药施福。然后东巴把酒分给众人轮流喝一口。喝完后东巴再次率众人向神灵行祭拜礼三次。

10. 送神。主祭东巴念《送神经》，助手念《求富裕经》。另一助手从神树下取了一些食品放到祭天场外面的一块石头上，作为献给乌鸦的饭食。纳西族传统观念中，乌鸦通神灵，与祖先神关系密切。念经毕，先拔除祭天树，然后撤除敬香坛、献牲台，神树及祭木、香柱堆放在祭天场中间进行焚烧。神石洗净后置放于南边花坛上，以备来年再用。

仪式结束时为中午13点30分。相比于塔城、三坝两地祭天，郭氏祭天在程序上更为繁杂，这除了与主祭东巴较为全面掌握仪式轨程的因素相关外，与两天仪式规模也有关系。初四的小祭天主要限于宗族内，属于相对封闭的宗族祭天；初五的大祭天，参加范围扩大，甚至有些喧宾夺主，这使后一天的祭天有了展演意味。同时，此次祭天仪式多了一个射箭程序，这并不是东巴人为增加的，在传统祭天中也是这一轨程，但在塔城、三坝的民间祭天仪式中已经流失。而这一古老祭天轨程在丽江城镇祭天中重现，应归功于东巴精英的重新挖掘、整埋、恢复。主祭和力民本来兼有东巴与学者的双重身份，近30年来一直从事东巴文化的研究与传承工作，一手培养了近50个东巴徒弟，并在丽江境内诸多村寨中成功恢复了祭天习俗。另外一个东巴助手木琛也是个东巴学者，他是丽江东巴博物院副院长、副研究员，对东巴仪式、东巴画、经书极为熟谙，也是近年恢复东巴仪式的功臣之一。他们的出场，使祭天仪式更臻于"传统"的同时，也更接近于现代化。在仪式基本轨程得到保证的前提下，他们有意识地设置了一些有利于民众参与的仪式程序，如射箭、跳舞、敬香、分福泽枝、喝福泽酒，从而避免了念经书时间过长带来的场面呆板、冷场等弊病。当笔者问及这种是不是属于东巴教改革时，他回答说：东巴教一直在改革中得以发展。我们现在看到的祭天仪式，不可能等同于民国时期，民国的也不可能等同于清朝，时代不同，必然在仪式上反映出来。民国时期出现了东巴经的雕版印刷，鲁甸派经书已经实现了一字一音的记音法，原来象征天舅的柏树后来变成了皇帝，这都是时代变迁的反映。没有不变的传统，今天我们看来好像这些都是一成不变的传统，其实哪有这样的传统，如果有也早就自取灭亡了。所以传统是在变中求生的，当然不能随意乱变，而是从实际需要出发，符合传统规范，改革时尽量不要伤筋动骨，不要留下任何穿凿痕迹。这本身对东巴是一项很高的挑战。东巴趋于没落，除了统治阶级的排斥打压外，也与东巴自身局限有关系。一般东巴过于拘泥传统，故步自封，导致与时代脱节，使它成为没有时代气息的死古董。这种明显带有托古改制的精英行为，对东巴文化的走势影响如何，现在妄下断言仍为时过早，但至少为东巴文化的传承提供了一条新途径，笔者倒乐观其成。

四 祭天之变：传统祭天仪式的变迁分析

综上，三个以"祭天"名义举行的仪式呈现出"大同小异""小同大异"的变化特征，应证了和力民所说的"没有不变的传统"。传统的祭天只是大体而言，为了便于比较，笔者根据东巴经中祭天仪式规程构拟了一个"传统祭天"的相关事项，在此基础上对以上三个祭天仪式做了比较，如表 3—1 所示。

表 3—1 三个祭天仪式内容的比较

祭天内容	传统	塔城	三坝	郭氏
时间	春祭、秋祭	秋祭	二月八	春祭
地点	宗族祭天场	宗族祭天场	公共祭天场	家中
参与人员	宗族祭天群	宗族祭天群	村落群体	郭氏宗族
主祭	本族东巴	同村宗亲东巴	两氏族东巴	外请东巴
祭坛	神坛（柏、栗、顶灾桩及鸡蛋）、敬香坛、献牲坛	与传统同	神树中无柏树，顶灾桩上没有鸡蛋，以鸡皮代替	与传统相近

续表

祭天内容	传统	塔城	三坝	郭氏
程序	（1）布置祭坛，除秽；（2）敬香请神；（3）祭牲；（4）献神粮；（5）射箭驱鬼；（6）献饭；（7）施神药酒、分福泽枝；（8）顶灾，乌鸦献饭；（9）送神；（10）撒神坛，民间歌舞	无射箭驱鬼程序、民间歌舞	无射箭驱鬼、乌鸦献饭两个程序。增加了祭署、求子、东巴舞、阿卡马拉、赛马、对歌等内容	与传统相近

从表3—1中可以看出，三个祭天仪式中，没有一个与传统祭天完全相对应，但相对来说塔城、郭氏祭天与传统祭天呈现出"大同小异"的特征：塔城祭天中主祭及缺少射箭驱鬼、民间歌舞两个程序与传统出现差异，郭氏祭天则在祭天地点、主祭两项上出现差异。相形之下，三坝祭天与传统祭天呈现出"小同大异"的特征，在时间、地点、参与人员、主祭、祭坛布置、程序等每个比较项上都出现较大差异，尤其在仪式程序上增加了祭署、祭胜利神、祭村寨神、东巴舞、阿卡马拉、赛马、对歌等诸多内容。这显然与祭天时空发生变化密切相关，传统的春、秋两祭集中在"二月八"传统节日中，节日的丰富内涵扩充了祭天的仪式内容。从中可以看出，祭天在不同时空中发生的文化变异。

在三个仪式中也可看出，有些变化是共同的时代变迁导致的，最突出的是村民对祭天的信仰虔诚态度已经明显消淡，这在以下几个方面体现了出来。

（一）准备阶段的诸多仪式程序已经消失

传统的祭天仪式准备阶段长达一年，从新年选稻种时已经为来年的祭天米做准备。选祭天米稻种时要请东巴念诵《粮种的来历》，并由户主选出最好的稻种装入一个麻布袋子里，寄存在母房里的神龛边，意喻向祖先神表明对祭天的虔诚态度，然后在撒种、插秧时也举行相应的小仪式，以祈求丰收。这种虔诚态度还体现在祭牲户选祭天猪、养祭天猪的系列过程中，以及上山砍祭天所需的柴火等环节。另外，在腊月里要举行小祭天仪式——"早许本"（ $tşa^{33}çy^{33}py^{31}$ ）、祭天场煮祭天酒、打醋汤、舂祭米等准

· 147 ·

备工作。这些准备程序现今已经消失，原来一年的准备时间大多压缩为提前一天。

（二）祭天仪式程序大为压缩

在春节祭天前的洗头、理发、制作香柱、数祭天米（khe^{33}do^{33}）、祭天场守夜等古制已经作古，原来的春节祭天分为大祭天（初三、初四、初五共三天）、小祭天（初八一天）两次，现在压缩为一天，甚至半天。秋祭已经很少举行。

（三）祭天仪式中的村民参与性、东巴与村民的互动效益明显降低

在举行祭天仪式过程中，仪式的主要程序、步骤基本上由东巴及其助手承担，村民只是在布置祭坛、杀牲等几个有限环节参与一下，东巴念诵经文时也没有在旁边倾听，也没有了传统的每个参与者向天神忏悔、赎罪的过程，在某种意义上他们成了在场的"缺席者"。这与整个民众对东巴教的信仰消减有内在关系。

（四）信仰的削弱带来了仪式功能的变迁

原来以强化家族内部认同、驱鬼禳灾的仪式功能，逐渐转变为村落认同、求吉辟邪为主，且文化展演色彩愈加突出。

（五）原来的诸多祭天禁忌已经打破

传统的"祭天"仪式禁止妇女进入"祭天"场地，也禁止她们听仪式中的诵经；对家族中有不良记录、不轨者、得不洁疾病死者家庭、不属于家族的成员都严令禁止参加。祭天恢复后，由于时代发生了巨大变化，这些禁忌不再存在。现在，妇女们能够进入"祭天"场，只是回避从"祭天"场门内进入，也不再强调外来者与不洁者等苛刻条件。尤其是妇女在"祭天"过程中扮演了重要的角色，一方面她们承担大量的搬运炊饮用具、食物、生火、做饭等服务工作，另一方面，她们可以听东巴吟诵各种经文，到祭台前磕拜、许愿，接受东巴祭司的祝福。

第二节　祭天仪式的程式化特征

作为传承了上千年的传统仪式，祭天仪式在不断变迁中仍保留下来了诸多"不变"的文化因子，这些"不变"因素主要从仪式的程式化特征中

得以体现。传统的任何变迁都是基于稳定的、可持续的继承上。今天留存下来的祭天仪式程式化特征本身也是历经几十代东巴们的千锤百炼，在不断的继承与创新中逐渐沉淀生成的"程式"。这一"程式"更多地指向传统指涉，如民族的文化特质、文化主题、集体意识、族群认同。以祭天仪式为例，它的程式化特征集中体现在以下几个方面。

一 仪式核心程序的程式化

从传统祭天仪式程序来看，其整体程序包括了以下十个部分：（1）布置祭坛，除秽；（2）敬香请神；（3）祭牲颂神；（4）献神粮；（5）射箭驱鬼；（6）献饭；（7）施神药酒、分福泽枝；（8）顶灾，乌鸦献饭；（9）送神；（10）撒神坛，民间歌。这些不同程序的顺序是相对固定的，有内在逻辑关系，犹如一个故事中的"情节基干"，推动着整个仪式有条不紊地往前展开。就仪式主题而言，其核心程序为：请神—颂神—祈福驱鬼—送神四个程序。"核心程序"是从这些程序在整个仪式结构中处于核心位置来说的，这四个核心程序是构成仪式的必备构件，缺一不可，少了其中一个，整个仪式的程序链条就中断了。下面依次对这四个核心程序做些简要的逻辑分析。

（一）请神：（1）布置祭坛，除秽；（2）敬香请神

东巴仪式其实质是东巴神话观念的实践行为，神灵信仰构成了仪式灵魂，也是仪式行为得以产生的动力。整个仪式都围绕着神灵而进行。没有神灵观念就不可能产生东巴教，也就没有可能举行东巴仪式。"请神"是仪式的第一个程序。"布置祭坛""除秽""敬香"是构成这个核心程序的三个子程序，主要表达对神灵的虔诚态度。

（二）颂神：（3）祭牲颂神；（4）献神粮

神灵请到祭坛中，接下来就得做相应的安神程序：向神灵献牲、献粮食，并叙述神灵的光辉业绩。只要把神安定下来，才有可能使仪式得以延续，这也标志着仪式进入了关键进程。

（三）祈福驱鬼：（5）射箭驱鬼；（6）献饭；（7）施神药酒、分福泽枝；（8）顶灾，乌鸦献饭

请神、安神的目的是对神灵有所图，让神灵为人类服务——祈福求吉、驱鬼禳灾。射箭驱鬼、顶灾、分福泽枝就是仪式的主旨所在；而献

饭、施神药酒这两个程序也有同样的意图。献饭与"颂神"中的"献牲"相对应，但此时对应的是晚饭，而上者对应的是午饭，主要是让神吃好喝好，让神灵乐意为他的子民效劳；施神药酒目的是求寿，这"神药酒"象征上天赐予人类的长生不老药。乌鸦献饭则意喻着祭祖，也有借助祖先神来庇佑后代的祈福内涵。这一核心程序应是整个仪式的最核心部分，由此相应的程序、步骤也较为繁多、复杂。

（四）送神：（9）送神；（10）撤神坛，民间歌舞

"请神容易送神难。"这是仪式最后的核心程序，"送神"与"请神"相对应，整个仪式是否圆满，这一仪式环节是不可或缺的。"送神"时东巴须对请来的每尊神祇表示由衷的感恩之情，每个参与祭天的子民要在神灵面前进行忏悔、赎罪，祈求神灵的原谅、保佑。最后撤除神坛，隐喻着人神共享的时空转移回人间现实，通过歌舞娱乐形式来表达对来年光景的美好向往与寄托之情。

上述的核心程序是与一般程序比较而言，几乎所有东巴仪式是以这四个核心程序为仪式结构框架，呈现出高度程式化特征。在保证这四个核心程序的前提下，对构成核心程序的一般程序可以进行灵活机动的增减，如在塔城、三坝祭天仪式中缺少了"射箭驱鬼"这个程序，但"献饭""施神药酒""分福泽枝""顶灾"等程序仍支撑着核心程序的有机构成。也有在保证核心程序前提下增加相关程序的情况，如在三坝祭天中增加了祭署、求子、东巴舞、阿卡马拉、赛马、对歌等诸多内容。这些增加的程序并没有影响祭天仪式的整体结构，反而促进了仪式内涵的丰富化、民间化、娱乐化。当然这些增加的仪式程序基于本地传统，这也是不同区域间的祭天仪式出现"大同小异""小同大异"的内因，如祭天仪式中的民间歌舞在不同区域间，具体的歌舞内容是不同的，如丽江以传统的"默达""谷泣"为主，三坝以"阿卡巴拉""呀哈哩"为主。

二 仪式程序步骤的程式化

仪式程序的程式特征除了表现在核心程序上外，也表现在具体的程序步骤中。下面以祭天仪式的前五个程序为例予以说明。

（一）"布置祭天场"之程式

此程序可以分为砍祭天树、开辟祭坛、清理祭天场、摆设祭天场四个

步骤，每个步骤又可分为更小的行动单位。

1. "砍祭天树"：由主祭东巴先砍象征天神、地神的栗树，地神树必须是顶枝分权的；由主祭户主砍象征天舅的柏树。

2. "开辟祭坛"：先开辟上坛——祭天坛，然后依次开辟烧香坛、献牺坛。

3. "清理祭天场"：用栗枝、松枝围场；在祭天场门口插一棵象征神树——恒依巴达兹的松树，底下放一张桌子，上铺松毛。祭坛上铺上青松枝；清理场内垃圾。

4. "摆设祭天场"的程式：依次序挖插天神树、地神树、天舅树的洞，然后暂时用木桩插好；削制守卫三棵神树的神仆木偶；洗董神石；插入三棵神树，每棵神树前插入神仆木偶，摆放神石；在代表天舅的柏树前插一个白杨木桩，桩顶用刀切成十字型，用两小根木条分开，在凹陷处放入一个鸡蛋，称为顶灾杆；敬香坛、献牺坛上分别陈放香柱、祭米。

（二）"除秽仪式"之程式

1. 主祭东巴念诵《除秽经》。

2. 助手手持除秽火把在神树、神石、祭品上一一熏过，再绕场一周，以示除秽。

3. 助手把除秽火把丢到门外鬼寨中，后面跟随的东巴一边摇着手拨浪鼓，一边念《驱秽鬼经》（大意为把秽鬼驱往南方鬼蜮）。

（三）"敬香请神"之程式

1. 东巴念诵《敬香经》。

2. 净手。

3. 分香。

4. 东巴念诵《迎请天、地、天舅三神经》。

5. 敬香并行祭拜礼。

6. 念诵《烧天香经》。

（四）"献牲"之程式

1. 东巴念诵《献牲、崇搬图》。

2. 助手给祭牲猪洒净水除秽。

3. 杀牲。

4. 献牲。

5. 祭拜。

6. 分福泽肉。

三 仪式程序时空的程式化

仪式程序时空的程式化从举行仪式的时间、场所两个方面得以体现，二者共同制约着仪式的性质、规模。譬如春祭之前的腊月期间不得举行任何驱鬼仪式，俗称"关诵经门"（py^{31}khv^{33}dər^{55}）。请神之前不能有任何与鬼怪相关的仪式，以此来清净祭天场，防止鬼怪捣乱打扰，彰显了祭天仪式的神圣、隆重。二月八期间的祭天因融合了节日期间的诸多娱乐程序，凸显了娱神娱人的神俗相融特点，也扩充了祭天仪式的规模，而秋祭属于小祭，又处于雨季，为了防止洪水、冰雹等自然灾害，由此增加了祭署仪式。时空的变化带来了仪式内容、形式的变化，这些变化都是在传统规定内的时空中发生的，带有程式化特征。

（一）祭天仪式的时间程式

1. 春祭

（1）准备阶段

腊月 13 日，清理祭天场，举行"早许本"仪式；

腊月 14 日，打醋汤、煮祭天酒；

腊月 24 日，舂祭天米。

（2）大祭天仪式

大年初二，砍祭天树；

大年初三，洗头、梳头、理发；制作香柱；举行数祭天米仪式；

大年初四，布置祭坛；除秽；请神；敬香祭拜；射箭驱鬼；

大年初五，除秽；献牲；顶灾；献神粮；分福泽肉；献饭祭拜；分福泽枝；送神；撤神坛，聚餐。

（3）小祭天（kua^{31}le^{33}sʅ^{33}）

大年初八，重新布置祭坛；除秽；献牲鸡；许愿赎罪；献饭；顶灾；送神；清理祭天场；聚餐。

2. "二月八"祭天

（1）二月六日，在家准备祭天所需的木牌画、柴火、炊具、肉食等；

（2）二月七日，正式举行祭天仪式：布置祭坛；除秽仪式；祭署；献牲；分福泽肉；跳阿卡巴拉舞；顶灾；献饭；乌鸦祭食；洒神药；送神；

分福泽枝；聚餐。

（3）二月八，除秽；祭署；祭祖；东巴舞；阿卡巴拉；呀哈哩；对唱；赛马；聚餐。

3. 秋祭

秋季祭天时间一般在农历七月中旬举行，具体日期根据东巴占卜而定，民间有"muɯ³³kɯ³³za³¹mə³³za³¹"俗谚，意为"祭天日依北斗七星的星象而定"。祭坛布置及程序与正月初八祭天相同，但秋祭增加了祭署仪式，且突出了顶灾程序功能。秋祭前一天每个祭天户在家削制白杨木做的顶灾桩、驱鬼桩等用具，以抵御灾神可洛可兴降下的灾祸。这与七月多自然灾害的季节特点密切相关。

（二）祭天仪式的空间程式

祭天仪式的空间可分为神灵空间——祭天场、祭坛，鬼蜮空间——秽鬼寨、果洛鬼寨，世俗空间——灶台、歌舞场三个。这三个空间的设置有着严格的传统规定性，也是高度程式化了的地理空间。

1. 神灵空间

（1）祭天场：分为宗族、家户两类，选址时须请东巴占卜而定，原则上以所住村落北部的山间。一般为向阳、缓坡地，周围有世代受到保护的神树林。祭天场由石头垒筑围圈而成，宗族祭天场比家户祭天场的面积要大几倍，且属于同一祭天群的家户祭天场只能居宗族祭天场的下方。祭天场西南角设一门，门口竖神树——含英巴达兹，旁边设一除秽火塘，以此防止外面秽鬼、不洁物带入祭天场。

（2）祭坛：位于祭天场正上方，从上到下依次为神位坛、敬香坛、献牲坛。设置祭坛时，须先设神位坛，顺序为天神树、大舅树、地神树，然后依次在神树下安插神仆桩、顶灾桩，竖董神石、沈神石；设置为神坛后再设敬香坛、献牲坛。烧香台设在神坛右侧，须放置董神石，烧杜鹃枝、松枝、柏枝，点燃后举行敬香、撒神粮、米粉、牛奶等供品。

2. 鬼蜮空间

（1）秽鬼寨：鬼寨分为秽鬼寨、果洛鬼寨，分别设在东南、西南方向。秽鬼寨从北到南共设五道用柳条编成的鬼门，并分别放置黑、绿、黄、红、白色的五碗除秽水。鬼门下方依次放置"丸肯依勒"（uæ³³khɯ³³i³¹lə²¹）、秽鬼木偶、驮秽马、四个"丹"秽鬼、两个秽鬼祭木、镇鬼石"纳鲁美"（lʊ³me³³na³¹）。最后在鬼门左侧搭建除秽火塘，旁边放置引诱秽鬼的"子补奴"（dzๅ²¹bu³³nv²¹）。①

（2）果洛鬼寨：设置相应简单些，在西南角一棵树上挂一张画有果洛鬼的纸牌画。

3. 世俗空间

灶台、歌舞场皆设在祭天场外，位置在祭天场外的下方位置。与祭天场形成了人神相隔的对应空间。祭天仪式举行期间，妇女、外来人不准进入祭天场内，他们的活动范围限定在这一世俗空间中。

（三）仪式时空程式特征的传统指涉性

从祭天时间与空间程式特征来看，二者相互制约、相辅相成，空间隐喻时间，时间制约空间，皆与传统指涉存在着内在逻辑关系。神坛从上、中、下的空间设置，隐喻了纳西先祖崇仁利恩从天上娶得天女后，经神山居那若罗神山回到人间的迁徙历程；象征天舅的柏树位于神坛中间，与时代变迁因素有内在关系：元朝以后，纳西族地区纳入国家统一版图，居住北方的天子——皇帝升格为主神，由此取代了原来的天舅，民间也有了"kha³¹dzๅ³¹ly⁵⁵gv³³çy⁵⁵"（皇帝坐中位）的说法；果洛鬼寨也隐喻着纳西先民的迁徙苦难史，原来举行射果洛鬼仪式时，主祭东巴高喊一声："果洛鬼来了！"众人做惊恐状，纷纷四处逃散、躲藏，直到东巴又喊一声："大家都来射杀果洛鬼！"众人重新聚集到东巴旁边，依次向象征果洛鬼的纸牌画上射箭，每射中一次，引起众人高声欢呼。祭天场、祭天坛、鬼寨的设置方位中体现出"北为尊贵、南为不祥"的文化象征，这与纳西族历史密切相关。习煜华认为，纳西族由北方迁徙而来，北方为祖居地，是心灵的依靠，于是把北方神圣化为保佑自己的神灵居住的地方。而纳西先民由北向南的迁徙过程中，迎面遭到敌对势力的重重挑战，虽然最后定居于金沙江上游，但对未曾深入的南方仍视为潜伏危险和隐患的不祥之地，由此也被认为栖居着令人恐惧的鬼魔。②

时间制约空间。三坝祭天在传统节日——"二月八"举行，而传统的约定俗成规定了祭天仪式只能在白水台这一空间中举行，其间进行的祭神、民间娱乐活动也是由特定的节日时间所制约了的。同时，在不同场

---

① "子补奴"（dzๅ²¹bu³³nv²¹），指秽鬼饭，在一个瓦片上放上炭火及祭牲骨头烧炙，让它发出臭味，以引诱秽鬼前来食用。

② 习煜华：《"三"在纳西文化里的含义》，载《习煜华纳西学论文集》，民族出版社2009年版，第192页。

所、地点举行的诸多仪式又制约着仪式时间的逻辑展开。祭天从准备阶段到仪式举行期间，祭天场自始至终构成了整个仪式及节日的核心空间，不同场所举行的仪式、娱乐活动都是围绕祭天这一中心事件而逻辑展开的。但随着时代发展变迁，也出现了祭天场设在家中庭院的新情况，这与城镇化带来的祭天场消失的现实相关；同时，人们生活节奏加快，宗族集体聚会的社会时间趋于减少，由此也带来了祭天时间的压缩。也就是说，祭天仪式时空程式的形成既是约定俗成的传统内在规定的，也是传统不断吸收时代因素而沉淀生成的产物。

第三节　祭天仪式叙事的主题与类型分析

一　祭天仪式的主题或典型场景

（一）仪式主题与仪式程序、故事主题的关系

洛德提出的主题基于歌手的口头创作、表演而言，"歌手在脑海里必须确定一支歌的基本主题群，以及这些主题出现的顺序。但那也不是全部。即歌手有一个共同的程式仓库，他可以从中随意抽取，好象存在着一个共同的程式仓库，还有一个我们见到的共同的主题仓库"[1]。

仪式中同样存在主题与典型场景，正如一个初学史诗的歌手，需要"一个场景一个场景地想象着故事，或者一个主题一个主题地脑海里过幕"。他有可能将主题想象为一个单元，但这个单元有可能拆分为几个小主题。[2] 这对主持仪式的祭司来说也是如此，他必须对仪式的每一个程序、步骤耳熟能详，并且对仪式中所需要做的念诵经文、跳东巴舞、唱经、乐器伴奏、画木牌画都要心中有数。

程序与主题是形式与内容的关系，都是构成仪式叙事文本的部件。如"请神""颂神""祈福驱鬼""送神"四个核心程序其实也是核心主题，它们构成了整个仪式的基本框架。每一个程序下有不同步骤，同样大主题

---

① 洛德：《故事的歌手》，尹虎彬译，中华书局2004年版，第137页。

② 同上书，第101页。

也是由不同小主题有机组合而成的。需要指出的是，仪式主题往往与故事主题存在着对应交叉现象。从表3—2的对比中可以清晰地看到这种内在的对应关系。

表3—2　　仪式程序、主题、场景、故事主题的对应关系

仪式程序		仪式主题	仪式场景	故事主题
请神	布置祭坛	请神	布置祭天坛	请神
	除秽	除秽	驱除秽鬼	驱鬼
	敬香请神	敬香	敬香祭拜	敬神
颂神	祭牲	献牲	杀牲、献牲	人类迁徙记
	献神粮	撒神粮	撒神粮	粮食的来历
祈福驱鬼	射箭驱鬼	射箭驱鬼	射箭驱鬼	弓箭的来历
	献饭	献饭	向神献饭祭拜	敬神
	施神药酒	献神酒	献神酒，享神酒	求长生不老药
	分福泽枝	祈福	分福泽枝	祈福
	顶灾	顶灾	顶回恶神降下的灾祸	禳灾
	乌鸦献饭	祭祖	给乌鸦喂肉	祭祖
送神	送神	送神	送神祭拜	送神
	撒神坛	撒坛	撤除神坛	敬神
	民间歌舞	歌舞	歌舞欢庆	庆祝

　　仪式主题、典型场景与仪式程序、故事主题出现对应关系，内因在于它们都是仪式叙事文本的有机构件，每一个主题、程序、典型场景具有承上启下的链接功能，与前文述及的"哲作"功能是相同的，它们也是"哲作"。依表3—2分析，可以说请神、颂神、祈神、送神构成了祭天仪式的四大主题，而每个大主题下面分为2—6个不等的小主题。这些大小主题共同构成了"祭天"这一中心主题，共同组成了完整的仪式程序。需要说明的是，与仪式主题相对应的故事主题存在不对等情况。也就是说，一个仪式主题是受仪式程序统摄的，而不是故事主题；故事主题受前两者统摄：仪式程序举行到哪个步骤，就相应地念诵相关经书，如表3—3所示。

表3—3　　　　　　　　　仪式程序与仪式经书的对应关系

仪式程序		仪式经书
请神	布置祭坛	《楚给姆给》（口诵经）、《竖神坛、献祭米、迎神经》
	除秽	《秽鬼的来历和出处》、《给卢神、沈神清除污秽经》《除秽洗秽经》
	敬香请神	《卢神、沈神降威灵经》、《烧天香经》（口诵经）、《敬酒经》、《开坛经》
颂神	祭牲	《给牺牲、来拿牺牲经》、《献牲、崇搬绍》
	献神粮	《给卢神献祭粮、抹圣油》
祈神	射箭驱鬼	《弓箭的来历》、《撵鬼：给丹偶施食经》、《施臭味经》
	献饭	《献饭经》
	施神药酒	《献灵药经》
	分福泽枝	《许来年献牲愿经》、《求福泽经》
	顶灾	《顶灾经》
	乌鸦献饭	《开脱罪恶经》
送神	送神	《送神经》
	撤神坛	
	民间歌舞	

（二）仪式中的主题与典型场景的关系

仪式主题与典型场景往往容易混为一谈，二者虽有交叉重叠的一面，但也有差异性。弗里对典型场景与主题的区别做了更为深入的阐述："前者是一种行动化的情节模式，而后者是一种意象和细节的静态联想。"① 二者也有联系，同一个主题可以表达诸多不同的场景。如祭天仪式中"请神"的仪式主题，可以表达诸多不同的请神场景，这是由仪式中所请的神灵不同而引起的。如在布置祭天坛时，迎请的神灵是天神、地神、天舅神，东巴在念诵相关经书的同时，助手在神坛上竖立起分别象征天神、地神、天舅神的栗树、柏树。东巴的请神诵词如下。

纳西人生来就崇奉天，伟大的天神也生来就保福保佑纳西人。福泽和吉祥、富裕和强盛、胜利和美好、能干和敏捷，延年益寿，都是

---

① ［英］约翰·迈尔斯·弗里：《帕里—洛德理论》，朝戈金译，社会科学文献出版社2000年版，第177页。

天和地及位居天地中央的柏三个来赐予的。是长寿的白鹤连接了天上与人间。

天呵！是天爷爷的天；是那笼罩大地的天；是如帽子般罩在人头顶上那神圣的天；是那碧蓝光滑光滑溜溜的天；是那有阴天的天；是那有晴天的天；是那白天出太阳温暖、夜晚出月亮皎洁的天；是那孜劳祖父的天；是那良善高远的天；是那有九层白云的天；是那有颗颗硕大灿烂星星的天；是那身材长得处处齐整，生得双肩匀称美好的天。属于恩余铺督祭天群的这些人；若不祭天，天廊不高远；若不祭天，地域不辽阔。祭天后，一切都平平安安、稳稳当当了。

天神和地神设置了年年岁岁，在这新的一年里，卢神和沈神确立了月份。在这新的一月里，福泽和吉祥、富裕和强盛、能干和敏捷，都要靠天来保佑赐予。用这四脚白净的黑猪做牲品，整头祭献、完整供奉在天的面前。祭祀了天后祭祀地。

地啊，是那生育力旺盛的大地；是那乳房丰满、乳汁充盈的大地；是挂着墨玉珠串、带着绿松石项链的大地；是那名为衬恒衬孜的大地；是那衬恒祖母大地；是水大长流的大地；是那地下有成背黄金的大地；是那地上牛羊成群的大地；是那用金银作被盖的大地；是石缝中都生长着药草的大地；是那身材长得处处匀称、衣襟华美、双肩齐整的大地。福泽和吉祥、富裕和强盛、胜利和美好。

能干和敏捷、长寿又延年，都要靠大地来保佑赐与。天地设立的新的一年里；卢神、沈神确立的新的一月里，不祭祀大地，天廊不高远；不祭祀大地，地域不辽阔。祭祀大地后，一切就平平稳稳、顺顺利利了。用这四脚白净的黑猪来给大地做牲品，整头地祭献、完整地供奉在大地的面前。最后，祭祀与天地并列、位居中央的柏。

人的舅舅是天，天的舅舅是柏。那在高崖上扎下深根的柏，成了天的舅舅。天门边有了郁郁葱葱的柏树，天大不动摇。大地上绿叶茂盛的杉，是地之祖母。地之门紧依杉树，大地稳固不震动。茂盛的柏树有千桠，获得了千年的福寿；高大的柏树长百杜，获得了百年的福寿。属于恩余铺督祭天群这一伙的福泽和吉祥、福裕和强盛、能干和敏捷、长寿延年都要靠柏来赐予和保佑。天地设置了年年岁岁，在这新的一年里，若不祭祀柏，天廊就不高远；若不祭祀柏，地域就不辽阔。祭祀柏后就会平安稳当、顺顺利利了。用这四脚白净的黑猪做牲品，将它整头地祭献、完整地供奉在柏的面前。①

竖立完神树后，在竖立神石时，东巴念诵《卢神、沈神降威灵经》，来迎请卢神、沈神两个始祖神：

> 最有福分的是卢神，卢神的福分从天上云间降下，沈神的福分从余敬地降下，酋长的福分从里美可降下，启神的福分从居那若罗山降下，东巴的福分从本肯山降下，卜师的福分从美刷庚昂坡降下，水的福分从尤吉水降下，石头的福分从松垮可降下，水的福分从高山上降下，竹子的福分从增那美孜可降下，牦牛的福分从增罗拿降下，马的福分从支律古降下，牛的福分从松垮局降下，绵羊的福分从高原上降下，山羊的福分从达尤树降下，狗的福分从禅埔降下，猪的福分从趣可余降下，鸡的福分从普补迪降下。东巴不做仪式，就不迎请卢神，东巴来做仪式的这一天，请来了卢神。生活在天空下的人类无病无痛，这是卢神的保佑。没有酋长的时代，各地都不得安宁，有了酋长，各地都平静了。在辽阔大地上，盘人纳人间没有争斗前就派下了酋长，盘人纳人世世代代无争斗，这是卢神的安排；天由盘神开，星宿布满天，天空高又远，这是卢神的安排；地由禅神辟，大地辽阔，青草遍野，这是卢神的安排。②

在祭天仪式中，并不是开坛时请了神灵后就不需要再请了，可以说整个仪式从头到尾，所请神灵源源不断，甚至可以说每一个仪式程序步骤中都要不厌其烦地迎请具有不同职能、居住不同方位的诸多神祇，担心挂一漏万，贻害无穷。如在敬香、敬酒、献牲、献饭、敬神药等程序步骤中，都要从天神、地神、天舅神开始，把主要神祇一一点名一次。如敬酒时要念诵的神祇名称有如下一些。

> 敬献天的祭木，敬献天的祭石；敬献地的祭木，敬献地的祭石；敬献柏的祭木，敬献柏的祭石。

---

① 《全集》第 1 卷《献牲、崇搬绍》。
② 《全集》第 39 卷《迎请卢神》。

向北方长寿的卢神敬献上美酒；向南方命长的沈神敬献上美酒。来隆重祭祀天和地及居于天地中间的柏的今天，向天上的盘神、禅神敬献上美酒，向嘎神、吾神敬献上美酒，向沃神、恒神敬献上美酒，向卢神、沈神敬献上美酒，向那司掌畜牧的神灵也敬献上美酒。

向垛孜阿巴这一位神灵也敬献上美酒。向东方属木的伟大的沃神、恒神敬献上美酒；向南方属火的伟大的沃神、恒神敬献上美酒；向西方属铁的伟大的沃神、恒神敬献上美酒；向北方属水的伟大的沃神、恒神敬献上美酒；向天和地中间、属土的伟大的沃神、恒神敬献上美酒。

向崩史地方的三多大神敬献上美酒；向麻浩嘎拉大神敬上美酒；向火塘上方的大神敬献上美酒；向火塘的九个大神敬献上美酒。

向东方白海螺般白的高山上的山神敬献上美酒；向南方绿松石般的高山上的山神敬献上美酒；向西方墨玉般的高山上的山神敬献上美酒；向北方黄金般的高山上的山神敬献上美酒；向土中央杂色墨玉般的高山上的山神敬献上美酒。

给吕敦地方的构姆山上的山神也敬献上美酒；给禾敦地方的班卢山的山神也敬献上美酒；给乌日铺纳山的山神也敬献上美酒；给涅地方的白崖山上的山神也敬献上美酒；给美利术山箐里、术山箐里的白崖山上的山神也敬献上美酒；给班丹地方的班盘山的山神敬献上美酒；给庚地方的庚茨山的山神敬献上美酒……①

综上，"请神"作为一个大主题，是通过诸多不同的请神场景得以表述，且从其序列来看，呈现出从上到下、由简到繁的递进规律，这与仪式主题的不断推进密切相关。大主题由不同主题构成，不同主题下面又存在着主题群，以"敬酒"时请神主题为例。

大主题——请神；
主题群——请神饮酒；请神受香；请神受饭；请神受神药。
神灵详表——请天、地、天舅三神饮酒；
　　　　　　请五方天神喝酒；

————————————

① 《全集》第1卷《祭天、敬酒》。

请属五行诸神饮酒；
请五方山神饮酒；
请境内诸山神饮酒；
…

　　这些主题群都存在着类似高度程式化的主题详表，如轮到敬香、献饭、献神药等仪式程序时，敬酒程序中的神灵详表同样可以转化不同程序中的神灵。如果时间紧张，同样可以进行相应的缩减神灵数量。从中说明了故事主题与仪式主题有着同构功能，它们都作为主题仓库，不仅成为组合、装配传统叙事的部件，也构成了推动仪式进程的结构部件。主题构成了仪式叙事行为中的"词"。需要说明的是，这些仪式叙事行为中的"词"并不是固定不变的，可以根据仪式规模、时空进行相应的调整，如祭天分为大、小两种，七月中旬举行的小祭天集中在一个半天时间里，仪式程序、步骤都会相应地压缩。其中的一些程序在一些不同类型的仪式中也可使用，如除秽、烧天香、请神、献牲、颂神、送神等仪式程序几乎所有东巴仪式中都有保留，这些程序犹如口头演述中的"大词"穿插在不同仪式中，成为仪式的"情节基干"，推动着仪式叙事的发展。这些仪式程序行为中也包含了主题或典型场景，如祭天仪式中的祭天主题也构成了东巴叙事文本的主题，渗透到东巴教的各种仪式中。这些仪式中涉及迎请神灵、祭祖、祭神程序时，都毫不例外地引用祭天仪式中的核心程序——向象征天、地神祇的神树进行祭献仪式。当然，因仪式类别、性质不同，这一核心程序的步骤会产生相应的增减情况，但其基本结构是保留的。同时，口头文本中的典型场景与仪式行为是平行同步进行的，如仪式程序进行到迎请天神时，东巴要念诵《崇搬绍》（《人类迁徙记》），主要介绍人类始祖崇仁利恩与天女衬红褒白命二人从天上回归人间的故事，而此时东巴助手在象征天神、地神的两棵神树面前进行烧香、献牲；而念诵到崇仁利恩夫妻回到人类后，天舅柯洛可兴怀恨于崇仁利恩的夺未婚妻之恨而降下灾难时，东巴助手要在象征天舅的柏树及顶灾杆上烧香、献牲。仪式中的场景与演述文本中的场景形成了一个互动融合的共同文本，也就是说视觉中的场景与听觉中的场景融为一体。祭天场内的场景同样可以运用到祭祖、祭神、祭自然神等多种仪式类型中，且根据仪式主题进行相应的调整。

二 仪式类型与故事类型

（一）仪式类型的分类

与作为最大尺度的"大词"——故事类型（或故事范型）相似，仪式类型构成了仪式叙事文本的"大词"。东巴教庞大复杂的仪式系统给其分类带来了困难。西方学者洛克把东巴仪式分出 122 种，并分别纳入"纳西宗教仪式""较小仪式""丧葬仪式""特殊丧葬仪式""延寿仪式"等五大类。[①] 他的这一分类法并没有一个统一的分类标准，并未得到学术界认可，其功绩在于较为完整地记录下来了这些仪式的主要内容。现在学术界倾向于把东巴仪式划分为祈福类、禳鬼类、丧葬类、占卜类、祭署类等五大类。其中祈福类包括：祭天、祭祖、求子、祭畜神、祭谷神、祭猎神、祭村寨神、祭星、祭署、祭素神、延寿；禳鬼类包括：小祭风、禳垛鬼、退送是非灾祸、除秽、祭端鬼、驱抠古鬼、祭蛇鬼、毁鬼寨、祭突鬼、祭绝后鬼、顶灾、招魂、驱妥罗能持鬼。丧葬类包括：大祭风、什罗务、拉姆务、关死门仪式；占卜类包括推算甲子、流年数、推算九宫、推算凶星、合婚择吉日、掷贝巴、占炙胛卜等。祭署类仪式因署类众多，根据仪式大小规模分为不同种。

这五大类的每一个类别下包含了诸多仪式，这些同一类别的仪式有着大同小异的仪式程序、演述文本、主题或仪式场景。如祈福类仪式的主题是"敬（祭）天"，其仪式程序结构往往是：请神—颂神—求神—送神；禳鬼类仪式的程序结构为：请神—安神—颂神—禳鬼—送神，这一类仪式的主题为"禳灾"；丧葬类仪式的程序结构为：请神—送魂—火化—超度亡灵—回归祖源地，与祖先团聚，这类仪式的主题是亡灵与祖先团聚。对东巴而言，这些不同的仪式类型提供了稳定的仪式叙事文本结构，有利于祭司根据仪式类别安排相应的仪式程序、仪式场景、仪式表演及仪式经文。

（二）仪式类型与故事类型

仪式类型决定故事类型，故事类型反映仪式类型。有关讲述崇仁利恩故事的仪式多与迎请天神的仪式程序相关；而讲到"黑白之战"，则意味

[①] Rock, J. F., *A Na－khi－English Encyclopedic Dictionary*, Part 2, Roma, 1972, pp. 123 – 129.

着与禳解鬼怪之类仪式相关；而讲到人与署的恩怨纠结，必定与祭署类仪式相关。反之亦然，祭署仪式中必然会叙及与署相关的故事，禳鬼仪式中必然叙及鬼怪的来历出处。相对来说，一个仪式类型集中了诸多与之相关的故事类型，仪式规模越大，故事类型就越丰富。譬如春季大祭天仪式中所需念诵的经书多达 22 本，而小祭天只需 10 余本。也有一些特殊的祭天仪式只有一两本经书的情况。如流传在丽江县的丽江坝、鲁甸、塔城、新主等地一带的绝后户祭天仪式，一般只用《祭天·祭无人祭祀的天》、《祭祀绝户家的天·献牲献饭》两本经书。两本经书内容同样属于祭天类型的经书，但与前述的大小祭天类经书不同，这两本经书内容短小精悍，念诵时间不及一小时，但其间内容包含了仪式所需的请神—颂神—驱鬼—送神四个核心程序。与传统祭天不同的是，这类特殊的祭天仪式并无固定的日期及场所，在举行前请东巴占卜测算具体日期及地点来定。举行特殊祭天仪式的原因是家屋不顺或家有病人，前去占卜问卦，得知是绝嗣之家的天（也有天鬼之说）在作祟，要消灾免难，就须祭祀绝嗣之家的天。因此这种祭天仪式是不定期举行的。在这种祭天仪式中，天、地、柏的原本神圣地位受到了动摇，仪式目的由祈福转化为了禳灾，自然与一般的祭天仪式有本质的不同。它的产生与形成，显然与纳西族祭天群体的逐渐分散、瓦解，随之神灵、祖先神的观念变迁不无关系。[①]

由此可见，仪式类型和仪式故事类型的消长与时代变迁密切相关。与祭天仪式势微形成鲜明对比的是，一些与日常生活、生产劳动关系紧密的仪式的规模、经书、故事类型日趋丰富庞杂。如一个大祭署仪式（$ṣ v^{31} na^{31} gv^{31}$）需要念诵的经书多达 57 本。主因在于"署"作为自然神，其所管辖的自然万物与人类的生产、生产越来越紧密，祭自然神带来的直接利益关系也显得更为突出。这从祭署类经书名称中就可看出人与自然神的这种多元复杂的关系。

《设置神坛》、《撒神粮》、《请署歇息》、《唤醒署》、《迎请尼补劳端神》、《署的来历》、《请署》、《请署茜降临》、《点燃神火灯》、《送刹道面偶》、《烧天香》（上、下）、《开坛经》、《卢神的起源》、《送署茜守门者》、《迎接佐玛祖先》（上卷、中卷）、《迎按佐玛祖先尾

----

① 《全集》第 1 卷《祭天·祭无人祭祀的天》，第 193 页。

卷》、《用白山羊白绵羊白鸡偿还欠署的债》、《都沙敖吐的故事》、《普蛀乌路的故事》、《神鹏与署争斗的的故事》、《把署猛鬼分开》、《俺双金套姆和董若阿夸争斗的故事》、《蛀堆三子的故事》、《梅生都迪与古鲁古久的故事》、《妥构古汝和美利董主的故事》、《祭署的六个故事》、《鸡的来历》、《沈爪构姆与署争斗的故事》、《崇仁利恩的故事》、《纽莎套姆和纽莎三兄弟到人类家中》、《高勒趣招父魂》、《崇忍潘迪的故事》、《崇仁利恩·红眼仄若的故事》、《美利恒孜与桑汝尼麻的故事》、《杀猛鬼、恩鬼的故事》、《送傻署》、《东巴什罗开署寨之门》、《让署给主人家赐予福泽》、《保福保佑》、《建署塔》、《白"梭刷"的来历》、《药的来历》、《拉朗拉镇的故事》、《给署供品·给署献活鸡·放五彩鸡》、《迎接四尊久补神·开署门》、《祭者·给署许愿·给署施药·偿署债》、《招魂经》、《不争斗·又和好》、《求福泽与子嗣》、《给署献活鸡·开署门》、《木牌的出处与崇忍潘迪找药的故事》、《给仄许愿·给娆许愿》、《立标志树》、《开坛经》、《送神》、《除秽和仪式规程》。①

当然，并不是说所有祭署仪式都必须念诵所有经书，对东巴而言，经书数量只是一个虚数，因为他在仪式中，并不是每一本经书都要照本宣科，更多时候只是摘其要点梗概。每本经书中的重复部分，不同经书中情节相似的内容，他都会根据仪式情境做出增减、组合、创编。仪式的圆满与否，主要取决于仪式程序的完整，而请神、安神、驱鬼、送神四个核心程序构成了仪式是否达成完整、圆满的关键部分。这四个核心程序中所念诵的经书往往是具有代表性的经典，如祭天仪式中的《崇搬绍》，祭风仪式中的《鲁般鲁饶》、祭署仪式中的《署鹏争斗》、祭垛鬼仪式中的《董埃术埃》，这些经典在仪式中起到了举足轻重的作用。在传统东巴仪式中，每当念诵这些经典时，受众往往要提高注意力，围聚东巴身旁凝神聆听，这不只是仪式具有的神圣、庄严情境所统摄的，更多的是与这些经典本身所具有的强烈的艺术感染力直接相关。祭天仪式期间，《崇搬绍》一般要念诵多次，除了在初五大祭天仪式上念诵两次外，在初八的小祭天仪式上还要重诵一次。当东巴念到天神出现的情节时，村民轮流向天神忏悔、赎

---

① 参见《全集》，第5—9卷。

罪。而举行大祭风仪式期间，《鲁般鲁饶》这部爱情经典悲剧往往成为仪式的高潮所在，因为此仪式是超度殉情者灵魂。东巴及家属为了避开议论者，往往选择在深夜里举行此仪式。但还是躲不过来听这一经典的诸多有心人，尤其是村里及周边的年轻人往往躲在围墙外静静地倾听，然后互相口传心授，在流传过程中，这部东巴经典演变为一部民歌长诗——《尤悲》。"总的来说，不论从思想内容、创作方法、艺术表现等诸方面看，我们认为《尤悲》是《鲁般鲁饶》的继承和发展，《鲁般鲁饶》是《尤悲》的基础和渊源。因此《尤悲》也是反映近代纳西族生活的《鲁般鲁饶》，《鲁般鲁饶》是反映纳西族远古时代的《尤悲》。"① 这些经典的沉淀生成，往往与不同时代的东巴在每次仪式中的千锤百炼密切相关，这些核心经典往往成为判断故事类型、仪式类型的重要参照物。同时，在仪式中演述这些核心经典的仪式程序也往往成为整个仪式的重心所在，其他仪式程序都是围绕这一核心程序展开的。

（三）超级仪式的故事集群

仪式类型是相对而言的，对于一些由十多个仪式组合而成的复合型仪式，因为多元仪式类型的混合，不好界定属于哪一种仪式类型。这些复合型仪式也就是"超级仪式"。"超级仪式"受到劳里·航柯提出的"超级故事"（superstories）概念的影响。接下来问题是，这些超级仪式中是否包含了"超级故事"？"超级故事"是劳里·航柯根据印度史诗传统提出的一个概念名称。他认为，超级故事是相对于单一故事而言，是无数小故事的凝聚，其恢宏的形式和神奇的叙事方式易于多重意义的生成。《摩诃婆罗多》《罗摩衍那》《伊利亚特》《奥德赛》即属于超级故事。相对而言，单一故事规模小，具有完整的动机和真实可感的人类情绪。在单一故事里，一个人的死去是一个重要事件，而在超级故事里，一个人的死亡只是统计学上的琐事。布兰达·贝卡认为，一部史诗就是一个超级故事。② 但就东巴叙事传统而言，超级仪式中虽然包含了众多史诗，但不能说由此形成了"超级故事"。因为在整个超级仪式中所演述的故事文本并不只是一个故事，而是包含了多达上百本的故事文本，这些故事文本更多的是为超

<hr>

① 和时杰：《〈尤悲〉初探》，《纳西族民间抒情长诗：相会调》，云南民族出版社 2010 年版，第178 页。
② 转引自尹虎彬《史诗观念与史诗范式转移》，《中央民族大学学报》（哲学社会科学版）2008年第 1 期。

级仪式下面的子仪式服务而设的。简言之，是仪式决定了故事类型，而非反之。所以在超级仪式中所念诵的各类经书更接近于"故事集群"。笔者分别于 2009 年 6 月、2013 年 2 月参加过两次东巴丧葬仪式，两次仪式都超过七天，大大小小仪式共举行了 35 个，所念诵的经书均超过 200 册，基本上涵盖了祈福、禳灾、丧葬、占卜等类经书，这些经书中既包括了《创世纪》《人类迁徙记》《黑白之战》《鲁般鲁饶》《署鹏争斗》《白蝙蝠取经记》等经典名篇，也有众多与神灵、鬼怪、祖先相关的故事类经书。这些不同仪式类型的经书在超级仪式中构成了一个作为整体的故事集群。

东巴仪式的规模大小主要依据这样几个情况而定：一是与仪式性质相关，如东巴大师去世，由他指定一个得意徒弟主持自己的丧葬仪式，众弟子都必须协力参与，这种东巴葬礼称为"什罗务"，意为举行东巴教教主丁巴什罗葬礼，其规模是所有丧葬仪式中最大的，时间长达七至九天。二是与举办仪式的家庭相关，如果只是一般老百姓的丧葬，家贫难支仪式耗费，仪式也就简化为两三天。有些业主家大财粗，其仪式相应趋于宏大。三是与仪式的主持者也有关系。大仪式主要与所迎请的神灵及禳鬼数量有关，神灵及鬼怪数量越多，所献祭牲越多，对主祭者能力水平也要求极高，尤其是一些非正常死亡的祭风仪式，不是大东巴不敢做此类仪式，有些东巴害怕自己神力压不着这些凶鬼而反克于己。一些大东巴借助自身的威力，在仪式财力不增加的前提下，也可把一些中小型仪式扩大成超级仪式。

当然，并不是只有丧葬仪式才有资格构成"超级仪式"。四大类东巴仪式都可以转换为超级仪式。如 2005 年 4 月 2—7 日，由中国社会科学院民族文学所与日本国文部省合作，在丽江塔城乡署明村举行了一次规模浩大的超级仪式——延寿子仪式。这次仪式共邀请了包括老东巴和秀及研究者兼东巴的和力民在内的 28 名东巴（16 名来自塔城署明村，12 名来自丽江附近）及十余名助手。东巴均通过认真挑选，并有一技之才，如有的是东巴舞大师，有的能诵读上百本东巴经书。日程如下：

第一天（4 月 2 日）
1. 布置主祭场、设神座、烧天香
2. 迎接丽江地区的外来东巴仪式

第二天（4月3日）

1. 退送口舌是非鬼并附祭凶死鬼仪式

2. 大规模祭秽鬼除秽仪式

第三天（4月4日）

1. 大规模祭祀署神（自然神）仪式

2. 祭祀祖先神仪式

3. 祭嘎神（战神·胜利神）仪式

4. 祭星神仪式

第四天（4月5日）

1. 祭风仪式

2. 祭景神（雷神）本神（电神）仪式

第五天（4月6日）

1. 请神加威力仪式

2. 大规模烧天香仪式

3. 请华神等大神赐福、求寿仪式

4. 祭诺神（家畜神）仪式

第六天（4月7日）

1. 祭山神仪式

2. 祭三朵神（地域神）仪式

3. 祭天仪式

4. 送龙神仪式

5. 祭素神（家神）仪式

　　需要说明的是，以上20多个仪式中并未包括诸多小型仪式，而一个大的仪式就要花费六七个小时。各仪式基本依次做来，但有时也兵分两路甚至几路，在院内或村落不同处同步交错举行。其中第四天举行祭风仪式的地点选在一处环境秀美的山顶，第六天的祭天仪式则在与全村祭天场比邻的以杨天顺为族长的杨玉华家族的祭天场举行。仪式期间，东巴们诵经达200余册次，跳白狮舞、射箭舞等各种东巴舞近20场。①

───────────────

① 夏宇继：《恢复纳西东巴教求寿仪式的调查》，《民间文化论坛》2006年第2期。

这个由 28 名东巴参与、连续举行六天、念诵经书 200 多本、耗资十多万元的超级仪式可谓空前绝后。从中也可看出，这一仪式的核心主题——"延寿"是由烧天香仪式、迎接东巴仪式、退送口舌是非鬼仪式、祭凶死鬼仪式、祭秽鬼、除秽仪式、署神（自然神）仪式、祭祖仪式、祭嘎神（战神·胜利神）仪式、祭星神仪式、祭风仪式、祭景神（雷神）本神（电神）仪式、请神加威力仪式、请华神等大神赐福、求寿仪式、祭诺神（家畜神）仪式、祭山神仪式、祭三朵神仪式、祭天仪式、送龙神仪式、祭素神（家神）仪式等 22 个仪式构成。仪式内容虽然繁多，但其基本结构仍是请神、颂神、祈神求寿、送神四个仪式程序，核心程序为祈神求寿，核心经典为《求寿求岁》。仪式之所以变得如此庞杂，关键在于主祭东巴在其间填充了大量的子仪式，由此期望借助这些补充进来的仪式来增强祈福求寿的效果。笔者曾访谈过此次仪式的主祭东巴，他说这样的仪式也可压缩在一天内完成，前提是把不属于核心仪式范围的其他仪式程序大量删减。

综上，东巴祭天仪式中的每一个步骤、程序、主题、故事类型、仪式单元都具有高度程式化的特征，属于仪式程式的范畴。这些不同尺度的"仪式程式"为东巴进行仪式叙事提供了完备的"武器库"。他不仅对叙事文本中的程式片语、典型场景、故事类型了如指掌，得心应手，并且对这些仪式部件的机能早已胸有成竹。从这个意义上说，这些仪式部件与口头传统各个部件一同构成了"仪式程式"。

三　祭天仪式程式的结构形态

（一）口头程式与仪式程式的互动关系

"仪式程式"有两个内涵所指：一是口头叙事传统中的程式，主要由传统性片语、主题和故事类型三个层面构成；二是指仪式中的程式，主要由仪式程序、仪式主题、仪式类型等三个层面构成。二者共同构成了"仪式程式"。

仪式是二者最大的公约数。仪式统摄故事、程序。仪式的规模大小、仪式的性质、仪式主持者的能力与水平在一定程度上影响、制约着故事文本以及仪式程序的结构、内容、规模。仪式叙事是由仪式行为（程序及步骤）与口头或经籍演述两个层面达成的，口头演述重在听觉，仪式行为重在视觉，都是仪式背后的宗教观念的实践表现。

仪式中的程式可以增减、调整、组合、创编。对于东巴来说，这些不同部件犹如一个构筑仪式叙事的"词"。如在超级仪式中，一个仪式成为一个"词"；在一个仪式中，仪式程序成为一个"词"；在一个仪式程序中，一个步骤成为一个"词"。对于一个主持仪式的东巴来说，他把仪式程式与故事文本中的"大词"作为仪式叙事的手段来统筹考虑，并不存在顾此失彼的情况。与游吟诗人的独自演述情况不同，一个仪式往往由多个祭司共同来完成。相对说来，主祭是仪式的"总设计师"，他一开始就给助手们讲明了仪式的程序、所念诵的经书及仪式需要进行的大致时间，此后他的任务是监督、管控整个仪式的实施情况。念诵经文成为主祭颁布指令的重要途径，经文内容一般与仪式行为相辅相成。如祭天仪式中的《献饭经》中有这样的祭词。

　　给上天献上饭。为供奉好上天，还献上甜酒、祭米，还有那煮熟了的祭牲的脑浆、整块的软肋。吃啊，愿天吃得饱；喝啊，愿天喝个醉。这样，天就会开启他的吉口，发出福音；天就会开启他的好口，降下吉祥来。

　　给大地献上饭。诚心地祭祀，诚心地供奉。把最好的饭供奉在大地的嘴边，把最醇美的酒敬给大地的好口。还供奉上煮熟了的祭牲的脑浆，以及整块的软肋。愿大地吃啊吃个饱，喝啊喝个醉。于是大地就会开启吉口，发来福音、降下吉祥来。

　　上天和大地两个，不结伴就不吃饭；不相随就不行走。穿衣层层暖；同桌吃饭香。财物丰富银子多；粮食丰足装满仓。他家的酒碗用银子来镶；他家的茶碗用金子来镀。

　　谁的酒最甜，不品不知道；谁的饭最好，不尝不晓得。虽然天的酒甜、天的饭好吃，但还请尝尝地的甜酒、地的饭。用地的甜酒、地的好饭敬给天。还用煮熟了的祭牲的脑浆、四蹄来敬给天。在这祭供的日子里：愿天吃啊吃个饱；愿天喝啊喝个醉。然后，望天开吉口，降下福音吉祥来。

　　天和地两个，不结伴么不动筷，层层穿衣暖。不相随么不行走，坐也并头坐，站也并肩立，相依相随不分离。谁的酒最甜，谁的饭最香，不尝怎知道？地的好酒好饭不及天的好酒好饭吧？再用天的甜酒、天的好饭给地尝一尝。还有那煮熟了的祭牲的脑浆、四蹄、长肉骨节、排骨来给地尝一尝。在这祭供的好日子里：愿地吃时吃得饱；愿地喝时喝个醉。然后，望地开吉口，降下福音吉祥来。很好地祭祀这中间的圣柏。要在圣柏面前：供奉上比水大、比山高的供品。在祭祀的好日子里，给柏祭献；在祭献的美好时刻，给柏供奉。给这高洁的圣柏献上饭，还供奉上甜酒、祭米，以及煮熟了的祭牲的脑浆、骨节、排骨。愿柏吃啊吃地饱，喝啊喝地醉。这样圣柏开吉口，就会发出福音降下吉祥来。①

主祭在念诵这些经文时，旁边的助手依照所念及的内容分别给象征天神、地神、天舅的神树——献饭、献牲、献酒。从这个意义上说，仪式经文成了仪式行为指南，仪式行为与经文内容构成了仪式叙事的两个侧面。仪式程序及故事情节犹如两条平行移动的线性结构，构成了仪式叙事文本的"情节基干"，不断推动着仪式叙事行为的逻辑展开。

（二）"仪式程式"的概念内涵及特征

这种叙事结构与刘魁立构拟的"民间故事的生命树"极为相似。母题链、情节基干、中心母题是刘魁立"民间故事生命树"最基本的三个概念。三者之间的关系是这样的：情节基干是判断一个故事集合是否同属一个类型的基本要求，情节基干由若干母题链组成，但是母题链却不一定只存在于情节基干中，它也可能是某些"枝干"中的组成部分。中心母题是特指情节基干中的某一条母题链的核心内容，而"枝干"中的母题链则不在刘魁立的讨论范围。在情节基干中，每一条母题链必有一中心母题，因此，该情节基干有多少条母题链，就会有同样数量的中心母题。②

需要指出的是，笔者借用刘魁立的"民间叙事的生命树"示意图，主要说明仪式叙事的结构形态。这里民间故事中的"母题链""中心母题"等同于仪式中的核心程序，仪式中的"情节基干"指所有仪式中都存在的重复、共有的程序步骤。通过这个祭天仪式形态结构示意图，"仪式程式"的整体面貌可以从中得以体现（见图3—1）。

---

① 《全集》第1卷《献牲、献饭经》，第225—227页。
② 施爱东：《民间文学的形态研究与共时研究：以刘魁立〈民间叙事的生命树〉为例》，《民族文学研究》2006年第1期。

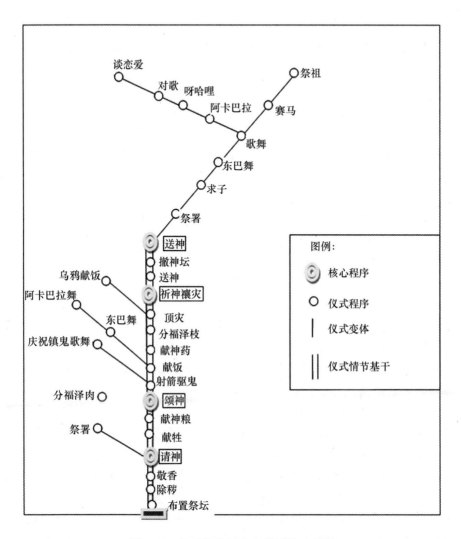

图3—1 祭天仪式程式形态结构示意图

图3—1 有助于我们更全面、深入地理解仪式语境中"仪式程式"的几个表现特征。

1. 程序是仪式主持者运用"仪式程式"的基本构件，也是仪式行为的行动单位，类似于口头传统文本中的主题、母题，具有链接功能。而核心程序是指在整个仪式结构中处于关键转折点，且在同类仪式中会高度重复存在的主要程序。图3—1 中的"请神""颂神""祈神禳灾""送神"

是所有东巴仪式中必须经历的"四部曲",这四个程序在仪式叙事中起到了链接情节基干的作用。一个核心程序意味着一个仪式情节基干的结束,一个新的情节基干的开始。核心程序类似于母题链、中心母题,是构成仪式叙事文本的中心框架结构所在。

3. 作为仪式的情节基干,在核心程序之间起到链接、递进的作用。"请神"的核心程序由布置祭坛、除秽、敬香三个程序构成,这三个程序通过有机的联系构成了"请神"的仪式情节基干。仪式情节基干只存在于核心程序之间,这与其自身的高度程式化特征相关,也就是说,仪式情节基干在同类仪式中有着高度的重复律和相近性。

4. 仪式程式基于歌手或仪式主持者立场而言,着重研究他是如何设计、完成一个完整仪式的手段、方法。从图3—1中可以看出,在核心程序、情节基干得以保证的前提下,仪式可以进行相应的扩充与删减。图3—1中的祭天仪式是一个综合形态的仪式,在仪式情节基干上延伸出了不少新的仪式情节,这既是不同区域的仪式变异所致,也是仪式程式的特性所决定的。反过来,这个祭天仪式也可减缩为"除秽—献香—献牲—献饭—驱鬼—送神"六个程序的小仪式。这六个程序是构成一个完整、独立的仪式不可或缺的情节基干,包含请神(除秽、献香)、颂神(献牲)、祈神(献饭、驱鬼)、送神四个核心程序。

仪式程式中,仪式程序行为与叙事行为是合二为一的。这些大小不等的仪式构成了一个超级仪式,每个程序包含了至少一个故事,由此形成了一个庞大的故事集群。从故事层面来说,一个程序其实就是一个故事主题,一个核心程序就是一个核心主题,其下集约了一个主题群。一个主题往往与一个故事类型相联系。如"除秽"作为主题,与"秽鬼"系列故事类型相联系,"施神药"的主题与"求长生不老药"的故事类型相联系。也就是说,程序、主题,主题群、故事类型,超级仪式、故事集群,对于仪式主持者来说往往是"一套人马,两块牌子"的关系。

5. 仪式程式的构词功能是在时代变迁中不断发展变化的。从图3—1中也可清晰地看到祭天文化的变迁过程——从原初阶段的六个程序到最后演变为近30个大小仪式构成的超级仪式,说明了祭天所负载的文化功能趋于繁富复杂。但从新增加的仪式程序中可以看出,祭署、歌舞娱乐在仪式中的分量越来越大,说明了随着纳西族社会从畜牧、狩猎经济形态转入农业经济形态,自然神与农业关系甚大,而农闲时间的增多意味着娱乐要求的提升，这些都从这一古老传统的变迁中得到了充分的体现，同时也从侧面说明了传统的力量是构成仪式程式不断"与时俱进"的动力源泉。

6. 仪式程式是传统的产物。支撑仪式的是宗教信仰，仪式是信仰观念的实践。不管文化形态怎么演变，作为构成传统的内核——文化主题却呈现出稳定形态。祭天文化作为统摄了纳西传统的主体文化，其所包含的文化主题——人类自身的繁衍以及与自然的互惠关系，不仅深刻影响了纳西族的历史进程，也仍然强有力地影响着当下纳西人的生活与精神。祭天仪式主要讲述了英雄祖先崇仁利恩面临人类生存危机的难题后，被迫到天上寻求伴侣，说明了天是人类得以生存的唯一希望，最后也是靠天神成全了人类的难题。天人合一，人类得以繁衍，二者互为前提，互为因果。人本身是自然的有机部分，只有与自然达成了和谐关系，才能促进人类自身的繁衍发展。这是东巴教最基本的教义所在，也是东巴叙事的主题所在。东巴仪式中的"程式"，也是围绕这一主题而展开、运作的。

第四章　仪式表演的程式化特征

——以东巴超度仪式为例

表演与仪式密不可分。仪式中的表演是戏剧产生的源头，仪式表演与历史记忆、文化象征、族群认同、社会结构有着复杂深刻的关系，人类学、社会学以及神话—仪式学派对此有过深入的研究。本书旨归并不在于表演与仪式的深层关系研究，而重在于对以下问题的探讨：仪式中的表演是如何达成的？它与口头传统的关系如何？仪式主持者是如何把口头演述、仪式演唱、舞蹈、绘画、手工艺、游戏等多元表演单元应用到仪式中的？这些不同的表演单元之间与仪式的程序、主题、典型场景、类型是否存在对应关系？或者说，仪式表演作为仪式的构成，"仪式程式"在其间起什么作用？可以说，"程式"引入仪式表演，可以对"仪式程式"的概念内涵及功能有个更为深入与确切的把握与认识。

第一节　东巴仪式表演的文化表征

一　东巴仪式表演的多元艺术形态

本书中的"表演"并不仅限于口头表演内容，而是倾向于"文化表演"。从表演内容看，东巴仪式表演除了口头表演外，还涉及绘画、音乐、舞蹈、雕塑、服饰、游戏、节日等多元艺术形态；从表演主体看，也不只是一个东巴在唱独角戏，而是由众多东巴以及在场的受众、不在场的神灵、死者、鬼怪共同构成的。东巴仪式中的表演除了担负着表演者与受众者之间的交流功能外，同时担负了驱鬼禳灾、巫术治疗、协调社会秩序、深化族群认同、强化伦理教育等诸多社会功能，这也说明了东巴仪式表演所具有的多元性特征。东巴仪式表演的艺术形态具有原始宗教特有的综合艺术的特征，这一特征在东巴教的经、舞、书、画等多元艺术形态的综合性中得以完整体现。和志武认为，"东巴为人家念经，往往是有声有色的个人和集体的唱诵表演，配上鼓点和小马锣的回音，非常动听。诵经调以不同道场而区分，在同一道场中，又以不同法事和经书的内容而有不同的唱法；并且还有地区上的差别，如丽江、中甸、白地、丽江宝山等，就有明显的差异。总体来说，东巴经诵经腔调有 20 种，最丰富的是丽江坝区。从音乐本身价值来看，以丽江祭风道场和开丧、超荐道场的诵调为佳。前者除配锣鼓响点外，有时还配直笛，唱诵《鲁般鲁饶》时，一般是中青年的东巴唱诵，声音清脆轻松，节奏明快，所以颇能吸引青年听众。后者往往不用锣鼓，而是采用集体合唱方式，庄重浑厚，雄音缭绕，表现的是一种较为严肃的气氛"。①

　　从中可以看出，东巴文化作为以宗教观念为支撑的文化体系，既有着祈福禳灾、求吉避祸的宗教功能，也有深化族群认同、加强道德教育、提供娱乐狂欢等多元社会功能。这些文化、社会功能是通过丰富多彩、富有艺术表演力的多元文化表演达成的。人们在这一特定的东巴文化场域中，表达着对祖先、神灵的虔诚敬畏之情，以及对恶魔鬼怪的憎恶、防范心理；通过仪式表演增强了对生存的信心与希冀，有效解除了内心的恐慌，同时在仪式表演中享受着歌舞艺术带来的狂欢，陶醉于神话史诗所渲染的浪漫神奇的精神世界，惊叹于原始绘画艺术特有的奇特夸张、拙朴诡异的艺术神韵……也就是说，东巴仪式表演的宗教功能并不是靠单调的照本宣科的教条式训导达成的，而是借助这些富有艺术表现力、感染力的多元艺术表现形态达成的。从这个意义来说，仪式表演更多地呈现出艺术表演的文化魅力。宗教往往成为戏剧、戏曲、美术、舞蹈、音乐等多元艺术的母体绝非偶然，这里有着深厚的历史传统根基。

二　东巴仪式表演中的多元宗教文化因子

　　东巴仪式表演的实质是宗教表演，具有突出的宗教性特征，而这一特

---

① 和志武：《纳西东巴文化》，吉林教育出版社 1989 年版，第 211 页。

征从东巴教特有的巫术与原始宗教、人为宗教的混融性中得以体现。关于东巴教性质，有三种不同的观点：（1）它不能说是严格意义上的宗教，应属于巫术为主的萨满教或原始巫教的范畴；[①]（2）它属于原始宗教或原始多神教的范畴；[②]（3）它属于由原始宗教向人为宗教过渡的一种宗教。[③]这三种对东巴教性质的不同界定都明显突出了其所具有的巫术、原始宗教的特征。实质上，巫术与宗教既有发展进化的历时性关系，也有着相互交织、彼此消长的共时性关系。巫术与宗教同为对超自然力量的信仰和崇拜活动，二者是相通的，巫术也称为巫教或巫术的宗教，可以总括为宗教现象。黑格尔在《宗教哲学讲义》中认为巫术的宗教是宗教史上最早的一个阶段。弗雷泽在《金枝》中用大量的实证材料提出，在"宗教时代"以前有一个"巫术时代"，并对巫术与宗教的区别做了明晰的阐述。马列诺夫斯基在《巫术、科学、宗教与神话》等著述中对弗氏的观点做了肯定和发挥。但他们着重研究保存原始文化形态的土著民族的巫术活动，而对神灵崇拜活动更为发达的文化中的巫术与宗教的区分没有提出切实的区分标准。[④] 鉴于现代社会中巫术与宗教常混在一起，难以彻底区分开来，一些当代人类学家倾向于将二者化为一类。许烺光先生认为："无论我们采取哪一种标准，都会得出这样一个结论：巫术和宗教不应看作是两种互不相容的实体，而必须整体地将它们看作是巫术—宗教体或巫术—宗教现象。"这种观点得到越来越多的人类学家的赞同。[⑤] 东巴教的宗教形态就包含了巫术、原始宗教、人为宗教的互融性特征。

金文中的"巫"写为：亚。《说文解字》释巫："祝也。女能事无形，以舞降神者也，象人两袖舞形。"东巴文中的"舞"为：，《李霖灿字典》中释为："象人婆娑起舞之形。"[⑥] 也是突出了"长袖善舞"的特点。"巫""祝"早期是合二为一的，后来随着社会的发展分开，"祝"专指祭司。"祝"的金文写为：，为一人跪坐于礼器前之形状。段玉裁的《说

---

① 冯寿轩：《东巴教的原始综合性》，载《东巴文化论集》，云南人民出版社 1985 年版，第 57 页。

② 和志武：《东巴教与东巴文化》，载《东巴文化论集》，云南人民出版社 1985 年版，第 23 页。

③ 和力民：《论东巴教的性质》，载《东巴文化论》，云南人民出版社 1991 年版，第 57 页。

④ 马列诺夫斯基：《巫术、科学、宗教与神话》，李安宅译，中国民间文艺出版社 1986 年版，第 66 页。

⑤ 史宗主编：《20 世纪西方宗教人类学文选》，上海三联书店 1995 年版，第 726 页。

⑥ 李霖灿：《纳西族象形标音文字字典》，云南民族出版社 2001 年版，第 234 字。

文解字注》："祝，祭主赞辞者。周礼祝与巫分职。""兑为口为巫。""兑，说也。"东巴文中的"东巴"为 ，也是坐着诵经的形象，说明了东巴教中的"巫"有了分化，东巴成为祭司的代称，成为民族宗教的正统代表。而"巫"的地位进一步下降，成为"巫婆"的代名词，一般从事打卦算命的行业，而不能主持相关东巴仪式。东巴字的"巫"写为： ，"pha^{31}女巫也。画女巫打卦之形。"[1] 也写为 ，突出披头散发的女巫特点。[2]

东巴仪式是东巴教观念的实践方式，而东巴仪式表演反映了东巴教所蕴含的价值观、世界观。东巴教是根、源，东巴仪式表演中的多元艺术是枝、流。东巴文化的文化共性通过东巴艺术个性得以体现，东巴艺术个性又蕴含于东巴教文化共性中。东巴教的教义、教规、仪轨影响着东巴仪式表演的产生、形成、发展。东巴仪式表演中的口头表演、歌舞、绘画工艺的主题取材于东巴教的神话、史诗、传说等经典内容，与东巴祭祀仪式活动息息相关，是为宣扬"万物有灵""敬天法祖""以天为大""灵魂不灭""因果报应"等宗教思想服务的。东巴教源于自然崇拜，至今仍保留了大量的自然崇拜遗迹，这也是东巴教具有巫术性质的社会根源；东巴教后期受到苯教、藏传佛教、道教的深刻影响，大量的外来神灵、鬼怪体系、思想观念也吸收进来，使东巴教逐渐向以一神教为主体的人为宗教发展，但这一进程没有完成时就被社会变迁打断，由此形成了巫术与原始宗教、人为宗教相混融的独特现象。如木牌画中的神灵鬼怪形象体现出拙朴、原始、古怪、粗犷的东巴教早期的巫术艺术特色，而纸牌画、卷轴画中的主神、护法神、战神，动物神灵则体现出庄严、神圣、肃穆、安宁、祥和的宗教艺术特色，这与纸牌画、卷轴画受到藏族宗教艺术——唐卡的影响因素密切相关。需要说明的是，东巴教虽然后期受到藏传佛教、汉传佛教、道教的影响，但仍以原始宗教为主体特征，其神灵形象仍以原有的图腾崇拜内容为主。"由于各种原因，（东巴教）不能象苯教一样，对自己的本土宗教进行一次大的改革，因而，东巴经书仍保留了原始宗教的原貌。所吸收进来的外来文化，象一只不合群的动物，兀立在一旁，与原来

---

① 李霖灿：《纳西族象形标音文字字典》，云南民族出版社 2001 年版，第 1908 字。
② 同上书，第 1909 字。

的文化极协调。"①

三 东巴仪式表演中的文化主题——亲和自然

东巴仪式表演是以仪式为载体，多元综合艺术为表现形态的原生性宗教表演。自然性是其突出的艺术特征及文化主题。前文中也论及了繁衍生息与自然互惠是东巴文化的两大文化主题。繁衍生息与宗教仪式的功能密切相关，人类与自然互惠、亲和则是前一功能的实现途径，与东巴教早期的自然崇拜相辅相成。纳西先民在生产力低下的社会条件下，对大自然的威力充满了敬畏之情，对自然给予人类的生存资源充满了感恩之情，也是在不断地与自然相处的过程中认识到只有与大自然和谐相处，人类才能繁衍生息，由此通过对自然的神化、膜拜，借助相关的宗教仪式来强化这一朴素的人文精神。这一人文精神渗透到东巴仪式表演的形式与内容中，为纳西先民的艺术创造及精神寄托提供了自由而广阔的文化空间。宗法自然，还原自然、表现自然成为东巴表演艺术的人文精神追求及宗旨所在，这种自然性也给东巴表演艺术带来了拙朴性、活泼性、能动性、和谐性等艺术表现特征。

从东巴字、东巴画的工具、材料来看，皆取材于自然界，表现的内容也是以自然界中可见、可触、可感的万物为主，这些都折射到具体的艺术作品上，不可避免地带上了浓郁的自然性特征。凡是看过东巴象形文字的人们都会有这么一个印象，东巴文字就像一幅幅笔法简练的素描画，鸟兽虫鱼、花草树木、江河山峡皆跃然纸上，扑面而来，是字非字，是画非画，亦字亦画，二者相得益彰。这种独特的字画特征，使东巴字及东巴画体现出拙朴自然、形象生动的艺术风格。东巴画中的飞禽走兽、草木虫鱼、天文地理，无不取其特征，或白描，或勾勒，或意会，或点睛，不着雕痕，不重技巧，返璞归真，朴拙自然，活泼生动，再现了人类童年时期的艺术意味。因为东巴象形文字取于自然万物的形态特征，东巴画中的内容以鬼神、动物为主，结构复杂，故东巴作画时采取了"特征摄取"的方法，选取绘画对象的突出特征，尤其是描摹相似的物体时，对其不同于其

---

① 和宝林：《东巴文化和神路图长卷》，载《东巴文化研究所论文选集》，云南民族出版社 2003 年版，第 134 页。

他物体的特征予以强调、放大，以示区别。如动物多取其头部形状，而相似动物由以不同部位来示区别，如水牛突出半圆形的牛角形状，牦牛则突出长且弯曲的牛角；鸡突出鸡冠，鸭突出扁平的鸭喙，鹤突出长、尖的中嘴部，鹰突出内卷的长喙等。东巴画中的线条勾勒近乎现代绘画中的素描，或简练概括，或变形夸张，或粗犷流畅，率真豪放，刚柔兼备，寥寥几笔，事物之形象活灵活现，呼之欲出，盎然生机。李霖灿评价说："无论是龙的飞翔，鹤的舞姿，愤怒的野牛，疾驰的骏马，矫健的猎人，腾跳的虎豹……都具有刚健流利的线条。""远取诸物，近取诸身，一经撷取，便惟妙惟肖，直臻大匠堂奥。"①

东巴舞的内容以模仿自然界飞禽走兽的神态动作为主，如东巴舞中经常表演的内容为金色神蛙舞、赤虎舞、绿松石青龙舞、走龙舞、飞龙舞、白海螺狮子舞、大鹏神鸟舞、白牦牛舞、黑犏牛舞、白山羊（神羊）舞、金孔雀舞。另外，在表现神灵类的舞蹈中也多以其坐骑为表现对象。相传东巴舞是从18层天上的盘孜沙美女神那里学来的，第一个舞种是大鹏鸟舞，学跳此舞时，必须模仿它腾飞前跃跃欲试的姿态，以及在天空翱翔、与署神搏击、飞回大地的各种姿势。在学习大鹏鸟舞时，东巴舞师特别强调必须形神兼备，如表演大鹏在天空翱翔的神态时，舞者的双手在做出展翅飞翔的动作时，双眼也要相应地做出俯瞰大地、寻找目标的神态来，以此来表现大鹏鸟的自然性与神性兼容的特征。

"取法自然、还原自然、亲和自然"，成为东巴仪式表演的艺术法则与文化主旨，体现了纳西先民对人与自然和谐关系的人文精神追求及审美理想。

四　东巴仪式表演中的角色融合

当然，对于叙事主体——东巴祭司来说，这些仪式表演内容绝非首次上演，而是已经操演了无数次，早已了然于心，司空见惯；对于从小受到这种传统濡染的受众者来说也是如此，因为对他们来说，这些都是耳熟能详的"老故事""老节目"，但为什么这样的"老调"能延续上千年？关键内因还是在于传统所蕴含的宗教信仰与特定的文化场域。在这样的传统

---

① 参见杨福泉《绿雪歌者》，云南教育出版社2000年版，第67—74页。

场域中，叙事者与受众者的角色处于互动、融合的状态，由此也达成了多元叙事视角的融合与转换。

就口头史诗表演而言，在东巴仪式表演中，其叙事视角不只限于叙事者与受众之间，叙事文本中的主人公、祭祀对象也参与到其间来。《创世纪》演述之前必须先举行"除秽""迎请诸神""献祭牲"等仪式，此时的叙事者是以祭司的身份与神灵对话，语气是谦恭的；而叙及主人公崇仁利恩的事迹时，他成了神灵的化身，乃至民族的化身。譬如文本中有一段天神子劳阿普与崇仁利恩之间的对话，当子劳阿普问崇仁利恩是哪个种族时，崇仁利恩庄严地回答："我是九位开天男神的后代；我是七位辟地女神的后代；我是连翻九十九座大山、连涉七十七个深谷也不会疲倦的祖先的后代；我是白螺狮子、黄金大象的后代；我是英雄高纳布的后代；我是把三根脊骨一口吞下去也不会哽的祖先的后代；我是把三斗炒面一口咽下去也不会呛的祖先的后代；我是把江河灌下去也不能解渴的祖先的后代；我是把居那若罗神山吞下去也不会饱的祖先的后代；我是所有刽子手来杀也杀不死的祖先的后代；我是所有利箭和毒刀都不能伤害的祖先的后代；一切敌人都想消灭我的种族，但我们终于生存来……"此时，场内的民众也高呼响应，东巴的口头表演成为一种民族精神的宣言，成为民族文化认同的集体表白，而不仅仅是叙事者的独白。从这个意义上说，"史诗成为其认同表达的一个来源"①。

史诗演述中的多元视角融合与其所蕴含的"戏剧因素"也有内在关系。"神话通常采用叙事体文体进行'叙述'，当这种叙述在仪式中以故事中的人物角色进行'表演'时，叙事体就变成了代言体，而代言体的表演正是戏剧的典型特征，所以代言体的仪式表演可以称作'仪式戏剧'。"②演述《创世纪》的祭天仪式中有个场景：当东巴祭祀高呼"果洛人来了！"旁边的人们四处逃散躲藏，而东巴一喊"快来射杀果洛鬼！"人们又从四周团聚过来，纷纷持弓射箭，射中后观众都以高呼相庆。而在《黑白之战》史诗演述中也有类似的场景：东巴为了给病人招魂，让主人与鬼王史支金补下赌注，以掷骰子定输赢，自己当裁判。史支金补是以鬼形面偶为代表，东巴成了它的代言人，与主人掷六次骰子，六次皆输后，鬼王把

---

① Lauri Honko, *Textualising of the Siri Epic*, FFC No. 264, Helsinki. Finnland, 1998, p. 28.
② 薛艺兵：《对仪式现象的人类学解释（上）》，《广西民族研究》2003 年第 2 期。

偷走的魂还回来了。在做放替身仪式时，东巴助手手持柳枝编织的替身——儒欣阿巴、儒欣阿尤与东巴、主人进行对话，主人答应把自己舍不得吃穿的衣物施舍给它们，东也在一边进行劝说，东巴助手也做相应对答。从上述的场景中我们看到，东巴不仅代言着"神灵""鬼怪"，也代表着指挥仪式现场的"总导演"，有时也发生角色互串，如有时也替主人代言与鬼神对话，有时又成为鬼神与主人的调解者或旁观者，由此可见，东巴的角色具有了"导演""主演""观众"等多元角色，"主演"也有祭司、神灵、鬼怪、主人公等多元角色的转化，他的视角与演述方式随着角色的转换予以相应的变化。同样，在场的受众者也并非一味地扮演"沉默的旁观者"角色，有时也参与到场景中扮演相应的角色，成为仪式表演中不可或缺的有机构成。这种角色互融互动也促成了叙事视角的多元融合。也就是说，全知型、限制型叙事视角的融合与转换是在叙事者、受众者、神灵、主人公等多元主体的交融场域中达成的。

五　东巴仪式表演中的叙事视角内化

从叙事学层面来说，叙事视角中的全知型、限制型、外向型的划分是以叙事者视角为基准的。如果把这些不同视角置放于特定的仪式场域中，我们发现叙事者与受众者的视角存在平行、交叉、逆向等多维互动情况。这种多维视角的互动交融，既推动着叙事情节的展开，也深化着受众者对文本的深层理解。可以说，对一个传统中的叙事者、受众者来说，离奇的情节、优美的语言、繁复的表演，都不足以构成接受叙事文本的主要驱动力，毕竟这些都已经是"老调重弹"的内容，有"审美疲劳"之嫌。"他"更在意的是在这些熟悉的文化场域中达成对叙事传统、叙事情境的情感体验、审美感受。从这个意义上说，"他"的叙事视角既非全知，也不是限制、外向所能概括的，视角的内化可能更为贴切。也就是说，这时候的叙事视角是朝向内心、朝向体验，是以情感为中心的视角内化。

情节并非叙事动力的全部动力，我们发现情感体验也是叙事动力之一。以《鲁般鲁饶》为例，这一文本中近二分之一的篇幅是男女主人公的内心独白，剩下的二分之一还得排除掉男女青年们迁徙过程的漫长的铺垫，那么剩下的用来铺展、推进、完成情节的篇幅不足全篇的五分之一。我们或许会产生疑问，这么简短的情节如何能够支撑近十万字的容量？这种对主干情节不顾后果的偏离会对叙事行为、效果产生怎样的影响？但客观地说，我们并不能由此得出结论说，《鲁般鲁饶》是一部枯燥乏味的叙事文本。对于深处传统情境中的受众，这种主干情节的严重缺失，不但没有产生听觉疲劳，反而会产生一种内在的审美享受，因为此时"他"不只是在听，更多的是在体验。东巴深沉的吟诵、高亢的演唱、庄严的仪式祭祀、古朴神秘的东巴舞蹈，与叙事文本中渲染的悲剧氛围有机地融合在一起，构成了一个超越时空的叙事场域，从而使受众者的情感、视角融合到这一特定的场域中，为文本主人公的悲剧命运而叹息，为他们深情的心灵独白而伤怀。在一定程度上，这种文本叙事、现场演述与受众者的情感体验是互动融合的。"他"的视角只面向了自身的情感体验与审美感受，或者说意义超越了叙事本身。

受众者的视角内化在很大程度上也与叙事文本的题材、内容有内在的联系。作为一部爱情悲剧，过多的"命运遭遇"及情节纠缠只会使悲剧主题消淡，这就使得文本的叙事策略从情节转移到心理上来，将戏剧性的线性时间分解成空间的细节加以表现，把故事演化为随笔，把神话转化为抒情诗，从而有效延展了它的叙事张力及文本时空。普罗普给"功能"的定义（功能是人物的一种行为，由它对行动进程所具有的意义来界定）中，就预设了作者赋予叙事的意义，其结果是对形式进行预先阐释后再对形式进行描述。整合研究模式也研究叙事的形式，但将其放在受众者的阅读语境中，叙事形式的意义只有在受众者的阐释框架中才能体现出意义，从而将叙事意义的确定权交给了受众者。[①]《鲁般鲁饶》是东巴超度殉情者灵魂的经书，在举行仪式时年轻人是禁止入内的，但其巨大的艺术魅力使这一经典在民间得以广泛传播，并深刻影响了民族的文化心理与人文精神。"可以没有吃的，可以没有穿的，但不能没有心灵的自由，不能没有爱情。因此他企望通过歌唱'情死'，倡扬一种对爱情忠贞不渝，对自由、理想执著而至死不渝的顽强追求。"[②] 西方有些学者断言中国的神话故事缺少类似希腊神话的自由精神、悲剧意识，这是有失偏颇的。

从东巴仪式表演的整体性而言，这些已经上演了上千年的"文化表演"已经沉淀生成了一整套相对固定有效的仪式表演程式。程式是这些不

---

① ［美］戴卫·赫尔曼：《新叙事学》，马海良译，北京大学出版社2002年版，第15页。
② 蔡毅：《情死：人性光辉的闪烁》，《当代作家评论》1996年第2期。

同表演单元能够有机整合为统一的仪式叙事文本的内因所在，而这些高度程式化的仪式表演既是族群历史及文化传统演变、沉淀的结果，也是族群历史、文化传统的表现载体。在一次次的仪式表演中，族群的历史及文化传统不断地得以维系、深化。

第二节　东巴超度仪式的民族志考察

死者为大，丧葬仪式往往是一个民族文化的集中体现。纳西族古代传统丧葬习俗是火葬。元代李京《云南志略》亦载："（麽些蛮）人死无棺椁，贵贱皆焚一所，不收其骨。"余庆远《维西见闻录》曰："人死则用竹箦舁之山下，无棺椁，贵贱皆焚一所，不收其骨；非命死者，则别焚之。"到清代雍正元年在丽江进行改土归流后，火葬习俗在丽江纳西族地区遭受严厉禁止，并说火葬是"东巴蛊惑土人之说"，实行"以夏变夷"的强制易俗政策，历代丽江府流官都不遗余力地按照汉文化的模式进行"移风易俗"。到清代末期，丽江纳西族大部分地区实行土葬已经成为主流，但离丽江较远的山区、半山区，由于统治者倡导的主流文化难以渗透，至今仍保留着传统的火葬习俗。

2009年6月3日，笔者在迪庆州三坝纳西族乡吴树湾村参加了一次难得一见的东巴超度仪式。现将仪式大致情况简述如下。

一　仪式背景

此次超度仪式是为大东巴和占元而举行的。和占元，1926年出生于三坝吴树湾村，纳西族汝卡支系人，熟悉东巴文化典籍、仪式，是纳西族地区为数不多的大东巴之一，2009年6月2日寿终于老屋。和占元，纳西名阿牛若，东巴法号为"东牛"。先生从13岁开始学习东巴文化，15岁时拜本村"汝卡"大东巴久干吉（另，水甲村也有同名的东巴大师）、永恒（舅舅）肯若、东贡、东凡、阿山、阿垄等大师为师，系统学习东巴文化。"文化大革命"时，担任生产队粮场保管员，冒着风险把收缴上来的上百册东巴经书收藏下来，并且在夜深人静时潜心钻研，东巴文化学识得到长足提高，能够滚瓜烂熟背诵 80 多本经书，咒语 67 种。改革开放后，一直从事东巴文化传承工作，协助各文化科研部门翻译了两百多册东巴经书。

东巴超度仪式与平常葬礼有所不同，除了须举行与其他民众相同的开丧、出殡、火化仪式外，还须举行一个特殊的超度什罗仪式，所以一般将东巴葬礼称为东巴超度仪式。什罗是东巴教祖丁巴什罗的简称，相传只有举行此仪式后，死者才能回到教祖所在的天堂。而一般的民众葬礼以灵魂回到祖居地为止，并不回到天上。东巴葬礼根据规模大小可分为大、中、小 3 种，主要根据死者的身份地位来决定。大东巴则举行大仪式，小东巴只能举行小仪式。一般认为，收徒超过 10 个，在 10 个地方举行过大仪式，熟练掌握经书，能写会算的全能东巴才算大东巴；小东巴主要指主持过仪式，但没有徒弟的东巴。大东巴必须做大仪式，主要因其生前主持仪式较多，所杀牺牲较多，罪孽深重，所以需要大祭。

死者和占元是纳西族地区著名的大东巴，1998 年与和树荣等一批有识之士创办了汝卡东巴学校，从事东巴文化传承，至今培养了和树昆、和贵武、杨玉春、和秀光等 20 余名年轻东巴，使东巴文化根脉得以延续。这次吴树湾和占元大东巴的丧葬仪式全由这批学生操持，而学业出众的和树昆成了主持仪式的大东巴。

传统的超度仪式与丧葬仪式是分开的，一般是在举行丧葬仪式后的一年中的 11 月举行。但笔者参加的此次东巴丧葬仪式是把二者合在一起举行的，说明了传统丧葬出现的文化变迁。

二　东巴超度仪式中的表演深描

整个东巴超度仪式共举行了 5 天。其主要程序分为接气（放口含）、停灵、出殡、火化四大部分，每一个仪式程序规程严整，步骤烦琐。限于篇幅，此处重点描述出殡仪式的过程。

出殡仪式是死者向家人的告别，生离死别，这也是丧葬仪式的高潮部分。仪式程序繁多，仪式表演繁复，参与人数多，耗时长。图 4—1 为东巴丧葬仪式场所情况。

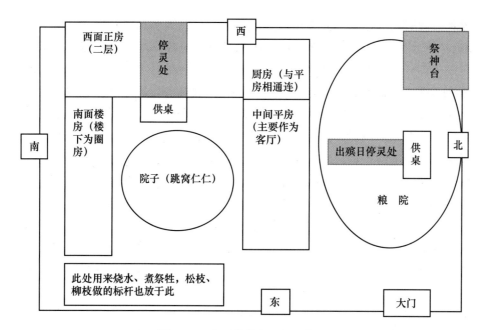

图4—1 东巴丧葬仪式场所情况

（一）祭丁巴什罗舞

出殡前的晚上，东巴们在灵堂前陪死者吃过晚饭后，众人在大东巴的领舞下齐跳"祭丁巴什罗舞"，模仿丁巴什罗骑着神鼓从天上到人间的下凡动作，然后每人手持长刀，做斩妖杀魔的动作，做完一个斩杀动作，周边观众报以喝彩声。旁边东巴助手则以板铃、板鼓、锣、海螺、牦牛角作为仪式表演的音乐伴奏，整个场面忽而神圣庄严，忽而杀气腾腾，忽而热烈欢快。这些东巴舞通过讲述东巴教祖丁巴什罗非凡的一生来缅怀东巴师傅的大德恩泽。跳完东巴舞后，村里男女老少陆陆续续来到灵堂前，围坐在老人灵柩旁边，低吟"阿嗡嘛呢呗咪吽"六字真言，以祝福老人在天之灵安详如意，也是最后向死者做告别礼。这可能和三坝与藏区相接攘、藏传佛教的融合有一定的关系。丽江的奉科、鸣音、塔城也是类似现象。

（二）跳"窝仁仁"

送别仪式举行完毕后，村里男女老少在院子里围成一圈跳"窝仁仁"。"窝仁仁"是纳西族的丧葬舞，相传有一种"仁美"专吸死者灵魂，趁众人不注意，会偷偷地把死者灵魂运走，这样死者的灵魂无法超度到天上，成为孤魂野鬼。由此形成了出殡前的晚上众人在灵前通宵达旦跳此舞的习俗。"窝仁仁"由老者轮流领唱，众人相和。所吟唱的内容根据时间段分成四个部分，前半夜人主要唱前三个部分，第一部分主要是叙述老人如何得病，得病后家人如何给老人看病、治病，叙述内容异常详尽，如四个子女分别要叙述，老大如何带着老人看病，给哪个人看的，抓了什么药，吃了几服，效果如何等，都要一一娓娓而叙，最后说明子女已经仁至义尽，医治无效而寿终正寝。第二部分是叙述老人的高德善行，都是通过具体的事例来叙述老人这一生所做的好人好事，起调的老人以深沉低吟回忆、赞美、感叹死者的美德义行，大家跟起和唱。唱了一遍又一遍，走了一圈又一圈，一直到天亮。一种祥和肃穆的氛围在这特定的空间弥漫、渗透到在场的每一个人的内心深处，吟者深情，听者动情，潸然泪下。第三部分是送魂，由本村送到外村，再一程一程地送回去。村里有这样的俗语"得布本你布，尼布素你布"。意为一送由本村来送，二送由大村来送，这里的"素"是指白地大村。与纳西族其他支系的送回祖魂地不同，吴树湾村因属于纳西族若喀支系，相传其祖先源于西边，灵魂送到天上为止。最后一部分是后半夜，主要是以男女对唱的情歌为主，本村内男女之间不能对唱，必须由死者家属请外村的歌手来担任对唱主角。这一次请的是上村的一个老歌手，是古渡村老东巴和志本的弟弟。情歌内容与死者事迹无关，一是通过情歌来突出表现生命的意义，二是通过对唱，提高趣味性，使漫漫长夜成为精神享受的时间。

（三）搭建祭台

第二天拂晓，听到第一声公鸡鸣叫后，东巴们开始在前院粮场内设置灵台，灵台称为"日的高俄"（hʋʔ³³dɯ³¹ka³³ɯ³³），地点是在院子的西北墙角。灵台前摆放着一张矮桌，桌子左右两边陈放着称为"长明灯"的香油灯，除秽用的杜鹃枝。桌上铺着一张山羊皮，上撒一层麦粒，中立一犁铧，犁铧上拴一面小白旗叫"素特"（sv⁵⁵thɯ⁵⁵）[1]，犁铧后方竖着24个面

① 犁铧代表纳西先民祖居地"居那什罗"（dzy³³na⁵⁵zo³³lo³¹dzy³¹）神山，"素特"（su⁵⁵th′⁵⁵）意为家神发源地。

偶神仙①。当天杀的羊三叉骨竖在犁铧之前，上面挂萨依威德、英古阿格、恒德窝盘、丁巴什罗等东巴大神画像，还有酒、茶、核桃等祭品。在灵台右侧设烧天香（tʂu⁵⁵pa³³dzi⁵⁵）台，以焚烧松柏为主，达除秽迎神之效。

（四）迎请东巴教诸神

搭好祭台后，就举行迎请东巴大神仪式。天香点燃后，主祭东巴要念一本《高俄高作》（《迎请大神经》），意为请东巴教中 24 尊大神，主要有萨依威德、英古阿格、恒德窝盘、丁巴什罗、胜生肯金、毛米巴罗、优麻、格空、敬久、骑白马的胜利者、格称岑补、胜仁枚归、董神、禅神、那神崇鲁、古生肯崩、松余敬古、长翅白飞马、长翅白飞羊、神牦牛、神虎等。东巴祭司虔诚地邀请此仪式不可或缺的诸位大神，歌颂神灵们的丰功伟绩。旁边的东巴助手逐一将酥油抹于象征这些神灵的面偶嘴上，把白面粉从神偶头顶洒下。

（五）献早饭

献早饭仪式上要念《臭钝》（除秽）、《阿气》、《好时》（献饭）、《诺尔桑》等 6 本经书，念完后东巴们就吃早饭。其后念诵《作书土古》（dzo³³su³³thu³³gu³³），大意为讲述主持仪式的大东巴祭司所穿戴的法帽、法器、法衣的来历出处。念完后东巴祭司开始穿戴东巴服饰；穿完后，死者家的东巴端着一个簸箕来请主持仪式的东巴大师，簸箕里放着麻布缝制的口袋，里面装着送给主持仪式的东巴们的辛苦费，还有一块长约二尺的麻布，意为给死者指路的神路图；其他东西为一杯白酒、一团鸡蛋大小的由灶灰捏制的泥团。死者家的东巴先问主祭东巴：“大东巴是从哪里来的?”大东巴答：“我在做生意。”死者家的东巴又问：“我们这里的德高望众的，让人舍不得的老人去世了，特请你来送送行可以吗?”大东巴说：“我时间虽很紧，但看在白发老人的份上，那就我来给他送行吧!”然后大东巴象征性地把东西接受了，正式主持《什罗务》（祭丁巴什罗）仪式。

（六）移灵

大东巴把当天要做的所有仪式交代给死者家的东巴，死者家的东巴答应下来后回到死者灵台前，与旁边的家属传了话过后，众人将棺材从房间

---

① 主要有萨依威德、英古阿格、恒德窝盘、丁巴什罗、胜生肯金、毛米巴罗、优麻、格空、敬久、骑白马的胜利者、格称岑补、胜仁枚归、董神、禅神、那神崇鲁、古生肯崩、松余敬古、长翅白飞马、长翅白飞羊、神牦牛、神虎等。

里抬到后院粮场的祭台前。起灵后，枪手朝天打火枪，其后打锣敲鼓、吹牛角；孝子手持着油灯，由人相扶，孝女哭着，随抬灵队伍走到粮院中来。棺材从正院移到粮院中间，花圈、挂着麻布条的标杆也移到粮院中。主祭东巴念完《点香油灯经》（bæ³³ ɱi³³ tʂʅ⁵⁵）后，在灵前点上香油灯。

（七）杀祭牲

东巴丧葬仪式上，祭牲是必不可少的，杀的祭牲越多，一则表明仪式的隆重，二则表示死者的高贵。出殡当天杀了三头牦牛，两头黄牛，一头山羊。[①] 主祭东巴拿了根红麻绳，一头系在棺材上，另一头牵系到所有的牲口上，口念《献牲经》，其他东巴合念《祭亡灵经》、《献九尊大神经》等两本经书。念完后，就将牲畜一般拉到场外去杀，山羊必须在场内杀。牛头和牛皮放在灵台右侧；牛心、牛肝、牛肺各切下小块煮熟后，把肉汤供在灵台前，意为先请死者享用。其他肉则切碎后放在院内几口大锅内煮起，以做丧家待客之食。

杀完祭牲后，每头祭牲的一只前腿和三叉骨都要送给东巴，以此作为丧家的谢礼。[②]

（八）献正饭

纳西语称为"恩课处的批"（ɯ³³ kɯ³¹ tshʅ⁵⁵ dɯ³¹ pi⁵⁵）仪式，意为献牛羊肉祭品。仪式与前两次相似，东巴们跳着《鸽鹰舞》，敲着锣，打着鼓，吹着牛角，从死者家中去接住在村内的孝子孝女。供品与前两次有所不同，一个簸箕装着饵块，另一个簸箕装着碟子和一碗饭，三根煮熟的牛肋骨，三块煮熟的羊肉，一甑饭。到死者家前门前，死者家打一枪，外面的孝男孝女每家打一枪。随后，在门外的孝男孝女领着亲属进入祭场。哭灵献饭时，主祭东巴要念诵《向死者献正饭经》（xa³³ ʂɯ³¹）经书。全村每家必须要献一碗热饭，饭上放着三块腊肉；献饭者把一块肉几勺饭献给死者，剩下的则献给各自的祖先。东巴诵完《献熟品经》后，孝男喝自己带来的酒，然后向主祭东巴磕头。

---

① 两头牦牛是死者两个儿子所献，另一头为东巴学校所献，这也是学校为和占元老东巴义务教学十多年所表示的一份心意。祭牲中牦牛为贵重。从访谈中得知牦牛是从住在高寒山区的彝族村寨买来的，后因牦牛紧缺无法买到，女儿与另一儿子只得以黄牛代替。山羊由小儿子家所献。

② 访谈中得知东巴们象征性地把这些礼物放在祭台上，随后送还给了丧家。因为死者与东巴们是师生关系，收礼则心下过意不去。

（九）超荐什罗仪式①

只有东巴丧葬仪式才举行此仪式，因为只有超度了教祖丁巴什罗后，丁巴什罗才能迎接自己的弟子到天堂里去，死者的灵魂也才能得以永生。这个仪式规模宏大，整个仪式时间近一个小时，由三个小仪式组成。

第一个仪式为"占古普"（dzæ³¹ku³³pu³³），意为为死者引路。主祭东巴派小东巴通知死者家的东巴，要求准备着一把九斤重的大锁、九斤重的白铁斧子。东巴备受尊们诵读《母只》经书，讲述丁巴什罗不平凡的一生。其间，小东巴们在布置鬼寨：将早已准备好的在一根野桃木上刀刻上一个鬼的头像，将树枝插在羊千层肚上，这棵树称为"命为笞树"；棺材边将一个铁盆倒放着，上面放着一把插上钥匙的大锁；盆边放着一个生鸡蛋，一把大斧头。在场东巴们齐读《古布我》经书，念毕，主祭大东巴首先去开锁，然后用法杖把铁盆掀开，使盆口朝天，用法杖把鸡蛋砸烂，再手拿大斧头把"命为笞树"砍断，意喻捣碎了鬼寨。

第二个仪式为"什罗格本"（ʂʅ⁵⁵ʅ³¹kɯ³¹be³³），意为拯救什罗教祖。大东巴与助手开始念《超荐什罗》经书，其他东巴准备法场：地上铺毡毯，上面放着装满水的一个盆子和一个平锅。盆子里撒上一碗麦面，代表白海；平锅代表黑海。把代表丁巴什罗的一个法器丢进平锅中，意喻丁巴什罗沉入黑海。大东巴和他的助手站在灵台前方念诵经书，另外12个东巴躺在棺材边，以手鼓遮面，以哭腔诵念《超荐什罗经》。约30分钟后，大东巴右手拿法杖，左手拿板铃，领着众东巴跳东巴舞《什罗蹉》，躺在地上的12个东巴随着领舞者也开始跳舞。领舞者右手拿着一个上有鹰爪

① 此仪式主要以舞蹈的形式讲述东巴教主丁巴什罗的一生。如他的母亲战胜恶鬼把他从腋下生出来，接着表现他学走路，刺扎着脚与恶鬼斗争；到西天学习经书，学成后携带360名门徒回到三坝白地传播东巴教，被奉为教主；后来，什罗大师被毒鬼暗算，沉入黑海中；他的弟子们奋力与毒鬼拼杀，踏平了鬼寨，捣毁了黑海，将什罗灵魂从黑海中拯救出来，并举行了祭什罗仪式。在庄严隆重的超度中，什罗的灵魂得返神界，又能为世人驱鬼降魔了。此后，凡有著名东巴大师谢世，都要举行盛大的祭祀丁巴什罗仪式，一是缅怀什罗大师，二是承认谢世东巴的成就，超度其灵魂到什罗身边，以辅助大师保民平安。仪式中有杀鸡表演，意喻其妻是由妖魔所变，后由什罗察觉后施法杀死；主持仪式的东巴大师手持一个顶上有鹰爪形状的法杖，传说丁巴什罗被毒鬼陷害致死于米威恨纳（毒鬼黑海）后，由他的徒弟连接99个拉伙孟头（拐杖）到海里捞他，最后由鹰相助，接上它的爪子才拉出来。所以纳西人有了不吃鹰肉的传统，祭什罗仪式上的法杖也由此流传下来。

形状的法杖，左手拿着板铃在前领跳。[①] 大东巴领舞三圈后，返回灵台前念诵《指路经》（$xe^{33} z_{\text{ɯ}}^{33} pi^{31}$）、《落多古母》（$lo^{31} do^{31} k\text{ɯ}^{31} mu^{33}$）经书，当东巴大师与助手念完第一本经书时，其他东巴把代表丁巴什罗的法器"什罗拿夸"（意为上郎尸体），用白铁鹰爪法杖捞上来；接着，大东巴将一只称为"什罗布拿"（借代毒害丁巴什罗的魔鬼）的小公鸡的头、翅膀、脚砍断后，交给旁边一名东巴，让他把这三样煮在一个土罐里。然后大东巴念诵《献鸡》经书。鸡肉煮熟后，放上盐，献给丁巴什罗神。献毕，念一本《洛好洛》经书。

第三个仪式是"吉志多多"（$ndz_{\text{ʐ}}i^{31} t\text{ʂ}\text{ʅ}^{55} do^{55} do^{55}$），意为为死者送魂。先在棺材左边铺好一块宽八寸、长四五尺的麻布，以此来代表魂路。[②] 死者家的东巴们端着一个香炉，拿着竖有一个熟鸡蛋的一碗饭，放在棺材旁边。大东巴助手把放在墙角祭台上的白翅飞马、白翅飞羊面偶拿下来，依照先后顺序放在"神路图"上，此二物意喻为死者的坐骑；香炉和祭饭放在两尊面偶后。大东巴助手左手拿着一个羊三叉骨与一碗白面，随着大东巴念一代祖先名字，东巴助手把白面扫在羊三叉骨上一次，一直到念完三代祖宗名字时，白面粉也扫完。此后念诵《送魂经》，把死者灵魂从祖居地送到丁巴什罗所居住的天堂里。送魂路线为：

> 吴树湾—古度村（吴树湾的上面的村子）—崩迪村—化吉罗村—新崩垛—格吉剧（东坝）—吉苏湾村—斯久恨—郭潘堆—崩岂梭潘苛—筰仁筰美告—卡滋阿那湾（洛吉）—苴涧拉布冷—俄亚阿补崩（俄亚）—堆窝拉衬堆—巴旭肯潘堆—治徐班徐课—吕依通高崩—敢迪坞古崩—尼罗治潘本—苏补阿那湾—若罗居肯（居那若罗神山脚下）—若罗特（居那若罗神山的半山腰）—若罗窝（居那若罗神山顶）—阿朱崇朱主—恩朱涵朱主—阿精崇精依—普劳尼工哺—普劳固吉哺—普

---

① 这个东巴舞蹈名目繁多，据访谈统计共有 14 个不同舞种，分别称为"乱甲斤甲""乱把他给""他要他把""你美红本盾拉红""英比满尔还旦主""你美古古美高布"、英比古谁争布白""只论古还十从争""丁巴什罗舞""呀毛舞""斤古呀毛舞""周走呀毛舞""夸足呀毛舞""高给更给舞"等，总共要跳 9 圈。

② 又称为《神路图》（$xe^{33} \theta z_{\text{ɯ}} w^{33} g\text{ɯ}^{31}$），死者要顺着此图才能回到祖居地。丽江山区的《神路图》长达五六丈，上绘有天堂、人间、地狱等图案，而吴树湾村的《神路图》较为简朴，可能这是较为古老的古俗遗留，因为后期的《神路图》明显受到藏传佛教的影响。在此仪式上念诵的东巴经《指路经》中，也并无天堂、地狱的内容。

劳蒙可迪（后三地为天堂名）。

念完后，大东巴助手把两个面偶和羊三叉骨与麻布放回祭神台，死者家东巴把献饭碗与香炉放在死者家神龛上，此仪式结束后意喻着死者已变成祖先神，可以列入以后祭祀的神灵。

（十）送冥马

此仪式纳西语称为"阮给"（7ua^{33}k′^{31}），分为洗马、骑马、送马三个分场仪式。首先，大东巴让小东巴到死者家通知他们家的东巴，让丧家准备九匹骑马、九匹驮马。大东巴念《马的来历》经书时，孝男助手们开始在法场上牵马，牵马时前喂大麦马料，马料必须装在小簸箕上。大东巴念完经书后，请一个性格急躁的男子去买水。男子一手拿茶壶，壶内装着一块银元，另一手拿一把米；到河边后，先将买水钱撒到河里，然后朝逆水方向把米撒到河里，顺水舀水。这时另一个东巴（必须在阿明灵洞举行过"降威灵"仪式）手持利剑在两匹马前舞几下，以驱赶与死者争坐骑的鬼魔。驱完鬼后，一个东巴用点燃的火把来熏杜鹃枝，杜鹃枝冒烟后在马背绕几下，以示除秽。舀水回来的东巴把茶壶拿给大东巴，大东巴把杜鹃枝放在茶壶里，面朝祭神台念诵经书，然后把茶壶拿给旁边的助手。大东巴将董神面偶放在一个碗里，在碗里盛上酥油和白面水，董神面偶从碗里拿出后放在祭台边的围墙高处，把水酥油白面全部倒在熟东面偶头上。这时，拿着茶壶的东巴给两匹马进行洗马仪式。[①] 把茶壶里的水往马耳朵里滴灌，接着用面粉分别朝马头部、马背处、马尾部三处泼洒。全村的妇女列成长队，分别用松枝蘸碗里的茶水抖洒到马身上。除大东巴外其他东巴一起念诵《献冥马》经书，主要内容为讲述马的来历，寻马、找马的经过，并祈福死者骑上冥马后能顺利地超度到天堂。里面有这样的话：

"死者啊，你要去很远的地方，要翻越一座又一座的雪山，要渡过一条又一条的大江，你的脚会疲惫，你的脚会受冻。我们已经给您准备好了强壮的坐骑，你可以顺利地到达目的地了，请你坐上您的坐骑吧！"

① 一匹为死者的坐骑，须配上崭新的鞍鞯和辔头；另一匹为替死者驮运所需物品，马鞍两边各驮一个布袋，分别装有死者的用具及献食。

东巴们不断地念经，周围的人们则不停地高呼："骑啊！骑啊！"一直念到马全身抖动为止，此时意味着死者已骑上马了。全场兴奋地高呼："已经骑上了！"此时，除东巴外，所有在场人员都跪在地上，连连磕头，按照不同的辈分关系喊死者名字，请死者骑上马，并送上祝福语：

"您老了走不动了，走路到不了西方，不要舍不得，骑上马慢慢去吧，放心地去吧！"

（十一）出灵

洗马仪式结束后，六个枪手一起放枪，意味着死者要离开家里了。众人把棺材抬到大门外，朝着火葬场方向放好后，用两根圆形长椽子拴在棺材两侧，在前后两根椽木上再拴上一根近两米的横杆。抬灵前，先行者有扛着挂有麻布条的松枝杆的一个大人，扛柳条标杆的九个小孩，背炊具的一个大人，再走牵马者三人，其后为打枪者六人，接着12个东巴跳着东巴舞，三个分别负责敲锣、打鼓、吹牛角，孝子孝女跟在东巴们后面。过桥后孝女和内亲们全部头朝村子跪着，抬灵者从家门口抬灵而来，到桥头后，要鸣枪，放鞭炮；棺材从跪着的死者亲属头顶抬过去时，亲人们伤心欲绝，在地上哭得死去活来。村里男性成员要随抬灵者到火化场，大东巴要守着祭台，不能前往。抬灵后，大东巴在祭台前念送魂经，一路边走边念，其后11个东巴每人一手持板铃，一手持刀，跳着"送魂舞"尾随于送灵队伍后，到村口桥头时就在原地一直跳到抬灵队伍到山上为止。其后大东巴念诵《命肯普》经书；东巴助手在石桥上烧一炉火，上面烧着除秽用的杜鹃枝。念完经书后，大东巴和助手脱掉法帽和东巴衣服，法杖拆成两截，在火团边转九圈，进行除秽仪式；同时村里的老人在桥下边也烧起一堆除秽火。其后大东巴与助手回到祭神台念诵《送神经》，意为送魂仪式结束后，把迎请来的诸位大神送回天堂。念完后把簸箕里的24个面偶放倒，犁铧拿掉，素箭折断，把几个大画像拿下，并把旁边的牛头和牛皮要朝火化场方向陈放，三天后可从中查验仪式的效果。

第三节 东巴仪式表演的程式化特征

从上述东巴超度仪式内容可看出，东巴丧葬仪式现场既是一个宗教祭场，也是一个艺术表演场、模拟戏剧场。表面上是操办丧事，实质上也是一次民族综合文化艺术的展演，包含了东巴经文演述、东巴舞蹈、东巴唱腔、东巴绘画、东巴工艺、东巴服饰、民间游戏等种类繁多、内涵丰富的诸多表演类别。从这个意义上说，东巴丧葬仪式既是按宗教仪轨举行的，也是按表演程式进行的。限于篇幅，本书中的东巴丧葬仪式表演类别仅限于东巴经文唱腔、东巴音乐、东巴舞蹈、东巴绘画四个层面。

本书旨在探讨作为表演者的东巴是如何协调、综合应用这些表演类别来达成仪式叙事的。在这一特定的仪式表演中，是否存在类似于口头史诗文本中的"程式"？程式化片语、主题或典型场景、故事范型是口头程式的核心特征，那么在东巴仪式表演中是否存在这三个核心特征？本章从仪式表演的程式化特征、主题或典型场景、仪式表演类型、仪式表演结构四个方面予以论述，以期对仪式表演中的程式运用规则、机制有个宏观到微观的把握。

程式化特征是构成口头传统的重要参照标准，这不仅体现在口头演述活动中，也体现在具体的仪式中，如本书提及的东巴唱腔、东巴舞、东巴画等仪式表演就蕴含着突出的程式化特征。这一特征既是演述口头传统的本体内容所在，也与演述和仪式行为相融合的仪式特征直接相关。

一 东巴唱腔程式

笔者在此引入"演述"这个词，旨在强调东巴经文叙述过程中明显具有表演的成分，口头语言表演与身体语言表演在演述者个人身上是有机融为一体的。东巴经文的演述与东巴唱腔关系极为密切，因为东巴经不只是来"读"的，而且是在仪式上"唱"的，东巴唱腔与其身体语言一同构成东巴演述的主要手段。

（一）东巴唱腔分类的问题

和云峰把东巴唱腔分为"哔"（诵）、"咨"（唱）、"哔咨和合"（诵唱结合）、歌词句型四种；将"哔"（诵）分为念诵、吟诵、唱诵三大类；将"咨"（唱）分为同腔同经、同腔异经两大类。①

需要指出的是，和云峰的东巴唱腔划分依据主要基于东巴经文的演述方式——诵、唱，但这种分类有很大的主观臆断性，并不符合东巴演述的传统，且这种分类本身对东巴唱腔的分类带来了混乱。他引用了纳西语"哔""咨"来说明"诵""唱"，但纳西语是否与汉语相对应本身就存在问题，因为纳西语的"诵"的正确读音应为"py³¹"，一般的汉语音译为"补"，而"哔"的读音为"bì"，此音在纳西语中并无"诵"的本义。"唱"的纳西语为"dzər³³"，一般音译为"兹"。他把"诵"分为念诵、吟诵、唱诵三大类，这里出现了"念""吟"两个东巴经文演述方式。在纳西语中，"念"（tʂu³³）、"吟"（ngu³¹）、"诵"（py³¹）、"唱"（dzər³³）是严格区别的，如"念"与"经"相结合指"朗读或者背诵经文"；"吟"字为有节奏、有韵调的朗读；而"诵"则有"高声"之义。田野调查中也时有东巴告知笔者，"念诵"二字以经书为中介，看经书读的称为"念"，而不看经书读的称为"诵"，如东巴经中存在很多口诵经。由此一来，按上述分类标准，我们可以划分出：诵为主的唱腔，如念诵、吟诵、唱诵；念为主的唱腔，如唱念、诵念、吟念；吟为主的唱腔，如诵吟、念吟、唱吟；以唱为主的唱腔，如念唱、吟唱、诵唱，等等。和云峰的分类标准并未一以贯之，在分类"诵"时以念、吟、唱组合为分类标准，而在做"唱"的分类时却又依照了地域划分的标准，且"同腔异经""同腔同经"是相对而言，二者并无泾渭分明的界限，同时还会出现"异腔同经""异经异腔"的情况。他把"唱"单独作为一类，而在后面又提出了"诵唱结合"的方式。另外，他所举的东巴经文例子也存在很大问题，如"念诵"类中提及的永宁达巴唱腔《罕达功》，达巴并无东巴经书，以口诵为主，不知何来"念诵"？在"唱诵"类中提及鲁甸的《鲁般鲁饶》，而在"唱"类中又提及"太鲁教派的《鲁般鲁饶》"。他提及的"太鲁教派"是太安、鲁甸两地教派的统称，同一本经书，同一个地方却分成了两个类别，这说

---

① 和云峰：《东巴音乐：唱诵象形文字典籍及法事仪式的音声》，中央民族大学出版社2010年版，第299页。

明这种分类本身就出了问题。更让人费解的是，在东巴唱腔类型中又加了一项"常用歌词句型"，这与东巴唱腔分类并不属于同类项内容。

（二）东巴文字中的唱腔分类及程式

在东巴经文里的象形文字中，保留了很多与东巴经文演述相关的词汇，从这些词汇中可以了解东巴唱腔类别的多种类型，同时可以认识这些不同唱腔的程式化特征，因为这些象形字在经文中不仅起到表达词意的功能，同时也具有指示表演行为功能，如 $\mathscr{Y}$ 指示了以下内容为口诵经内容，$\mathscr{F}$ 指示演述者要模拟故事主人公口气进行演说。这些指示内容在经文演述过程中交叉重现，有着程式化特点。

1. 口诵

$\mathscr{Y}$ py^{31}，巫师也，又称"东巴"，头饰神冠，口出气诵经也。用经书者为 py^{31}。① 这里透露出极为重要的历史信息：东巴即诵者，证明了东巴象形文字书写的经文源于口头经文，"口诵"是东巴经文演述的核心特征。东巴的古称为"补波"（py^{31} by^{31}），彝族、傈僳族、哈尼族、拉祜族等众多藏缅语族中也存在与之音义相近的对祭司的称呼："毕摩""毕帕""摩毕""摩巴"等，这些民族的口头传统中仍大量保留了口诵经的内容，从中也说明了东巴文化与这些民族的口头传统有着渊源关系。

2. 说，言说

$\mathscr{F}$ ş^{55}，又 gɯ^{33} t ʂɿ^{31}。言也，从人出言，又作 $\mathscr{F}$，从人言，上（ş^{55}，哥巴字）声。② 这个字类似于汉字"说"。在东巴经里往往用于主人公的代言词，如"崇仁利恩说""丁巴什罗说"等。由动词"说"演变为名词"言语""言说"。这一词语用在经文内容里，与东巴唱腔并无对应关系。

3. 唱

$\mathscr{F}$ dzər^{33}。唱也，从人口出颤动之音，示有节奏。③

在《李霖灿字典》中，这一字又写为：$\mathscr{F}$，也是以颤动作为标志符

---

① 方国瑜、和志武：《纳西象形文字谱》，云南人民出版社 1981 年版，第 525 字。

② 同上书，第 645 字。

③ 同上书，第 647 字。

号。[①] 而"笑"字——⟨图⟩，"喊"字——⟨图⟩[②]，以没有颤动的直线符号为标志。

（1）吟唱、歌咏

关于"唱"还有不同的类别划分，如吟唱，类似于歌咏。《方国瑜字典》中写为：⟨图⟩，khuə^{55} dzər^{33}，khuə^{55} ʂə^{55}，歌咏也，从人唱，⟨图⟩（khua^{55}，碗）声。[③]

（2）唱山歌

⟨图⟩ gu^{31} tɕhi^{55} 又 gu^{31} dzər^{33}。唱山歌也。[④]

（3）踏歌

⟨图⟩ ho^{31} dzər^{33} 踏歌也，从人唱。[⑤]

（4）歌舞

⟨图⟩ dzər^{33} tsh^{33}，边跳边唱。[⑥]

歌舞因具体内容不同而有不同称呼，如"什罗舞"写为：⟨图⟩，为一个手执鼓铃而舞的东巴形象。舞的东巴字为⟨图⟩[⑦]，这在东巴舞中另文详述，在此不赘。

李霖灿在《纳西族象形标音文字字典》中还提到关于"长啸""叱骂""念"的象形字。

4. 其他唱腔

（1）长啸[⑧]

⟨图⟩ kv^{31}。啸。有回声之形，故其声线而折回。

（2）叱骂[⑨]

———————————

① 李霖灿：《纳西族象形标音文字字典》，云南民族出版社 2001 年版，第 281 字。
② 同上书，第 280 字。
③ 方国瑜、和志武：《纳西象形文字谱》，云南人民出版社 1981 年版，第 649 字。
④ 同上书，第 650 字。
⑤ 同上书，第 651 字。
⑥ 同上。
⑦ 同上书，第 602 字。
⑧ 李霖灿：《纳西族象形标音文字字典》，云南民族出版社 2001 年版，第 282 字。
⑨ 同上书，第 283 字。

{象形字} phe⁵⁵。"呸"也。常用此字做叱骂鬼怪，在驱鬼仪式中经常用及。也写作：{象形字}。

（3）念①

{象形字} tʂhv³³。念也。口中有出气有声之形。而在涉及"念诵"时，往往用{象形字}来替代，这说明"念"与"念诵"在东巴经中有着严格区别。②《李霖灿字典》中对此还做了详解：{象形字}，py³¹，禳祭也，诵念也，插起祭木以示禳祭诵念之音。像人长啸"念"与"念诵"的区别在于后者有音律变化，根据文本内容及现场语境对声调腔音作出适当的变化，而"念"与"照本宣科"类目，很少有变化与仪式中的念诵有较大差异。

（三）东巴经文中的唱腔分类及程式

在东巴经文中，也有专门用于东巴唱腔的记忆提示符号，即到什么经文应采取哪一种演述唱腔。现其分类择其要分述于下。

（1）法仪诵唱：{象形字}两个东巴分别执法器叉——板鼓、板铃席地主持法仪，唱诵经文。

（2）东巴坐歌：有四种写法：{象形字}。

（3）请神歌：{象形字}左为神，右为东巴唱诵请神降临之歌。

（4）东巴边舞边歌：{象形字}双手摇奏着板铃、板鼓。

（5）武神贝当边舞边歌：{象形字}双手摇奏着板鼓、板铃。

（6）丁巴什罗歌：{象形字}两种写法：左为举叉摇铃歌舞，右为坐唱。两个人形右边的符号是"什罗"二字。

（7）铃鼓乐齐奏：{象形字}三人共奏鼓铃器乐。居中者右手挥刀，是大东巴（也等于乐队指挥）。

（8）祭神歌：{象形字}右一为坐在神台上的神。右二、右三为唱诵祭神经的东巴。右三右手所执是一盏神灯——祭神的象征。

（9）求爱歌：{象形字}男女相爱互唱，即情歌。

---

① 李霖灿：《纳西族象形标音文字字典》，云南民族出版社 2001 年版，第 1660 字。
② 同上书，第 1903 字。

（10）恋歌：男女坐唱恋情之歌。

（11）祝婚歌：两位东巴，一位坐唱，另一位手捧酥油念诵祝词为一对新人主持完婚。

（12）驱邪逐鬼之乐：一人吹角号，一人击大鼓（人未画出），在乐声中杀尽毒鬼（横着二个长发人形是鬼，一把刀表示斩杀）

（13）送鬼歌：东巴坐在法仪正上方，唱诵经文。一侧放竹篮，内置两个纸做的鬼偶，右为戳鬼的竹刺，以示把侵扰人畜的鬼送走。

（14）祭祖歌：右一树木上托猴脸表示祖先（包括已超度的亡人）；中为跪拜，祭祀；左为东巴唱诵，歌声悠远。

（15）压鬼歌：亦即赶鬼歌。男女齐唱，把鬼压死在石堆之下。

（16）女子歌：——女声独唱。

（四）东巴仪式中的唱腔分类及程式

东巴仪式唱腔的分类是传统规定的，不是人为划分的，也就是说，一本经书在具体的仪式演述时的唱腔是固定的，不能随意变动。当然，因仪式类别不同，所唱诵经书不同，唱腔的种数也有所不同。如《祭天》唱腔有三种，《祭什罗》唱腔有两种，《大祭风》有五种，《超度》有六种，《禳夺鬼》有五种，《除秽》、《祭署》、《祭风》、《求寿》、《燃灯经》、《送猛厄鬼》、《退口舌是非》、《送难产不孕鬼》、《送无头鬼》皆只有一种。据统计，东巴经唱腔的不同类别共有 30 多种。① 仅《耳子命》一本经典就有 9 种，东巴唱腔按其类别可划分为三类。

1. 祈神类唱腔

一般在请神、迎神、祈神、祭神时演述的唱腔。如《请神经》、《祭署》、《迎请卢神、沈神》、《迎请优麻神》等，态度恭敬虔诚，节奏舒缓平和，旋律流畅中速，风格庄严肃穆。

---

① 杨曾烈：《东巴音乐》，《丽江文史资料全集》第 3 集，云南民族族出版社 2012 年版，第 101 页。

祭　神

稍慢

$6\ \underset{\cdot}{3}\ \underset{\cdot}{1}\ \tilde{\underset{\cdot}{6}}\ |\ \overset{5}{\underset{\cdot}{3}}\ -\ -\ \cdot\ \underset{\cdot}{6}\ |\ 1\ 3\ \tilde{2}\ 2\ 1\ \tilde{6}\ |\ \tilde{6}\ \tilde{6}\ 3\ 2\ \cdot\ 3\ |\ 2\ 3\ 1\ \tilde{6}\ \tilde{6}\ -\ |\ \tilde{1}\ 1\ 6\ 3\ 6\ |$

$3\ 6\ 1\ \tilde{3}\ -\ |\ 1\ 3\ 2\ 1\ |\ 2\ \underset{\cdot}{2}\ 3\ \tilde{6}\ |\ 3\ \underset{\cdot}{6}\ 2\ 3\ |\ 1\ 3\ \tilde{6}\ -\ \frown\ |$

2. 禳鬼消灾类唱腔

这类唱腔专门在驱鬼除秽、招魂消灾等仪式上使用，与祈神类的"文乐"相比，属于"武乐"类型，声音高亢，节奏急促，铿锵有力，以此气势来震慑、威吓所驱鬼怪。如祭天仪式中举行顶灾仪式时，东巴一边以烧鸡毛来引诱恶神可洛可兴，一边怒气冲冲地唱诵经书："把可洛可兴降下来的灾祸全抵回去，如果把劣马放下来践踏庄稼，把瘟疫传播到人间，把麦锈病和稻瘟放到田间，把钻心虫、蝗虫遣到地里，如果放出猛虎伤害耕牛，放出恶狼吞食山羊，放出野猫咬小鸡，如果放下冰雹、飓风、洪水、疾病，用鸡毛的臭味把一切灾难全抵回去……"

东　巴　调　　　（丽江大东和玉才唱）

$5\ 3\ 5\ |\ \tilde{6}\ \cdot\ \underset{\cdot}{1}\ |\ \tilde{6}\ 6\ 5\ |\ \tilde{3}\ -\ \frown\ |\ 5\ 1\ 2\ |\ \tilde{3}\ \cdot\ 5\ |\ \tilde{3}\ 3\ 2\ |\ \tilde{3}\ -\ \frown\ |\ 5\ 3\ 5\ |$

$\tilde{6}\ \cdot\ \underset{\cdot}{1}\ |\ \tilde{6}\ 6\ 5\ |\ \tilde{3}\ -\ \frown\ |\ 3\ \underset{\cdot}{6}\ 1\ |\ \tilde{2}\ 2\ 1\ |\ \tilde{6}\ 6\ 5\ |\ \tilde{6}\ -\ \frown\ \|$（最末四小节或唱作：

$5\ 1\ 2\ |\ \tilde{3}\ \cdot\ 5\ |\ \tilde{3}\ \cdot\ 2\ |\ \tilde{3}\ -\ \frown\ \|$）。

3. 叙事类

这一类介乎前二者之间，也是东巴经演述中最普遍使用的经腔，这与叙事类经书所占比例有内在关系。叙事类经书内容多，情节曲折，如果采用前两种方法一唱到底，显然不合情理，所以东巴往往采用吟诵式唱腔，音调相对较低，节奏匀速，语气平和，娓娓而叙。

挽　歌　　　（丽江下束河和文真唱）

需要说明的是，东巴唱腔不只是因仪式类别不同而不同，即使是同一类别的仪式，因经书不同也会产生不同的唱腔，尤其在大型的复合仪式中更为突出。和力民在调查中发现，在大东乡禳栋鬼仪式中，《建神座撒祭粮》《为卢神、沈神除秽》《烧食物祭献神灵》《迎请神灵》《超度沙劳股补》《烧嘎巴》等不同经书，每一本经书都代表一种唱腔。有些不同仪式的唱腔也有相同的，如祭天与祭战神仪式中的唱腔基本相同。①

（五）东巴仪式唱腔的节奏程式

"节奏"在音乐中指相同时值的强弱拍有规律地循环出现，具有重复律、稳定性特征，与程式具有同构性。东巴在演述经文时，节奏构成了唱腔程式的一个重要表征。根据笔者对东巴经《黑白战争》的田野记录文本分析，认为东巴唱腔的节奏程式有以下 10 个方面。

（1）一拍一个（以四分音符为一拍）"×"。

（2）一拍两个（两个八分音符）"×　×"。

（3）一拍三连音"×××"。

（4）一拍四个（四个十六分音符）"▮▮▮▮"。

（5）一拍后附点"××·"。

（6）一拍前附点"×·×"。

（7）两拍后附点"×　×·"。

（8）前八后十六（前八分音符后面两个十六分音符）"×　××"。

（9）一拍切分（一拍之内的切分音）"×　×　×"。

（10）两拍切分（两拍之内的切分音）"×　×　×"。

吴学源认为在东巴音乐中，突出的节奏特点是先短后长而重音后移的

---

① 和力民：《纳西族东巴音乐文化简述》，载《和力民纳西学论集》，民族出版社 2010 年版，第250 页。

结构形态。如在 2/4.3/4 等四拍子中"x̲x̲ x̲x̲"节奏型和 6/8、3/8 等
八拍子中的"x x x x"节奏型。他还认为这类节奏形态源于古羌人,
如彝族、哈尼族、傈僳族、普米族、阿昌族、怒族、独龙族、拉祜族等,
而在壮侗、苗瑶语族的民族中却很少出现,说明这种节奏型是一种古老的
音乐文化现象。①

显然,这类前短后长的节奏型和藏缅语族特有的语言特点密切相关,
由于这些民族的语言词汇中多为单音节词和复音节词,多音节词的出现较
少,在语气加重的情况下就形成了重音后移的现象,即 x̲x̲· x̲x̲·"的后切
分节奏型。

笔者认为吴学源所归纳的"先短后长而重心后移的"节奏形态,应该
就是书中提到的一拍后附点"x̲x̲·"和 两拍后附点"x x·"的节奏型。这
类节奏型在四曲东巴唱腔《黑白战争》里常有出现。节奏型的特点就是重
拍在后,在四拍子里面,一拍后附点前者音符的时值只有后者音符时值的
1/3;而在八拍子里面,附点前者音符的时值具备后者音符时值的1/2。

另外,在东巴开始演述每一本经文时,都有一个音长较长的唱腔,节
拍只有一拍,而这一类似于呼唤式唱腔后面往往带有十多个小节的唱腔诗
行。这一开始时发出的呼唤式唱腔在整个经文演述中起到了定调作用,它
的音高、调值、腔调为后面的演述定了基调;同时,这一长唱腔也有提示
功能,意在提醒周围受众,尤其是东巴助手们,相当于仪式的开场白:
"仪式开始了,各就各位,肃静!"

二 东巴音乐程式

东巴经中也保留了很多东巴仪式中经常使用的乐器。与东巴演述中的
指示字一样,在东巴经文演述中,这些字符在仪式表演中同样起着提示作
用。如在请神仪式中往往需要吹海螺,而吹海螺的时间受经文演述制约。
东巴念诵到吹海螺请神内容时,下面的东巴助手才能吹奏海螺,而经文中
的东巴字🐚在此也起到了"指南"作用。这些东巴乐器在仪式中的表演应
用都有严格规定,由此具有程式化特征。

---

① 吴学源:《东巴唱调的音乐结构形态浅析》,载白庚胜、和自兴主编《玉振金声探东巴:1999
年丽江国际东巴文化研讨会论文集》,社会科学文献出版社 2002 年版,第 740 页。

（一）东巴仪式中的乐器及伴奏程式

1. 板铃

纳西语叫作"子勒"（zer lerg），板铃有六种东巴文写法：。

板铃用铜制，形如没有窝包的中小型敞钹，尖底，敞口斜度较小。底部安装一个短手柄或穿结牛皮绳做"软柄"，并系有五色布带，鹰不、岩羊角、獐牙等物，这些物品有加威灵作用。中间用羊皮条系一木质或骨质撞槌。手握柄摇奏，发出当唧当唧的响声。它是东巴乐器中使用频率最高者，除用于统一舞蹈节奏、烘托气氛外，还代表太阳及神灵之声，相传具有可与神沟通并将他们召请到人间来的功效。

2. 大钹

纳西语叫作"尔跨"（er kual），意为铜碗，因形似铜碗而名。东巴文写为：。东巴法仪跳群舞时使用，在俄亚、三江口一带东巴使用此乐器较多。

3. 碰铃

纳西语叫作"低响"（di xiar），低响东巴文写为：。铜或铁、锑质。两件为一副。用细羊皮绳相连并用麻丝染色为须穗饰之。东巴奏乐时配入或在跳拉姆舞（神女舞）或《烧天香》请神时使用。

4. 铃

纳西语叫作"具作"（Zeeq ssee）。东巴文：。又称金刚铃，铃内有舌，似小挂铃。系在东巴杖顶部，在丧葬超度仪式中使用较多。

5. 钟

纳西语叫作"朱"（zhu）。东巴文：。即挂钟。寺庙乐器，近世东巴已不使用，唯经卷中存此字。

6. 锣

纳西语叫作"尔罗"（er lo），即乳锣，又做蛮锣。主要用于祭家神自然神仪式及东巴舞蹈中。

7. 板鼓

纳西语叫作"达白勒"（daq ber lerg），东巴文：。因常与板铃相配使用，故名，又叫手鼓、手摇鼓。腔为扁圆形，直径20厘米上下。双面蒙羊皮（或牛皮），两侧系一对浪槌，有柄，较短。形同拨浪鼓。东巴念经或跳神舞时执于手上摇奏，是使用频率仅次于板铃的东巴主乐器之一。依东巴言，板铃板鼓分别代表日月，是天上和神灵的象征。以日为主，月随之，跳舞时东巴多数手执板铃，少数手执板鼓，有时亦有同时执两样者——凡此多属于体现法仪主祭司大东巴的身份或领舞者的身份，个别出于体现所扮角色法力的特殊需要。鼓上常以羊皮绳、雉翎、牦牛尾、彩色珠串和绒穗等做装饰，摇甩起来十分引人注目。在祈神禳鬼仪式中多用此乐器。丽江东巴用左手持板鼓，右手持板铃。三江口东巴却与之相反。

8. 长柄鼓

纳西语叫作"达鼓"。东巴文：，扁圆形，直径40—60厘米。双面蒙皮，长柄，用弯头长槌敲奏，用于法仪伴奏。

9. 大鼓

纳西语叫作"达鼓"。东巴文：。另有七种：   ，纳西语叫法与长柄鼓相同。鼓为扁圆形，双面蒙皮。腔侧有一只或一对或三只挂环，上系牛皮绳或毛布带做挂带并缀系五色绸布、牦牛毛花须坠等为饰。用弯头棍、带蒂头的葵花秆或收缩成团的鹰爪槌敲打。用于法仪开场、终场时敲奏和东巴跳神时做伴奏。多用于祭鬼仪式。三坝白地的祭自然神仪式中不用大鼓，相传自然神不能杀牲见血，因鼓皮由牛皮所包，所以忌讳用鼓。

10. 笛

纳西语叫作"笙栗"，。画竹管上有用于吹奏的进出音孔之形，其数种。孔眼上的曲线表示声音。

吹笛的几种东巴文写法：坐着吹；站着吹；坐着竖吹；经典《鲁搬鲁饶》中的祖先吹响金竹笛；在山上吹笛。"吹笛"的五种字形虽互有异处，但有一点是相同的：笛皆三孔。这是值得留意的。按许慎《说文解字》："羌笛三孔。"作为古代羌人后裔的纳西族，在春的图画象形文字中原样记录了三孔笛的样儿。

11. 海螺（或名法螺、贝蠡）

纳西语叫"都盘富恩蒙科"（dv Perq ful ssemuko），意为白海螺吹鸣器。东巴做法事时用来吹鸣以呼唤神灵，跳神法仪开场终场时亦吹之。东巴文的海螺有十种以上：🐚🐚🐚🐚🐚。🐚为神和地位高的大东巴用的，加了象齿彩穗表示；其余为凡人吹的（神、鬼亦可吹）；🐚左三的三条曲线表示吹奏出响亮的声音。民谚有："吹起海螺万事顺。"东巴吹奏的海螺全从外地买来，据说其中相当一部分产自印度，多半是经西藏转至滇西北的。

12. 牦牛角号

纳西语叫作"柏苛"（berq ko），包括犏牛、野牛、牦牛角做的号。🐂。东巴文的牛角号写法有：🐂🐂🐂🐂。吹奏角号的东巴文写法：🐂🐂🐂🐂。角号是一种较原始的吹鸣器，原来的主要用途是放牧和部落聚众，后来变成古代东巴仪式请鬼、诱鬼的吹鸣器之一。牦牛角号只能单独使用，忌合奏。

在东巴经、东巴画（尤其是《神路图》）中也描述到琵琶、曲项琵琶、长颈琵琶、口弦、筝、芒筒、长喇叭、唢呐等多种乐器，但这些乐器在东巴法事中并不用及，在此不赘。

（二）东巴乐器的综合伴奏及程式

东巴经文中有具体的乐器伴奏提示字符，如🥁表示板鼓应摇 3 次；🥁应摇响板铃 2 次；🥁东巴应 2 次抬高双手，摇响板鼓 10 次；🥁表示笛子应吹奏 4 次，一般多指吹 4 曲、4 遍或 4 声；🥁表示女子应吹响 5 次木叶，或吹奏 5 遍。🥁[①]由此可见，这些东巴乐器在仪式表演中的应用有着具体严格的规定，东巴经文对乐器伴奏表演起到了规约的作用，这也说明念诵经文东巴的主祭者身份地位，他在仪式中扮演的是"导演"的角色，不仅掌控着仪式每一个程序的进展，而且对仪式表演的每一个类别同样起到指示作用。

在东巴音乐中最常见的伴奏乐器是板铃与板鼓，东巴认为二者分别象征了日月，由此引申为阳神、阴神的化身。这两种乐器在仪式表演中往往

① 杨德鋆：《凝固在纳西古老图画象形文字里的音乐：云南传统音乐研究》，《文艺研究》1998年第 3 期。

同时使用，意喻着"日月同辉""天地交泰"。如下面这段《开坛经》的开头唱腔中，前两个节拍由板鼓伴奏，后两个节后由板铃伴奏，并反复三次，形成递进平行式结构，烘托出庄严、神圣的宗教氛围。

$$| 5\,\tilde{3}--\ |\ 1\,\tilde{2}--\ |\ 3\,1\,3\,2\ |\ \tilde{6}\,-\!\frown\ |\ 53--\ |\ 1\,\tilde{2}--\ |\ \tilde{3}\,-\!\neg$$
$$|\ 1\,3\,2\,\tilde{6}----\frown|\!|$$

东巴音乐伴奏往往与东巴舞合二为一，跳舞者两手各持板鼓与板铃，边跳边摇动鼓铃。海螺、牦牛号角往往用于请神仪式，主要是由于这两种乐器共鸣声强，东巴认为借此可以把请神声音传到遥远的天庭，这样才能请神仙下来。东巴音乐伴奏的节奏以4\2拍为主。当然，这一固定节奏在不同的仪式程序中也相应地发生变化，如请神仪式中，节奏明显变缓，突出了庄严肃穆的神圣气氛；而在驱鬼仪式中，这一节奏变得急促粗犷，音乐音响也处于最强音，加上东巴及民众在旁边一同吼叫，营造了一个同仇敌忾的驱鬼气氛。

三　东巴舞蹈程式

东巴舞，即东巴仪式中的跳神舞蹈。东巴既是巫师，也是舞者，所跳舞蹈主要模仿神灵、动物的动作形态，以达娱神禳灾之效。因涉及鬼神，东巴舞的学习训练、跳法、场地、人员皆有严格规定。东巴舞的跳法在东巴经的舞谱中有详细具体的记载，现存东巴舞谱主要有《跳神舞蹈规程》《祭什罗法仪跳的规程》《舞蹈来历》《舞蹈的出处和来历》等经书，共记载了近百种舞蹈跳法。东巴舞是为配合东巴仪式而产生的，与仪式程序、经书、东巴画、道场有着统一性。这一统一性主要体现在程式化特征方面，东巴舞谱的程式化主要体现在舞蹈规程、舞步技法、类别划分、术语词汇四个方面。

（一）东巴舞仪式规程的程式化

东巴舞仪式规程与东巴仪式程序是严格相对应的，也就是说东巴舞是作为仪式的一个有机构成而存在，与仪式的其他程序是同步进行的，由此有着具体、严整的程式规定。下面以东巴丧葬仪式中举行什罗超度仪式的东巴舞为例进行说明。

什罗超度仪式规程的东巴经书（部分）

东巴舞谱翻译：

仪式规程：铺设神座，燃灯，烧天香，求福分，招魂，偿还毒鬼的欠债，绕一绕毒鬼的地方，抛里多面偶，给毒鬼献牲和给血，施鬼食，解脱过错，给鬼施食，破毒鬼村寨，在火葬场献供品呀，点五盏油灯，献五碗饭，开龙王的"罗梭"门，更改什罗姓名，把什罗从毒鬼的黑海里找回来，招什罗的魂，把什罗从督孜和酥油海里迎接到上面来。白铁制作的三角叉，从白麻布桥的上面迎接上来，到了门口，给什罗解厄，到了家里，要到屋外念《矿石的出处和来历》经书，接着又破毒鬼村寨，显示神的威风，念《抛体倡面偶》上、中、下卷。念完后，讲什罗的身世来历，抛冷凑鬼面偶，抛卡律面偶，在什罗前面燃灯，弟子们念六字真言，把什罗从油灯送去上面，给活者们遗留福泽。

到了第二天早晨，铺设神座，带着什罗偶像和木桩去火葬场，拿着木桩绕一绕火葬场，然后牵着马把苟斯甘朗抛在外面，要给死者献饭，要用白色黑色的爆谷花祭粮，要用刀和镰刀，要用鲜肉，要开辟神路，到了上面以后，把福泽遗留给活者，求神降威灵，东巴寻找福分，东巴把福泽遗留给活者，讲板铃与皮鼓的来历，把服装作为福泽遗留给活者，烧纸人偶像，跳一下什罗舞，把什罗送往上面，在坟地里念用木柴火化经书，用箭射毒鬼村寨里的面偶，要用五只利箭射面偶，念完经书以后，烧经书，送神，完了。这就是超度什罗的仪式规程。①

在这份舞谱中，对什罗超度仪式的规程做了详尽的交代。这些规程包括仪式程序、场景布置、音乐伴奏形式、舞蹈种类及时空规定等，这既是按照传统沿袭而成的，也是东巴举行仪式时必须严格遵循的"仪式指南"，体现出明显的程式化特征。

（二）东巴舞技法的程式化

1. 东巴舞谱中的舞步技法记载

下为什罗超度仪式中的舞谱（前半部分）原文及翻译：

很古的时候，富饶辽阔的人类大地上，360 个东巴要跳舞的时候，在美利达吉海里，生长了一棵只有头发一样大的树苗，它的名字叫含依巴达树，栖息在巴达树上面的青龙、大鹏鸟和狮子，听见了东巴们准备跳舞的消息，生活在美利达吉海里的金色大蛙也听见了这个消息，金黄色的大蛙，于是就去 18 层天上的盘孜沙美女神那里，为 360 个东巴寻找会跳舞的本领，而且找到了本领：首先，找到了跳大鹏鸟舞的本领：要跳白海螺色大鹏鸟舞时，侧身张翅地躬一次身，然后左脚吸一次腿，右脚吸一次腿，端掌做一次深蹲。

① 《全集》第 100 卷《舞蹈的来历》，第 55—56 页。

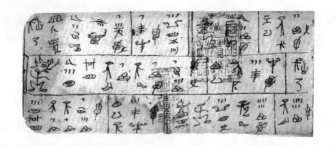

接着起身，端掌双脚朝后面跳钩，向左原地自转一圈，向右原地自转一圈，向前迈三步。要跳白海螺色狮子舞时，左脚吸两次腿，转身后右脚也吸两次腿。要跳绿松石色青龙舞时，向前迈三步后，右脚吸一次腿，左脚也吸一次腿，每只脚各做三次吸腿动作。转身后向右原地自转三圈。接着向前迈三步，右脚吸一次腿，左脚也吸一次腿，一只脚吸三次腿。转身后向左原地自转三圈。要跳恒迪窝盘大神舞时，向前迈三步后，左脚吸七次腿，右脚吸七次腿。

旁腰托掌闪身地向前迈三步，向右原地自转一圈。回身做一次顿步跳后，站着呀。要跳恒依格空大神舞时，左脚吸两次腿，做一次回身小射雁动作；右脚吸两次腿，又做一次回身小射雁动作，然后向左半转身，向右半转身。要跳东巴什罗学走步舞时，左脚吸一次腿，右脚吸两次腿，摇两次板铃，然后向左向右各原地自转一圈。接着左脚吸两次腿，右脚吸三次腿，向左向右各原地自转一圈。要跳神女拉姆舞时，摇三次手摇鼓，摇一次板铃，向左做三次旁腰托掌闪身动作，向右做三次旁腰托掌闪身动作，然后向左向右各原地自转一圈。要跳东巴什罗学跳舞姿时，左脚吸三次腿，右脚吸两次腿，这就不会有错了。

2. 跳舞程序的程式化

与上述的仪式规程相对应，东巴舞的跳舞程序是按照仪式进行的，这些跳舞程序与经书内容相统一。根据东巴经书记载，东巴舞谱是由大鹏鸟从居住在十八层天上的盘孜沙美女神那里借来的，由此规定了跳东巴舞时必须先从大鹏鸟舞跳起，然后根据经书情节中出现的神灵、动物依次展开，如上面舞谱中的程序为：

大鹏鸟舞—白海螺色大鹏鸟舞—白海螺色狮子舞—绿松石色青龙舞—恒迪窝盘大神舞—恒依格空大神舞—东巴什罗学走步舞—神女拉姆舞—东巴什罗学跳舞—东巴什罗起床舞—什罗的脚后跟被刺戳着的舞—朗久敬久大神舞—莫毕精如大神舞—土蛊优麻战神舞—木降魔杵舞—达拉明丙大神舞—四头神卡冉舞。

仪式类别不同，跳舞的程式也会发生相应的变化。如举行东巴超度仪式时，必须先跳什罗之护将达如明悲舞；举行祭风仪式时，先跳四头神考饶拯救究舞；举行祭胜利神仪式时，先跳格称称补、胜忍米格、那生崇罗、古生肯巴、松余敬古等东、南、西、北、中等五方大神舞；举行祭如姆仪式时，先跳神女玛永金姆舞。[①]

3. 舞步动作的程式化

舞步动作的程式化主要体现在舞步动作的规定性、对应性、重复性特征方面，跳具体的某一种舞步时，对具体的动作有严格的程式规定，不能随意篡改，如"要跳白海螺色大鹏鸟舞时，侧身张翅地躬一次身，然后左脚吸一次腿，右脚吸一次腿，端掌做一次深蹲，接着起身，端掌双脚朝后面跳钩，向左原地自转一圈，向右原地自转一圈，向前迈三步"。其次，身体动作有着对应性与重复性，如右脚吸一次腿时，左脚也相应地吸一次；如果右脚吸两次腿，左脚也相应地吸两次腿；向左做三次旁腰托掌闪身动作，相应地向右做三次旁腰托掌闪身动作。这些舞步动作的程式化特征除了模仿动物、神灵的身体动作特征外，也是为了方便舞者对跳舞动作的记忆及表演。

---

① 参见和宝林《纳西族东巴舞谱简介》，载《东巴文化研究所论文集》，民族出版社 2001 年版，第 280 页。

4. 舞谱记录语言的程式化

东巴文的书写方式主要分为两种，较为普遍的是起提示作用的简写法，即有词无字、有字无词。经书中只记录关键字形，其他部分由东巴在念诵时予以补充，这种方式在仪式经书中较为普遍。第二种书写方式为严格的一字一形一音体例，字词严格对应，这在东巴经中的咒语、舞谱、画谱以及生产、生活记录中较为常用。东巴舞谱采用了后一种严格体例。这与东巴舞动作的严格、具体的规定性密切相关。

	o³¹hər³¹mɯ³³dzər³³tsʻo³³me³³i³³（七音节） 欲跳绿松石青龙，
	he³¹kæ³³su⁶⁵tʻɣ³³dʑi³³（五音节） 神前走三步，
	uæ³³kʻɯ³³gə³¹dɯ³³lɣ³¹（五音节） 抬一抬左脚，
	i³¹kʻɯ³³gə³¹dɯ³³lɣ³¹（五音节）抬一抬右脚，
	dɯ³³pʻu⁶⁶su³³lɣ³¹ne³¹（五音节） 每只（脚）抬三次，
	kə⁵⁵pʻɣ³³æ³³tɕy³¹su³³zɿ³¹lɯ³³（七音节） 翻身朝左转三圈，
	tʻɯ³³gu²⁴su³³tʻɣ³³kæ³³dʑi³³lɑ³¹（七音节） 接着往前走三步，

另外，这些舞谱记录本除了在跳舞时作为参照文本外，也作为东巴学徒平时练习东巴舞时记忆所用，所以舞谱记录语言都遵循了经书的韵文模式。下面以跳白海螺色狮子舞、绿松石色青龙舞、恒丁窝盘舞三个舞类为例做说明。

dv³³phər³¹si³³gɯ³¹tso³³bɯ³³me⁵⁵,　　　　要跳白海螺色狮子舞时
uæ³³khɯ³³ŋi³³lv³¹ne³¹,　　　　　　　　　左脚吸两次腿，

gu³³mu³³kə⁵⁵phv³³iə⁵⁵i³¹khɯ³³n̠i³³lv³¹me⁵⁵。 转身后右脚也吸两次腿。

ua³³hər³¹mɯ³³dʐər³³tso³³bɯ³³me⁵⁵， 要跳绿松石色青龙舞时，

khɯ³³sʅ⁵⁵thv³³kæ³³dʑi³³me⁵⁵， 向前迈三步后，

i³¹kɯ³³dɯ³³lv³¹， 右脚吸一次腿，

uæ³³kɯ³³dv³³lv³¹ne³¹， 左脚也吸一次腿，

dɯ³³phu⁵⁵sʅ⁵⁵lv³¹ne³³me⁵⁵， 每只脚各做三次吸腿
动作。

khɯ³³phv³³i³¹tɕy³¹sʅ⁵⁵zʅ³¹ɯ⁵⁵ne³¹， 转身后向右原地自转
三圈。

thɯ³³gu³⁵se⁵⁵sʅ⁵⁵thv³³kæ³³dʑi³³， 接着向前迈三步，

i³¹khɯ³³dɯ³³lv³¹， 右脚吸一次腿，

uæ³³khɯ³³dɯ³³lv³¹， 左脚也吸一次腿，

dɯ³³phu⁵⁵sʅ⁵⁵lv³³ne³¹， 一只脚吸三次腿。

khɯ³³phv³³uæ³³tɕy³¹sʅ⁵⁵zʅ³¹ɯ⁵⁵ne³¹， 转身后向左原地自转
三圈。

he³¹dɯ³¹ua³³pher³¹tso³³bɯ³³me³³， 要跳恒迪窝盘大神舞时，

sʅ⁵⁵thv³³kæ³³dʑi³³me⁵⁵， 向前迈三步后，

uæ³³khɯ³³ʂər³³lv³¹ne³¹， 左脚吸七次腿，

i³¹khɯ³³³ʂər³³lv³¹me⁵⁵， 右脚吸七次腿，

sʅ⁵⁵thv³³kæ³³dʑi³³dɯ³³y⁵⁵y³³ne³¹， 旁腰托掌闪身地向前迈
三步，

i³¹tɕy³¹sʅ⁵⁵zʅ³¹ɯ⁵⁵ne³¹， 向右原地自转一圈。

le³³tɕy³¹dɯ³³tse⁵⁵tse³¹， 回身做一次顿步跳后，

dɯ³³çy⁵⁵ne³¹me⁵⁵。 站着呀。①

　　以上三个东巴舞记录语言中，共有 22 个句行，其中五言句有八行，七言句为五行，与东巴经的五言、七言的典型句式相统一；音韵以尾韵为主，在 22 行中，尾韵为 [e] 的有 18 行，[e] 韵以 [ne]、[me] 韵为主，其中 [ne] 韵有 8 行，[me] 韵有 9 行。舞谱记录语言的韵文程式化说明了东巴舞谱作为口头传统的重要特征，它不只是用来看的，更多的是

① 《全集》第 100 卷《舞蹈的来历》，第 89、90 页。

在念诵中习得而成的。

(三) 东巴舞类别的程式化

东巴经文《舞蹈的出处与来历》载:"舞蹈是人类受到金色神蛙跳跃的启发而产生的。"东巴舞最为突出的一个特征是模仿动物的动作,而动物以大鹏鸟、狮子、老虎、青蛙、青龙、牦牛、犏牛、山羊、孔雀等为主,这无疑是纳西先民动物图腾崇拜的遗留。居其次的是神灵舞,主要以东巴教祖——丁巴什罗舞、护法神舞为主,且这些神灵舞往往与动物舞相对应,每个神灵都有相对应的坐骑,这些坐骑以上述动物为主,说明了二者有着内在联系性。东巴教后期融入了苯教、藏传佛教的内容,这些外来宗教的神灵也大量融入东巴教神灵体系中,在东巴舞中也得到了充分的体现,应该说动物舞是东巴舞的底层文化,神灵舞是后来居上的。如"丁巴什罗舞""萨英畏登舞""恒丁窝盘舞",护法神"卡冉神舞""五方大神舞"等都与藏族苯教、藏传佛教的神灵有着直接的渊源关系。法器舞在东巴舞中并不占主体,只是在驱鬼禳灾仪式中才跳,是动物舞、神灵舞的补充内容。下面为东巴舞的三类别简介。

1. 神舞类

丁巴什罗舞,东方大神格泽楚布舞,南方大神色日米贡舞,西方大神纳森崇陆舞,北方大神古塞克巴舞,中央大神索羽季古舞,沙利伍登大神舞,亨迪俄盘大神舞,亨衣格孔大神舞,朗究竟究战神舞,蒙布汝绒战神舞,达拉米布战神舞,色塞克久大神舞,玛米巴罗大神舞,罗巴托格战将舞,塔尤丁巴战将舞,羽培爪索十三战将舞,羽吕爪索十三战将舞,卡饶纽究四头战神舞,拉姆神女舞,神女舞,丹英拉姆女神舞,茨里拉姆神女舞,多格天将舞,巴乌尤玛护法神舞,图赤尤玛护法神舞,左梯尤玛护法神舞,镇魔女固斯麻舞,罗崇达亨(祭司)舞。

2. 禽兽舞类

金色神蛙舞,赤虎舞,绿松石青龙舞,走龙舞,飞龙舞,白海螺狮子舞,大鹏神鸟舞,白牦牛舞,黑犏牛舞,白山羊(神羊)舞,金孔雀舞。

3. 法器舞类

尤玛磨剑舞,降魔杵舞,弓箭舞(即卡饶纽究四头战神舞)。

东巴舞的分类具有程式化特征,其一,这些舞种在仪式程序中有严格规定;其二,每一个舞类内部也有具体的程式化规定,如丁巴什罗舞包括丁巴什罗(东巴教教祖)诞辰舞、丁巴什罗学步舞、丁巴什罗脚底带刺舞、丁巴什罗杀魔舞、丁巴什罗身陷毒海舞、求什罗舞等，在什罗超度仪式上所跳的什罗舞基本上概括了什罗一生的经历，这些经历在舞蹈程序编排中呈现出程式化特征；其三，每个舞的前后顺序存在着程式化特征，如护法神舞必须先跳五方大神，五方大神依东、南、西、北、中五个方位分为东方大神格泽楚布舞、南方大神色日米贡舞、西方大神纳森崇陆舞、北方大神古塞克巴舞、中央大神索羽季古舞。

（四）东巴舞术语词汇的程式化

东巴舞在不同纳西族地区呈现出不同的风格特色，但这种不同只属于"大同小异"，主要在舞蹈动作的尺度、跳舞时间长短、衣着服饰等方面有些差异，而舞种、跳法、舞名、舞蹈禁忌都是相一致的，这与东巴舞特有的舞谱传承以及高度程式化有着密切关系。东巴舞的程式化除了上述内容外，还有一个重要特点是舞蹈动作术语的程式化。一直致力于东巴舞研究的戈阿干认为："在整个东巴舞谱的行文风格（用语特色）里，还有一个极鲜明的特点，即各地东巴们所使用的描述各种舞蹈动作的语汇中，已出现一整套程式化（或称规范化）俗语。这套特定的语汇，正代表着相应的东巴舞蹈的特定动作。"① 戈阿干总结出的这种程式化词汇达 30 种之多，其主要为：

> 吸腿（draw ing in legs），平步（walk），跨步（step），山鹰双展翅（spredding arms arms likewings），小射雁（lesser wild-goose shoot-ing），水肩抖胯（shading the vest with wateredshouldar），弹腿（kicking legs），频步跳（jumpwith foot-stamping），波浪状伸缩轮动（wave-like expanding and Contrating wheeling moeion），野鸡双脚快步跳（pheasant-double-foot fast-step jump），跳钩（hook jump），端掌（levelling the palm），深蹲（deep-squat），弓箭步（forward lunge），错步跳（stag-ger-step-jump），撑腰托掌（supporting the waistand balancing the palm），闪身（dodg ingthe boddy），反腕藏背（bending the wrist to hide it at the back），孔雀吸水（peacock drinking water），涮腰（loin-shake water），晃身碎肩（body-quake and shoulder-dreak），旁跨腿腾跳（side-step and prance），等等。

---

① 戈阿干：《东巴神系与东巴舞谱》，《文艺研究》1998 年第 3 期。

这些被翻译成汉文的舞蹈俗语，不一定与原谱中的动作完全对应。但从中我们可以看出，出现在东巴舞谱中的这些程式化俗语，与唐、宋二谱中用一些特殊的动词如"据、摇、送"，或者用鸟兽的动作如"雁翅儿""龟背儿""打鸳鸯场"等描述人体形体动作的俗语有某些近似之处。所不同的是，在东巴舞谱中，不仅用文字记录了每个舞种的基本动作，同时也记录下这些动作的进程路线和舞者所持的一部分舞具的使用状况。更重要的一点不同之处是，东巴们保存的这数十种舞谱，至今大多还活着，东巴们不仅能把这些谱文读出声音，也还能把它们跳出一节节舞蹈。①

四　东巴绘画程式

东巴画是东巴文化的有机组成部分，是纳西族先民创制的一种古老的绘画艺术，依附于东巴教，并直接为其仪式服务，具有浓郁的宗教性、仪式性、实用性等特点。和志武认为，"东巴画用色彩等手段构成艺术形象，来反映纳西族的古代社会生活；但由于他们是东巴祭司们所创作绘制的，并且专门用在东巴教的宗教活动场所，所以，东巴画的内容多以宗教题材为主，是表达东巴艺术家们的思想感悟和审美情趣的一种社会意识形态"②。

（一）东巴画类别的程式化

东巴画与东巴仪式、经书、唱腔、舞蹈相似，其内部有着明显的程式化特点。东巴画的程式化特征首先表现在类别方面，也就是不同的类别规定了东巴画的材质、内容、画法、风格。东巴画的分类有多种划分法，如按其内容可划分为神灵画、鬼怪画、动物画、植物画、吉祥符号画等；按技法可划分为勾勒画、淡彩画、重彩画等。东巴画的普遍分类法以材料为主，主要划分为以下几类。

1. 经卷画

经卷画主要指东巴经卷中的图画，包括东巴图画文字、封面装帧画、经书扉页画和题图等。

---

① 戈阿干：《东巴神系与东巴舞谱》，《文艺研究》1998 年第 3 期。
② 和志武：《纳西东巴文化》，吉林教育出版社 1999 年版，第 200 页。

（1）东巴图画文字

傅懋勣把东巴文字的性质定位为图画文字[①]，这是从东巴文字的特点来说的。东巴字兼有字画同一的形式，因其中以象形字居多，故又称为东巴象形文字。象形字的最大特色是取物、事之外形及内在特点来勾描成字，这样就明显地带上了人类童年时期的字画同一的文化特质，这也是东巴画的艺术特质所在。据对目前已汇集的纳西象形字的分类研究，属于植物名称的字，包括各种树木、花草、五谷的，有五六十个；属于动物名称的，包括兽类、鸟类、虫类，有一百一二十个。这反映了东巴在创造纳西象形字的时候受游猎、游牧生活的影响，要比受定居农业生活的影响大得多。这些形神兼备的动植物字画在东巴经中占了很大的比例，甚至因纳西先民在历史上有过漫长的自然崇拜时期，这些动植物往往成为东巴教中图腾崇拜、神灵崇拜的主要对象。在两个民族的宗教经典中，神话占了很大的内容，其中庞杂的神灵体系中，动物神灵占了很大比例。东巴文字有个发展的过程，早期的东巴文字以图画为主，辅以少量的符号。比如早期的动物类文字画，四肢齐，五官全，与真实的物体不少什么，随后省去后半截，再后来只留下一个特点突出的头部，最后创造出一种新的文字体系东巴字和“格巴文”，而“格巴文”已经跨入了高度符号化的文字体系。“格巴文”以前的图画、文字都可归属于绘画的表现形式。

东巴字记录在东巴经书中，东巴经书装订形式与贝叶经相似，长度28厘米，宽度9厘米，每页从左往右书写，分三层。以完整一句话作为一个单元，每一单元之间画一竖线相隔，每一单元的长度是根据内容、字体而定，加上象形字线条流畅、颜色鲜艳，主体形象生动，从而形成了疏密有间、气韵生动的“连环画”类型的风格。

纳西族学者兰伟说：“象形文字从它的造字以及整个发展的情况来看，它是从图画逐步发展演变成现在的东巴文字，所以现在的东巴文本身就具有很高的艺术价值，每一个东巴文字都是很美的一幅画。”[②] 纳西族先民在漫长的历史进程中，在茫茫大草原中经历了游牧生活；后迁徙到江河纵横、雪峰森森的金沙江高原地带，由游牧生活转型为畜牧、农耕生活，这

————————

① 傅懋勣：《纳西族图画文字〈白蝙蝠取经记〉研究》，商务出版社2012年版，第8页。

② 兰伟：《东巴画与东巴文的关系》，载《东巴文化论集》，云南人民出版社1985年版，第426页。

些历史在东巴画中也得到了充分体现。如东巴字的"天"，呈现出类似蒙古包的帐篷形状，"地"为长满青草的平地，《马的来历》这本经书中有百余匹马，动态各异，生气灵动，从中也折射出纳西先民早期经历的游牧文化的社会图景。

（2）封面装帧画

东巴经封面装帧工整，构图讲究。书名的正上方用美丽的"八宝"图案装饰，有神花、海螺、宝壶、法轮、宝伞、如意结、双重、宝珠等。在宝物的下方绘上流水，两侧画上行云，使宝物如同漂浮于行云流水之上，增强了立体动感。各类经书封面画造型独异，各具千秋，有的绘有东巴诵经形象或迎神压鬼舞姿，画法丰富而精美，多数还敷以明丽谐和的色彩，构成一幅幅清晰古朴、各呈异彩的装饰画。

（3）经书扉页画和题图画

经书扉页画内容与该书的内容相吻合，提示性地画出该书中出现的主神或主人公的形象，如《人类迁徙记》画主人公崇仁利恩，《迎请卡冉神》画卡冉四头神神像。也有的只画一个具有特色的东巴像。扉页画和题图画一般都着色，起到启迪主题和渲染内容的艺术效果。

2. 木牌画

木牌画是在简制的木牌面上绘制出的图像，东巴符号和图像所作的画，纳西语叫"课标"，是一种最古老的原始绘画艺术。它主要用于纳西族的插地祭祀活动，与两汉时期中国西北部古羌人的"人面形木牌"有着渊源关系。木牌画为举行一定的祭祀仪式，在木牌上作画，起源最早，与口诵经书时代并行，远早于东巴文字形成，应为"森究鲁究"（木石上的痕迹）之说中的"森究"（木头上的痕迹），刻在以木质材料为主的符号和图像。木牌画一般长约60厘米，宽约10厘米，厚度约1厘米，分尖头形和平头形两种。尖头形一般画神的形象，插于上方神坛前，平头形画鬼的形象，插于下方鬼寨中。但也有只用一种尖形牌绘神灵鬼怪的。近代木牌画普遍用红、黄、蓝等矿物质颜料添敷色彩，画面鲜艳，引人入胜。木牌画从祭祀功能角度可分为五类。

（1）神牌

绘制各种神像，木牌的制作相对要好看得多，绘画较细致，并彩以多种颜色，显得威严又美观。牌顶都须有较美观的祥云图案装饰，绘有日月星辰、风雨雷电等图形，有的用白色为底色。在木牌的正位绘有该牌的某一位大神，有的牌顶部绘有白海螺、法轮、净水瓶等东巴教中的八种宝物，主要用于祈福仪式。

（2）鬼牌

木牌制作简单、粗糙，绘画简单并不予以色彩，有的用黑色作为底色。鬼牌多成平顶，代表牌中妖魔鬼怪居于地下，木牌上端绘以象征阻击鬼怪的木栅栏，绘以分清人鬼的卢、沈两位大神，其用意自然是严防鬼魔侵扰人间。

（3）门牌

绘制着各种神鬼之门，绘画的特点是"神门"精致，"鬼门"相对简单。

（4）还债牌

纳西语称其为"趣课"，将偿还鬼怪与自然神的动物和物品绘于其上，意为将这些被人们捕杀了的动物还给自然神，向自然神谢罪、赎罪。

（5）诅咒牌

是诅咒仇人倒霉的巫术木牌。无任何装饰，突出了仇人的巨嘴利牙，目的是告诫人们，谨防被其咬伤。

3. 纸牌画

纸牌画以自制的土纸为载体，按其形式、大小和内容可分为四种。

（1）战神纸牌画

五方战神纸牌画共五张，其尺寸大小与东巴经相似，上方分别画有伸着利爪飞翔的"修曲"神鸟（或称神鹏），下方画着手持武器骑各种动物的战神，其所骑动物分别是巨掌红虎、白色狮子、玉绿青龙、金色大象和"修曲"神鸟，它们分别为东、南、西、北、中五方之战神。

（2）署神、动物纸牌画

这类纸牌画比五方战神纸牌画略小，既有着色的，也有素描的，所画形象大体为神鸟"修曲"斗恶"署"、金色巨蛙、孔雀、优麻战神等。

（3）占卜类纸牌画

占卜纸牌画分别与各种卜卦方法相对应，如看人的生辰八字的"左拉卡"，共有30块长方形的卜图，每一张图支配两年的运道，30张图即合六十花甲子之数。一种是"巴格卡"（青蛙雌雄五行卜），在一张绘着"金黄大蛙"和分居四方八面十二属相动物的图上依五行八卦之法占卜；另一种是抽图片卜，共有 33 张图片，每片上端系一根棉线，届时如抽签一样由求卜之人抽出，请东巴依据画面内容译解。占卜纸牌画将着色的画面内容诸如人神鬼或动物与单色象形文字融为一体，有的是因画与文字相互交叉于画面。

（4）五幅冠纸牌画

东巴头上戴的五幅冠画，用多层厚纸裱拓而成，仍属纸牌画一类。五幅冠各套内容不尽相同，中幅一般画一尊大神或东巴神罗，两旁四幅画四尊护法神。有的五幅冠则画上五尊神明东巴的像。五幅冠画装饰浓烈，色彩富丽。东巴用红布带把它扎系在头上，更增添了东巴主持仪式时的威严和艺术风采。除了以上纸牌画外，丽江塔城地区有一种特别的头冠，在各种喜庆场合或者跳勒巴舞时佩戴，男女都可以戴在头上，头冠上的绘画内容多为东巴教的吉祥物和法器、元卉等，造型上比较随意，采用了对称的构图形式，色彩鲜艳，突出喜庆的气氛。

4. 卷轴画

卷轴画多绘于麻布或土布上，四周用蓝布装裱，上有天杆，下设地轴，绘画内容多为纳西族信奉的神祇。卷轴画数量众多，构图紧凑，层次分明，笔法工整，造型准确，色彩艳丽而多变，格调庄严，画面讲究对称、均衡。从卷轴画中可以看到东巴画发展的艺术轨迹。东巴传统的古拙画风与后起的细腻工笔画风有机地融汇一起，形成粗细有致、疏密相间的风格，是东巴绘画艺术中成就较高的艺术作品。卷轴画按其内容可分为大神画、神事画。

（1）大神画

大神画以单幅画一尊神祇为主，代表性作品有萨英威德、依古阿格、恒迪窝盘、东巴什罗，护法神画有恒依格空（九头）、卡冉明究（四头）、郎究敬究、麦布精如、优麻战神、"修曲"战神、五谷神、药神等。在结构和布局上，主神居中，四周画战神、神明东巴、鹏、龙、狮、白牦牛、红虎及各种东巴教的吉祥符号，内容比较丰富。每尊神的形象按照不同地区民间艺术的风格和东巴画师的不同理解，可画出姿态、格调不同的画面和神灵形象，从而形成多样的绘画风格。

（2）神事画

神事画以《神路图》为代表。"神路图"的纳西语原名叫"亨日皮"，

"亨"意为"神"，"日"意为"路"，"皮"一词为"评断""裁决""判定"之义。"亨日皮"意为东巴为死者评断、指点通往神地之路，即为亡灵排难解忧，把他们从鬼地（地狱）的煎熬中解脱超度出来，转生为人，或送至神灵之地。《神路图》作为布面卷轴画，一般长达10米，最长的可达20米，宽16厘米左右。分为地狱、人类世界、自然天国、天国四个部分，画面色彩鲜明、艳丽，人物造型生动、个性鲜明，既受藏传绘画艺术影响，又具有纳西族传统风格和特色，是东巴绘画艺术中的珍品。《神路图》主要用于丧葬时超度死者亡灵仪式，描述了死者亡灵要经过的地狱、人间、自然界、天堂等各阶段的具体场面，有较高的文化和艺术研究价值，有"古代宗教绘画第一长卷"之誉。此画融早期东巴传统画粗朴狂野的画风与后来发展的精绘风格融为一体，文化内涵异常丰富。在纳西族的丧葬和超度亡灵仪式上，根据《神路图》导引死者灵魂进入新的生命场是一件极为重要的大事。到时要把《神路图》展开，众东巴站于图旁依次咏诵八册《神路图经》，为死者评断路径，导引亡灵穿越鬼地，摆脱恶鬼的种种折磨。在纳西族实行传统安葬习俗时，要在安葬场铺开《神路图》，把图上的鬼地部分朝着死者头部，向西北方向铺开。往西北方向铺的意思是死者灵魂将回归西北方向的纳西远祖之地。把死者灵魂送到"祖先之地"是纳西族的古代民俗，"祖先之地"是纳西族信仰意识中的死后生命的再生空间。各地纳西族都有十分详细的送魂路线，灵魂返祖必经的每一个地名都在口传和写为东巴经的送魂路线中标出。随着纳西族文化与汉藏等族文化的交融，关于生命归宿的观念也随之趋于复杂，产生了鬼地（地狱）、人间、神地（天堂）和人死后转生的观念。其画面所绘鬼神人三界有数百个人神鬼兽的形象和很多具有宗教象征意义的物象，除了很多东巴教的观念之外，还融进了多种宗教思想观念。如鬼界所反映的惩罚亡灵之刑，既有纳西族的传统伦理思想和习俗，又混融着汉族释道儒等教幽冥观念的十殿阎王和十八层地狱之说，以及藏传佛教地狱观所反映的内容。例如，《神路图》中所述罪孽与佛教的"十恶"论也有共同之处；"鬼界六地"之说深受佛教"三界六道"说的影响。

（二）东巴画谱中的程式化

凡是大型的祭祀活动，都要制作四五十块木牌画，有的多达二百块，举行一次大型祭祀仪式，涉及鬼神像上千种，在这样繁杂的仪式面前，东巴们为了完整保留和传承这种仪式，不让历史上形成的东巴祭祀活动失传、简化、误传等而书写了这样一种特殊的东巴经书——画谱。东巴画谱，纳西语称为"冬模"，本义为"规矩""规则""方法。""不依规矩，不成方圆。"东巴画谱"冬模"成为学习东巴画的"教科书"，这些画谱由东巴界所公认、才艺超群的大东巴画成，作为谱典传承，方便学习绘画。东巴画是每个东巴必学的基本技能之一，学习东巴的初学者首先从画谱开始临摹学习。纳西族有数个分支，每一个分支的画谱各有不同。可以说东巴画谱的这种规范性也是其程式化的表现。

据不完全统计，东巴画谱约有 30 种，现存画谱种类不少，可按其质地（载体和对象）进行分类，可以分做木牌画画谱、纸牌画画谱、经书画画谱。根据画谱内容还可以分为不同仪式的画谱。如大、小祭风仪式的木牌画谱，祭云鬼、风鬼、毒鬼、仄鬼画谱，关死门仪式画谱，超度女能者画谱，祭署神画谱等，其中祭风仪式的木牌画谱内容最为丰富。多数用竹笔作画，也有一些用毛笔描画的；有单纯素描的画谱，也有色彩富丽的着色画谱。下面从不同仪式的画谱内容的程式化特点做个简述。

1. 综合类画谱：大祭风仪式中的木牌画画谱

祭风仪式是使用东巴画最多的仪式，一般都在上百块以上，最多达二百多张。大祭风仪式的宗旨是超度非正常死亡者灵魂，东巴认为这类仪式中需要镇压、驱赶的妖魔鬼怪最多，也最凶险，相应的仪式程序、内容也最为繁杂，所需要的东巴画也居高不下，这一仪式只有水平高超的大东巴才能主持得了。仪式中每个环节的准备工作、衔接、进行都必须格外小心严谨，由此也规定了东巴画谱在仪式中的重要作用。正如东巴经《大祭风·木牌画画稿》的内容提要中所提及的："这本经书名为《大祭风·木牌画画稿》，是为大祭风仪式中所使用的各种木牌提供画稿的经书。本书不但有木牌画的画稿，还有仪式中所需要制作的各种用具之名字和样子，是一本比较全面地介绍制作各种用具和布置祭祀场地的方法的工具书。东巴们只要有了这本书和《仪式规程》，就可以依样画葫芦地布置祭祀场地，准备祭祀用具，并知道这个祭祀仪式需要诵读哪几本经书，知道仪式进行的先后次序等大致情况。"这一画谱对鬼类、动物类、神类、法器类、规程类的绘画技能、顺序都做了详尽规定，一直被东巴视为东巴画的"教科书"。

上方一行从左到右依次是：长獠牙的公獐子、白尾巴狐狸、野牦牛、马、野鸡；下方一行从左到右依次是：长颈的母獐子、野猫、牦牛、驴、白色箐鸡。

此页分成两部分，第一部分上边一行从左到右依次是：白鹤、红腿白鹇鸟、孔雀、白尾巴的孜朗鸟。下边一行从左到右依次是：白色老鹰、猫头鹰、公鸡。这些都是供品木牌画画稿。

第二部分从左到右、从上到下，它们依次是：表示天、日、月、星星的木牌，蛇、蛙、鱼；花朵、银子、金子、松石、墨玉（法轮），（宝物）。这些都是供品木牌画的画稿。

此页分成两部分。第一部分从左到右、从上到下分别是：珊瑚座，琥珀座，灯盏；海螺座，净水壶，珊瑚树，海螺，两盏油灯，石，海。

第二部分画有月、星星、云彩的木牌画，然后是两尊楚鬼、尤鬼头目的形象，它们下方的图表示他们住在尤臭鲁美纳（有大黑石头的）鬼地，中间的东巴文字，是头目的意思。它们分别是尤孜欧孜和构土希瓜。

　　这页还有四个人物形象及东巴文字，从左边起分别是孜古别乐盘，开美久金命，庚增庚朗命，是楚鬼、尤鬼木牌画的画稿。①

　　2. 鬼类画谱：大祭风·祭寇寇朵居毒鬼②

　　在大祭风木牌画画稿中也提到了鬼类画稿的内容，但因这一仪式规模浩大，在大仪式下包括了众多小仪式，有些小仪式在整个仪式中起着关键作用，所以有单独列出的画稿。如这本经书是在祭寇寇朵居毒鬼时专用的画稿，对这一鬼类的画法做了详细规定。

　　毒盘罗纽毒鬼、桑罗尤吐毒鬼。

————————

① 《全集》第91卷《大祭风·祭寇寇朵居毒鬼的仪式规程》，第225页。
② 同上书，第240、242、243页。

恒罗尤吐毒鬼、督娜毒鬼、长九头的毒支卡古毒鬼。

骑驴的毒鬼、长四个头骑熊的毒鬼。

骑鹤的毒鬼、骑老鹰的毒鬼。

毒鬼恒拿余布从毒鬼的寇寇朵居寨、季拿般柯寨中引出 360 种毒鬼。

3. 小仪式画谱：祭风·木牌画画稿①

小仪式画谱作为大仪式的补充画稿。大祭风规模大，耗资也大，一般人家很少能够负担，所以平时仍以小祭风仪式居多。所以东巴对小祭风仪式的画稿又做了具体的规定，下面为这一仪式画稿的部分内容。

这一页是猛兽战神的画稿，它们依次是：白色斑点的凶豹、巨掌红虎、海螺般洁白的狮子、金黄色大象、松石般碧绿的青龙、白色牦牛、松石般碧绿的刺猬、战神。

动物战神，依次是：白色黄牛、腰缠白海螺的战神、绿蛇。这一组画稿靠右的是几个东巴象形文字：求助于吃肉的360尊战神。

这一页中间的一组画稿是署神：古鲁古究。

这页靠右的一组是东巴象形文字：古鲁古究是壬鬼的父亲，牟补库鲁是壬鬼的母亲。

---

① 《全集》第21卷《祭风·木牌画稿·仪式规程》，第226—237页。

　　左边一组画的东巴文字是：东方的寿依戈嘎麻。意思是东方的楚鬼、尤鬼头目寿依戈嘎麻。她用巨掌红虎做乘骑。

　　右边一组画的左边的东巴字是：南方的卡丹启自麻。意思是南方的楚鬼、尤鬼头目卡丹启白麻。这一组画稿的右上角是一只青龙，她以青龙为乘骑。最靠右的一行东巴字是：西方的敬土西麻欣，她的画稿在第二页。

　　左边一组画稿是西方的楚鬼、尤鬼头目敬土西麻欣，她名字的东巴文在上一页。在这个楚鬼、尤鬼头目的下方是一头标有东巴字白色的老熊。西方的楚鬼、尤鬼头目骑一头白胸脯的黑真吕。第二组画稿是套拉金白麻，这一组画稿的左边是东巴象形字：北边，套拉金自麻，意思是北方的楚鬼、尤鬼头目套拉金自麻。在他的下边是一只标有东巴象形字白的水獭，他用长白色斑点的水獭做乘骑。第三组画稿是巴敦哈朗麻，这一组画稿左边的东巴象形文字是：天地中央，巴敦哈朗麻。意思是天地中央的楚鬼，尤鬼头目巴敦哈朗麻，最右边的是一只独角岩羊，他用独角岩羊做乘骑。右边最后的几个东巴字是：千千万万的楚鬼、尤鬼。

意为：产生了 30 个骑鹿、骑野牛的壬鬼，产生了 30 个骑熊、骑野猪的壬鬼，产生了 30 个骑麂子、骑獐子的壬鬼；产生了 30 个骑马、骑驴的壬鬼；产生了 30 个骑蛇、骑蛙的壬鬼。

（三）东巴画的画法程式

1. 木牌画的画法程式

（1）形制程式

从木牌画外形来分，可分为尖头形和平头形两类。东巴普遍认为，木牌画的形状是模仿蛙头和蛇尾制成的，木牌的顶部像蛙头，木牌的底部像蛇尾，因为纳西族从很古的时候起就非常崇拜蛙和蛇，认为最初的历法产生于蛙，把蛇当作掌管大自然山谷江湖与鸟兽鱼虫的神灵的象征，因此，木牌形状根据祭祀内容而定。祭祀神灵所用的木牌，顶端削成尖头，形似蛙头，木牌的蛙形尖头表示在天底下，借东巴文中"天"字之意形，表达神灵圣洁崇高，居住于天上神界之义，这类木牌只能绘制活动于苍天以内、大地之上的神鬼。故木牌头部往往先画天、云、日、月、星等，牌上所画的内容一般也是神、先贤、山神、龙王、宝物和鸟兽等。而祭祀鬼怪的木牌，也就是平头木牌，按东巴文"地"字的形状做成平顶，预示木牌所画之鬼怪是生活在地下，主要画各种妖魔鬼怪，绝不能画天上的神，连生活于地上的鬼也不能出现在这类木牌画中。到了近代，尖头木牌也画鬼怪，但平头木牌不能画以上所述诸神的形象，只能画鬼一类的形象。

（2）木牌的制作形制程式

最初的木牌画采用楸木来制作，但因楸木逐渐难找，现代的东巴一般用松木制作。制作时将无弯纹的干松材用刀剖开，粗修成所需要的牌型后，再用特制的铁划刀划平。在时下，这些材料没有严格的要求，而在传统东巴仪式前，东巴们常取百姓房前屋后可方便取得的木片、树枝等。根据仪式的需要，用刀斧砍制成长 50—60 厘米、宽约 10 厘米，厚度约 1 厘米的木牌，用以绘制东巴木牌画。但根据取材的不同，木牌大小没有严格限制。绝大多数木牌下部尖锐，斜度较长，便于插竖。

（3）木牌画的绘制技法程式

在绘制木牌画的过程中，描绘天上的神灵时，一般在顶部绘制日月星辰、风雨雷电及东巴八宝等祥瑞图案。在木牌中心绘制主神的形象，在他周围画上与之相对应的辅神、道具、坐骑等形象。木牌下部写上仪式中对该神祈祷的文字。绘制鬼牌时一般在顶部画上木栅栏，寓意将鬼怪阻拦在地下，不得闯入人间。下方画所要祭祀的鬼的形象，最后写上祭祀的内容。这些绘画方法与内容既有宗教上的含义，又起到对木牌画装饰点缀的作用。

一般东巴在做木牌画前都不打草稿，直接用竹笔或蒿笔蘸取墨汁在制作好了的木板上用勾线的方法直接绘制构图，勾线时注意线条的质量。线描在中国画中有"十八描"之称，也就是有很多种描法，东巴画的线描没有这么多的描绘形式，一般木牌画采用的是铁线描的描法，其线条质量追求"屋漏痕、锥画沙"的质量效果。在描绘时一般保留木板本来的色泽直接作画，但也有对神牌先涂一层白色做底、对鬼牌涂黑色做底的绘制方法。艺高的东巴，一般不看画谱，也不打草稿，从上到下，一气呵成，粗线勾勒，形象粗犷而逼真。墨色勾线完成后，用平涂的方法对神牌画中的各种形象涂上鲜艳的色彩。早期的木牌画颜色都是植物颜料，上色时直接用红、黄、蓝等原色调胶平涂即可，以求鲜艳美观，起到装饰作用。因此，早期的东巴木牌画色彩比较艳丽，且色彩保留时间较长。

2. 纸牌画的画法程式

（1）纸牌的形制程式

纸牌画一般采用东巴纸为材料，为增加质量和厚度，将两张东巴纸粘在一起使用。一般长度为30—40厘米，宽度15—20厘米，根据用途不同也有其他尺寸的大小。纸牌画用于各种东巴教仪式，用时用竹棍夹住画面，插在蔓菁萝卜或洋芋上，可随仪式的程序移动。早期的纸牌画用竹笔画成，后来产生了用毛笔绘的纸牌画。五佛冠为东巴头上所戴的帽子，长为16—20厘米，尖头的硬纸五张排列连缀在一起。

（2）绘制技法程式

在制作好了的纸牌上，用笔先勾出所要描绘的对象（早期的纸牌画一般用竹笔来勾线，后来产生了用毛笔来勾线完成），然后平涂色彩完成，早期的用色，其使用的颜色和方法与木牌画一样，都是植物颜料原色直接调胶平涂。纸牌画的底色有的涂一层底色，也有直接利用东巴纸本色做底直接绘制完成。

3. 卷轴画的画法程式

（1）布局程式

卷轴画中的主神居中，每幅卷轴画主要绘制一尊大神，主神周围绘着与其相关的神界和其他神祇、祭司、灵禽异兽以及各种宗教吉祥符号。上下左右周围均配上与主神有关的大神和战神及与主神有关的社会关系、文化背景等，以烘托出主神像，从构图上形成了大小、疏密的对比。

（2）绘制程式

早期卷轴画一般绘制于手工织成的麻布上，所用麻布先经过用鹅卵石磨平、刷浆、涂粉等工序，用木炭条起稿，然后涂以颜料，再用毛笔墨线勾勒。

东巴卷轴画在绘画形式上受藏传佛教"唐卡"画的影响，不少神祇画如藏传佛教神佛那样坐于莲花座上，头部背后有圆形光环。色彩艳丽多变，有的还勾勒以金线银线，使画面显得富丽。人物造型趋于准确，细腻的笔法随处可见，特别是晚期的卷轴画精工细描、造型严谨、色调明丽，技巧十分娴熟。绘画布局讲究对称、均衡，形成了构图紧凑、层次分明、造型严谨的绘画风格，给人以优美的审美愉悦。

卷轴画中，很多神的形象渐渐落入方面垂耳、盘腿打坐的藏传佛教神像模式，有的保护神绘得狰狞可畏，失去了早期东巴画中神人一体的原始气息，这些都反映了苯教和藏传佛教神灵观对东巴教的影响。但传统粗犷画风与"唐卡"画精细画风的有机结合，又使东巴画形成一种新的风格，即粗细有致、疏密相间，原始宗教的山野蛮荒气息与藏传佛教典雅细腻、远离红尘的神气氛围交互相融，使东巴画透出一种独特的艺术气质。

（3）东巴画的艺术造型程式

李霖灿认为，东巴象形字具有字画同一的特点，集中体现在"贝叶经的形式""优美的线条""美丽的色彩""动态的表现""特征摄取"五个方面。[①] 这五个特点也是东巴画的造型程式化特点。

---

① 李霖灿：《东巴经典艺术论》，载郭大烈、杨世光《东巴文化论》，云南人民出版社 1991 年版，第 555—566 页。

贝叶经形式是指东巴经形制，东巴画中的字画类集中在东巴经书中，经书的形制客观上制约了东巴字的风格特征，东巴字画的"连环画"特征也是这一形制制约的结果。贝叶经源于古代印度梵文经典，其装订形式为横条较长，横竖比例大致为3：1，横向长度28厘米，竖向宽度为9厘米。这种贝叶经装订形式与藏传佛教经卷、梵文经卷装订形式相似，三者有渊源关系。东巴文化深受藏族苯教、藏传佛教影响，而印度佛教文化对藏族苯教、佛教都产生过深刻的影响。东巴教与苯教关系非同一般，二者的教祖、教义、神祇、功能皆有很大的相似性。东巴教的最终形成与苯教东渐密切相关，而后期苯教的藏传佛教化也对东巴文化产生了相应的影响，这从东巴经书的形式与内容中也有反映。

东巴画的绘画技法以线条勾勒为主，东巴祭司在绘制字画时，先以特制的硬笔勾勒出所绘形象的轮廓再进行细部刻画，最后完成颜料填充。艳丽多彩也是东巴画的一大特点。"双钩填廓法"是常用的填色敷彩方法，具体做法是先用墨汁画成神灵与鬼怪，然后在界限内填涂不同颜料。主要颜料以土制的植物、动物、矿物材料为主，一般以紫色、石青、石绿、土黄相搭配，相得益彰，交相辉映。

因为东巴象形文字取自自然万物的形态特征，东巴画中的内容以鬼神、动物为主，结构复杂，故东巴作画时采取了"特征摄取"的方法，选取绘画对象突出特征，尤其是描摹相似的物体时，对其不同于其他物体的特征予以强调、放大，以示区别。如动物多取其头部形状，而相似动物由以不同部位来示区别，如水牛突出半圆形的牛角形状，牦牛则突出长且弯曲的牛角；鸡突出鸡冠，鸭突出扁平的鸭喙，鹤突出长、尖的中嘴部，鹰突出内卷的长喙等。东巴画中的线条勾勒近乎现代绘画中的素描，或简练概括，或变形夸张，或粗犷流畅，率真豪放，刚柔兼备，寥寥几笔，事物之形象活灵活现，呼之欲出，盎然生机。李霖灿评价说："无论是龙的飞翔，鹤的舞姿，愤怒的野牛，疾驰的骏马，矫健的猎人，腾跳的虎豹……都具有刚健流利的线条。""远取诸物，近取诸身，一经撷取，便惟妙惟肖，直臻大匠堂奥。""线条的功力造诣，已臻国际水平的高峰。"[①]

（四）东巴画在仪式中的应用程式

东巴画在仪式中的应用程式主要分为仪式场景、仪式程序两个方面。

---

① 杨福泉：《绿雪歌者》，云南教育出版社2000年版，第67—74页。

1. 东巴画在仪式场景中的应用程式

东巴画在仪式场景中有着严格的规定，如大神卷轴画只能挂于神坛上方，鬼类木牌画只能插在门外的鬼寨中，署类木牌画须插在水塘或树木中，《神路图》只能出现在丧葬仪式中。具体应用程式可分为以下几种。

（1）卷轴画的应用程式

卷轴画内容以大神为主，一般挂在神坛正上方。挂大神画时，必须先进行除秽、迎请诸神仪式；仪式完毕后先挂主神像，然后再挂护法神像，最后挂诸神坐骑及吉祥图。其顺序为：主神——萨英威德、依古阿格、恒迪窝盘和东巴什罗，护法神——恒依格空（九头）、卡冉明究（四头）、郎究敬究、麦布精如，战神——优麻战神、"修曲"战神，其他神——五谷神、药神，神灵坐骑——鹏、龙、狮、白牦牛、红虎及各种东巴教的吉祥符号。挂图布局以主神居中，护法神、战神、坐骑、吉祥图分别挂于两侧。仪式主要程序结束后举行送神仪式，然后按挂神像顺序一一取下收藏。

卷轴画中的《神路图》只在丧葬仪式中应用，当进行送魂仪式时，由东巴助手从神坛处把画卷展开，延伸至灵柩前。主祭东巴念诵《送魂经》，从《神路图》的地狱部分念起，边念边拿一灯盏从图中慢慢向上移动，由地狱、人间，最后送到天堂为止，意喻着死者灵魂已经超度到天堂中，从而获得永生。

（2）木牌画的仪式应用程式

木牌画分尖头彩色画和平头木牌画，尖头彩色画主要画护法神、日月星辰、龙王水怪、大鹏狮子以及各种敬神"宝物"，这些木牌画有些钉在墙柱上，有些插在祭坛上，有时还要固定在树枝上，东巴用弓箭射它，以示战胜凶魔。平头木牌画不上彩，主要画各种鬼怪和牺牲形象，一般插在地上，有的挂在象征风神的树枝上，以示招魂。鬼类木牌画主要插在鬼寨内，其中鬼牌插在鬼寨中间，因鬼牌内容不同，具体的插法也不同，如祭鬼王时，五个鬼王牌按东、南、西、北、中五个方位来插；在什罗超度仪式中搭建女魔王司命麻佐固斯麻祭坛时，画有女魔王形象的木牌要插在象征毒海的右边，然后在其两边分别插上两块骑马的厉鬼木牌，最后再插上九块画有丁巴什罗灵魂的木牌，以此象征教祖丁巴什罗灵魂在毒海中受女魔王所困。在主祭东巴念诵完《祭司命麻佐固斯麻》时，众人一起上前奋力用刀砍断鬼牌，象征攻破毒海，拯救出什罗灵魂。

另外，鬼门牌插在鬼寨门前，还债牌插在鬼寨或署寨前，上面画有人类献给署神或鬼怪的牺牲贡品，以示谢罪、赎罪。

2. 东巴画在仪式程序中的应用程式

东巴画在仪式程序中的应用在东巴经的仪式规程中皆有具体的规定，如《超度什罗仪式规程》对木牌画的制作、场所布置、顺序位置都做了详细说明。

　　要布置六个地方：布置本多神住的地方，属于祭坛的第五个地方，要一捆尖木，插一枝铁杉，要一块秃头木牌，木牌上画一个长牛头的鬼，让它的手中拿着一个朵马和有九条横齿的木头；布置拉命女神住的地方，属于祭坛的第六个地方，要一枝铁杉树枝，一捆尖木，一块秃头木牌，木牌上画一个生羊头的鬼，让其手中拿着一根细绳和有九道横齿的木头，做一个长羊头的朵马。布置人类居住的地方，属于祭坛的第四个地方，插一枝铁杉树枝，一捆尖木，要一块平头木牌，木牌上画一个生猪头的鬼，让它的手中握一根有九道横齿的木头和一个朵马。

　　布置徐佐地狱，属于祭坛的第三个地方，插一棵铁杉，要一捆尖木，一块平头木牌，木牌上画一个生蛇头鬼，让其手中拿一根细绳和一把快刀，做一个长蛇头的朵马；布置依道地狱，属于祭坛的第二个地方，要一棵铁杉树枝，一副用来挡鬼的尖木，一个生狗头的朵马，一块平头木牌，在木牌上画着生狗头鬼，让其手中拿着刻有九个横齿的木桩。布置尼坞地狱，属于祭坛的第一个地方，要插一棵杉树，要插一些尖木，捏就一个生鸡头的朵马，要一块平头木牌，木牌上画一个生鸡头鬼，让其手中拿一个朵马，拿着刻有九道横齿的木头。

　　要做九块木牌，分别画什罗的灵魂：超度固斯麻的规程，插一根五股竹叉，放一颗神石，插一块画着固斯麻灵魂的木牌，超度固斯麻仪式在黑海边进行：黑海边插九种刺枝，插一枝冷杉树，插五个长手的木偶，用冷杉树枝削制五个有嘴的木偶，供品要摆上五两银子，说说东巴在超度时用的神杖之来历与出处，不要出差错，差错会引起许多是非。①

---

① 《全集》第75卷，《超度什罗仪式规程》，第196—207页。

画谱中的最后一句"不要出差错，差错会引起许多是非"说明了这些画法及在仪式中的具体应用有着严格的规定，同时也说明了东巴画的程式化与宗教禁忌有着内在关系。正是这种特定的宗教禁忌，使一代代的东巴不敢擅自做出创新性的举动，从而使其程式化特征得到强化与巩固。

3. 东巴画的其他程式

东巴画的程式除了上述的四个程式内容外，还有东巴绘画工具、材料，以及面偶、木偶、服饰等诸多方面的内容。如东巴画的绘画工具有竹管、玉米秆、高粱秆、铜杆，绘画材料中的颜料、东巴纸、麻布、木材，面偶、木偶的制作原料、方法，东巴服饰的材料、剪裁、染色、装饰等，都有着具体、严整的规定程式。

第四节　东巴仪式表演的主题或典型场景

一　东巴仪式主题与主题群

主题或典型场景在口头传统中作为一种叙事单元，也被看作一组观念群，往往被用来以传统诗歌的程式风格讲述一个故事，不过它的规模较大，介乎"程式"与"故事范型"之间。就东巴丧葬仪式的表演主题而言，可以分为主题与主题群体两个层次。这里的主题主要就整个仪式而言的，如东巴丧葬仪式的表演主题是"超度"，即通过丧葬仪式把死者灵魂超度到祖居地或天堂。东巴丧葬仪式与一般的纳西族丧葬仪式不同在于，死者灵魂必须超度两次：第一次超度回祖居地，成为祖先神灵中的一名成员；第二次超度到教祖丁巴什罗居住的天上，成为天神中的一名成员。东巴丧葬仪式中的开丧、火化仪式属于第一次超度，而第二年的超度仪式属于第二次超度。很明显，两次超度仪式属于原生文化与次生文化的交叉。与藏缅语族内诸民族的灵魂观念相似，人死后灵魂只有回到祖先居住的地方才算真正的圆满，丧葬仪式中的送魂成为普遍的文化现象，这也是纳西族丧葬仪式中的底层文化。至今纳西族民间丧葬仪式中仍秉持这种传统观念，并没有人死后下地狱、上天堂之说。而在东巴葬礼中出现了天堂、地狱观念，这与藏传佛教内容渗透到东巴文化的实情直接相关，属于次生文化内容，仅局限于东巴教徒范围中，对民间影响不大。"超度"的目的是让死者灵魂永生，而唯一的办法是通过仪式让死者灵魂渡过重重难关，回到祖居地，继而升到天上，进入神灵谱系。仪式是否圆满成为超度能否成功的关键因素，由此仪式中的表演内容、表演水平、表演效果也直接关系到"超度"这一主题的实现与否。与故事形态中的主题相似，东巴超度仪式中的主题也是由系列次主题构成的，这些系列主题构成了主题群。

东巴丧葬仪式中的主题群主要有：除秽、请神、除威灵、出生、遭难、招魂、施药、献牲、接魂、驱鬼、安神、求神、送神、送魂。这些主题群在表演文本中的功能与故事文本一样，是一个个由不同程式组成的叙事单元，都拥有较为固定的表演模式，在特定的场合下用不同的方式进行表演。比如东巴仪式中的"请神"主题有固定程式，包含设置神坛、挂神像、摆放神灵面偶、跳迎请神灵舞、念诵《迎请神灵经》等诸多表演内容。但在不同的仪式中主题没有发生变化，而内容相应发生了改变，如丧葬仪式中的神坛与灵坛相对应，超度仪式的神坛规模更为庞大，而所挂东巴卷轴画中，主神画、战神画、护法神画成为主要的神坛画，而丁巴什罗画在神坛、毒海、女魔王祭坛、送魂路线中皆有设置，迎请什罗、什罗舞、《迎请什罗经》成为东巴舞、东巴经、仪式程序的主要内容。这也是主题在叙事中的主要功能：固定的叙事结构中，叙事内容、方式可以随机进行变化。

总之，一个个的系列主题，它们彼此联系，通过平行、递进的叙事结构形式，推动着仪式叙事的逻辑展开。不同的表演内容是为了同一个仪式主题服务，但其表现形式是丰富多彩的，构成了由语言、文字、音乐、歌曲、舞蹈、绘画等多元表演艺术形态有机整合而成的多模态叙事文本。

二 主题、典型场景与东巴仪式表演的关系

东巴仪式表演中的主题或典型场景是为仪式服务的，也就是说仪式中的舞蹈、口头演述、乐器伴奏、美术工艺等表演项目中所包含的主题或典型场景皆应仪式需要而生成，仪式决定表演主题或典型场景、表演表述仪式主题或典型场景。不同表演类型之间存在互文关系，互为前提，相互制约，共同构成仪式叙事单元，推动仪式程序不断发展。从表4—1中，我

们可以对主题或典型场景与仪式表演的对应互动关系有个清晰的认识。

表4—1　　　主题、典型场景与东巴超度仪式表演的对应关系

序号	仪式程序	主题	东巴经（唱腔）	东巴画	东巴舞	东巴音乐	仪式场景
1	求威灵、接主祭东巴	求威灵	《降威灵》	什罗挂像	求威灵舞	板铃、板鼓、海螺、牦牛角伴奏	什罗祭坛。死者家中的众东巴与主祭东巴率领的东巴汇合后一起跳东巴舞
2	除秽	除秽	《除秽》	勒凑面偶、秽鬼面偶			祭坛。东巴用除秽火把给祭坛除秽
3	供奉神灵	请神	《铺设神座》	萨英威德、英古阿格、恒丁窝盘等神像	站立神像旁，等待起舞	海螺、牦牛角伴奏	神坛
4	迎请卢神、沈神	请神	《迎请卢神、沈神》《为卢神、沈神除秽》	卢神、沈神木牌画		海螺、牦牛角伴奏	竖立象征卢神、沈神的神石，并进行除秽、抹油，撒神粮
5	迎请诸神	请神	《烧天香》《燃灯经》《什罗乘经》《色肯多禅》《迎请盘神和禅神》	萨英威德、英古阿格、恒丁窝盘等大神		海螺、牦牛角伴奏	建立萨英威德、英古阿格等大神的神坛

序号	仪式程序	主题	东巴经（唱腔）	东巴画	东巴舞	东巴音乐	仪式场景
6	迎请丁巴什罗	请神	《迎请什罗》《杀三百六十个鬼卒》《杀固苏麻》	什罗像	什罗杀鬼舞	板铃、板鼓、海螺、牦牛角伴奏	什罗祭坛。众东巴跳杀鬼舞
7	什罗出世	出世	《什罗出世纪》	什罗像	什罗出世舞，黄金蛙舞	板铃、板鼓伴奏	什罗祭坛。东巴们在草席上打滚，抬左手，意喻什罗从母亲左腋下出生，学蛙走路
8	给什罗找药	找药	《什罗弟子找神药》	什罗像，什罗牌位	找药舞	板铃、板鼓伴奏	毒海。用柏枝、花草、牛奶做成神药在祭坛、什罗牌位上洒药水
9	从四方招魂	招魂	《在居那若罗神山四面招魂》《招死者灵魂》《赐威力》	什罗像	分别面朝东、南、西、北跳红虎舞、青龙舞、刺猬舞、大象舞、大鹏舞	板铃、板鼓、海螺、大鼓、牦牛角伴奏	居那若罗神山、神坛、毒海。跳舞时脚后跟做疼痛状，传说丁巴什罗跳此舞时脚后跟被刺扎着

序号	仪式程序	主题	东巴经（唱腔）	东巴画	东巴舞	东巴音乐	仪式场景
10	祭署	祭署	《里朵的出版与来历》《药水的出版与来历》《督树的来历与出处》	里朵面偶、督树			督树、祭署坛。里朵面偶送到村口一棵大树上
11	献牲（杀祭牲牛）	献牲	《在生牛皮上点灯》	画有鬼王的木牌画			鬼寨。用血抹在五方鬼主木牌上，然后分别献上肉、汤。
12	还毒鬼的债	还债	《还毒鬼之债》《用黑猪还毒鬼之债》	毒鬼木牌画	围着毒海跳舞	板铃、板鼓、大鼓伴奏	毒海，鬼寨。用饭团、面偶招待毒鬼，并用法术破坏毒海
13	接什罗魂	接魂	《接什罗魂经》	什罗牌位	优麻舞、本丹舞、胜神舞	板铃、板鼓、大鼓伴奏	毒海。把放在毒海里（铁锅来象征）的什罗牌位用戟钗、绶带鸟尾捞上来。一些东巴在旁摇铃打鼓
14	还冷凑鬼债（杀羊牲）	还债	《解脱过失》《施水、施饭给冷凑鬼》	冷凑鬼面偶			冷凑树旁、鬼寨。杀羊，献牲、熟献
15	打开梭罗之门	开门	《打开梭罗之门》	鬼牌画	罗梭舞	板铃、板鼓、海螺、大鼓、牦牛角伴奏	毒海。东巴先给鬼牌施药，然后拔掉木牌、竹子、白杨树枝，送到村口水塘边，意喻驱赶毒海边的署神

序号	仪式程序	主题	东巴经（唱腔）	东巴画	东巴舞	东巴音乐	仪式场景
16	从毒海中接什罗魂	接魂	《把灵魂从血海中接上来》《把本神送回去》	什罗牌位	什罗舞	板铃、板鼓、大鼓伴奏	毒海
17	破除毒海	驱鬼	《刀子的来历和出处》《寻找什罗的灵魂》《弟子协力攻破毒鬼黑海》	什罗牌位	什罗舞	板铃、板鼓、大鼓伴奏	毒海。东巴边跳舞，边用刀砍翻毒海边的鬼树、鬼牌。并用法术及咒语把什罗灵魂接上来
18	祭司命麻佐固斯麻	驱鬼	《送走斯姆郎登》	司命麻佐固斯麻牌位	什罗舞	板铃、板鼓、大鼓伴奏	把象征司命麻佐固斯麻的木牌及其用品装入一个木轮车内并从悬崖推下
19	开辟白桥黑桥	接魂	《开辟白桥和黑桥》	鬼怪木牌画、鬼怪面偶、什罗牌位	什罗舞	板铃、板鼓、大鼓伴奏	毒海。鬼寨。摧毁鬼寨、毒海，把什罗灵魂沿着黑桥、白桥引到神间
20	驱除冷凑鬼	驱鬼	《驱除是非过失引起的冷凑鬼》《解除过失》	冷凑鬼木牌画、冷凑面偶	驱鬼舞	板铃、板鼓、大鼓伴奏	摧毁冷凑鬼寨
21	把什罗灵魂接到家中（宰羊献牲）	接魂	《粮食的来历》《什罗乘注》《色肯多禅》《厅罗灿》	什罗牌位	什罗舞	板铃、板鼓、大鼓伴奏	从毒海到什罗祭坛

序号	仪式程序	主题	东巴经（唱腔）	东巴画	东巴舞	东巴音乐	仪式场景
23	点神灯	安魂	《弟子点神灯》	什罗牌位	灯盏舞	板铃、板鼓、大鼓伴奏	什罗祭坛。弟子女扮男装，戴耳环、左手持花，右手持灯，跳灯盏舞
24	献牲（宰羊、献优麻神、祖先神）	求神	《用羊占卜》《向优麻求威力》	什罗牌位			祭坛边东巴互问答，并把祭牲献给主要优麻、祖先神
25	赐福泽	求神	《赐福泽》	什罗牌位			祭坛。供米、献香、敬酒。磕头。东巴把赐福酒分给众人喝。
26	求威灵	求神	《赐徒弟以威灵》《什罗改名十二次》	什罗牌位	什罗舞	板铃、板鼓、大鼓伴奏	督树旁，主祭大东巴坐在高桌上代表天神般孜沙美，向众东巴降威灵
27	求寿	求神	口诵《延寿经》	什罗牌位		板铃、板鼓、大鼓伴奏	求寿坛。东巴刀砍煮过的白杨，让木片落入锅中，祈求神灵赐福寿于孝子孝女

序号	仪式程序	主题	东巴经（唱腔）	东巴画	东巴舞	东巴音乐	仪式场景
28	开神路	送魂	口诵《开神路》	神路图	什罗舞	板铃、板鼓、大鼓伴奏	东巴把死者灵魂从地狱十八层中一一引到人间，并送往天上
29	驱赶冷凑鬼	驱鬼	口诵《驱冷凑鬼》《用岩羊角解开是非之结》《越过九道黑坡》	什罗牌位	什罗舞	板铃、板鼓、大鼓伴奏	祭坛。把什罗牌位从神坛上拿到《神路图》的最下端，并慢慢向上移动，东巴挥舞法杖，铲除黑树黑海
30	打开十八层地狱	送魂	《劳禅近金》《如尤初平》《开辟什罗之神路》《开辟十三个神女之地》	什罗牌位	开神路舞	板铃、板鼓、大鼓伴奏	神路图中地狱部分。用黑饭施地狱之鬼。东巴在天井里路开神路舞
31	打开关魂柜子	送魂	《打开关魂柜了》	什罗牌位、郎史罗公鬼王面偶	什罗舞	板铃、板鼓、大鼓伴奏	祭坛。东巴用法杖掀翻铁锅，并把放在柜子上的郎史罗公拿开
32	砍督树	送魂	《砍倒督树》《把什罗从地狱十八层接上来》	神路图、什罗牌位	压鬼舞	板铃、板鼓、大鼓伴奏	神路图。一些东巴在开辟神路，一些东巴砍督树

序号	仪式程序	主题	东巴经（唱腔）	东巴画	东巴舞	东巴音乐	仪式场景
33	射杀五方鬼王	送魂	《施鬼食》《弓箭的来历》《射杀五方鬼王》	神路图、什罗牌位	射箭舞	板铃、板鼓、大鼓伴奏	毒海东巴做向五方射箭姿势，射死鬼王后献上供品，象征着什罗灵魂从地狱解救出来
34	解除过失	送神	《解除过失》	神路图、什罗牌位、狐狸面偶、蝙蝠面偶、猴头面偶	什罗舞	板铃、板鼓、大鼓伴奏	大东巴以杜鹃枝蘸净水为众东巴解除过失，并把动物鬼怪面偶丢到村外
35	死者灵魂送达天上	送魂	《开神路》《法轮之出处》	神路图、什罗牌位	射箭舞	板铃、板鼓、海螺、大鼓、牦牛角伴奏	东巴朝五个方位射箭来划定五行方位，把死者灵魂送达天上
36	送胜利神	送神	《火化后送什罗的灵魂》《附生祭送死者》	什罗纸人、纸灵塔			东巴点火燃烧什罗纸人、纸塔，把胜利神、家神牌位迎回家中

从表4—1中可以看出，每个仪式程序都有相对固定的主题及仪式场景，而仪式表演项目呈现出不同的对应关系。如在每个程序中都有演述东巴经文的内容，而东巴画、东巴舞、东巴音乐在有些程序中出现空缺情况；东巴音乐与东巴舞蹈则形成对应关系，只要有东巴音乐，东巴舞就与之相对应；但也出现了只有东巴音乐，而没有与之相对应的东巴舞的特殊情况。这说明东巴音乐与东巴舞有着较为紧密的关系，有人把东巴音乐与东巴舞合称为"东巴乐舞"，也是基于这一仪式中的普遍现象。需要说明的是，东巴音乐与东巴舞蹈不对应的特殊情况只出现在"请神"的仪式程序中，乐器只有海螺、牦牛角号两种，东巴认为只有这两种乐器的声音才能通达天上神仙居住的地方。东巴画与仪式场景形成紧密的对应关系，这是由仪式程序内容所决定的，如迎请诸神时，因所请神类不同，所悬挂、摆设的神像也发生变化，包括设置鬼寨、安插鬼类木牌画的情况也是如此。从表4—1中也可以看出，这么多的程序以及表演内容，绝非一个东巴可以胜任，事实上是众多东巴助手协助主祭东巴共同完成的，而这些助手东巴也存在内部分工，有些东巴负责仪式程序安排，有些东巴专职跳舞或绘画、伴奏，也有合作情况，如东巴舞与乐器伴奏往往合在一起，尤其是领头的东巴舞师一手拿板铃，一手拿板鼓，或持剑，边跳边摇鼓铃。但掌控整个仪式进程的只有主祭东巴一人，他坐镇仪式主祭坛，以念诵经文为主。当然，念诵经文并非照本宣科，不闻场内事；东巴经书往往具有仪式"指南针"作用，从仪式一开始要念诵仪式规程，下面的东巴须倍加注意倾听，以免举行仪式中出乱，仪式的程序也受经书内容所制约，该进行什么程序，该挂什么东巴画像，该跳什么舞都由主祭东巴从念诵经文中——布置、交代，他成为整个仪式表演中的"导演"。从这个意义上说，仪式表演中的主题或典型场景与经文内容中的主题或典型场景的逻辑关系是内在统一的，属于仪式叙事中的平行结构关系。也就是说，这些主题或典型场景同高度程式化的表演内容共同构成了"仪式程式"。

第五节 东巴仪式的表演类型

一 仪式表演类型的确定

（一）仪式表演类型与故事范型的内在关系

此处的"仪式表演类型"借鉴自洛德提出的"故事范型"概念。洛德指出："在口头传统中存在着诸多叙事范型，无论围绕着它们而建构的故事有着多大程度的变化，它们作为具有重要功能并充满着巨大活力的组织要素，存在于口头故事文本的创作和传播之中。"洛德还特别强调了故事范型的功能性，"他确信该文探讨的归来歌的故事范型，涉及下述的五个要素序列——缺席、劫难、重归、复仇和婚礼——实际上与印—欧语系的口头传统一样古老，例如，也同样流存在荷马的《奥德赛》之中。通过在大量的南斯拉夫口头史诗中对此范型的追踪研究——尤其应予注意的是，这种追踪既在穆斯林演唱传统中，也在基督教的演唱传统中进行——洛德游刃有余地以例证说明，叙事中的多型性（multiformity）通过这个简单而又古朴的要素序列而得到了体现，并且还说明，在南斯拉夫诗歌与荷马史诗传统之间，也同样存在着关联"①。故事范型类似于吕微提出的"功能性母题"，二者皆基于故事叙事单元的重复律、稳定性和模式化。弗里也借鉴了"故事范型"这一概念，与"传统性片语""主题或典型场景"一同构成了歌手演述口头史诗的"仪式程式"。

本书中的"仪式表演类型"借用这一概念，也是基于这些表演类型在仪式叙事结构中的程式化、稳定性与模式化特征。与洛德提及的故事范型及其叙事要素序列相似，仪式表演中的表演类型及其表演序列要素存在对应关系，与口头演述文本中的故事范型一同构成了仪式叙事中尺度最大的"仪式程式"，"依照既存的可预知的一系列动作的顺序，从始至终支撑着全部叙事的结构形式"，表演类型及其序列要素是程式化的叙事形式或叙

---

① ［美］约翰·迈尔斯·弗里：《口头诗学：帕里—洛德理论》，朝戈金译，社会科学文献出版社2000年版，第109页。

事线索。

（二）仪式表演类型的确定

仪式表演类型与仪式类型是一致的，仪式类型决定了表演类型，表演类型反映仪式类型。如丁巴什罗舞一般只用于东巴丧葬仪式中，一般民众的丧葬仪式中并不跳此舞，而拉姆舞只在东巴妻子或女能人葬礼上才跳，从所跳东巴舞的类型中可以推知仪式的类型。但在东巴大型仪式中，难以对表演类型进行确定，如前文中提及的延寿、大祭天、东巴超度等超级仪式中，往往综合了不同类型的仪式及表演类型，从表演类型中难以确定仪式类型，如在上述的超级仪式中都要跳东巴大神舞、五方神舞、护法神舞。反过来，即使是同一类型的仪式，因规模、时空、东巴等因素制约也会发生不同变化，如同丧葬仪式，可分为东巴丧葬仪式、正常死亡者丧葬仪式、非正常死亡者丧葬仪式等。其中东巴丧葬仪式因东巴水平能力高低可分为大、中、小三个规模不等的仪式类型；有时因主祭东巴水平有限，名义上的大东巴超度仪式变相成为一般的东巴仪式。这些仪式类型的变化也会相应地影响到仪式表演类型的内容与形式。笔者认为从仪式类型、仪式规模、仪式程序三个维度出发，可以有效解决东巴表演类型的确定难题。如表4—2所示，按东巴仪式类型，可以分为以下几种表演类型。

表4—2　　　　　　　　　东巴仪式表演类型分类

类别	祈福类	禳灾类	丧葬类
	祭天	小祭风	大祭风
	祭祖	毁鬼寨	什罗务
			拉姆务
	祭星	祭绝后鬼	关死门仪式
仪式表演类型	祭素神	顶灾	
	延寿	招魂	
	祭村寨神	驱妥罗能持鬼	
	祭猎神	禳垛鬼	
	祭谷神	退送是非灾祸	
	求子	除秽	

类别	祈福类	禳灾类	丧葬类
仪式表演类型	祭畜神	祭端鬼	
		驱抠古鬼	
		祭蛇鬼	

上述的表演类型主要是从宏观层面而言，如果对表演类型进行细化，则需要结合仪式规模及表演内容进行，表4—3以丧葬仪式为例进行划分。

表4—3　　　　　　　　　东巴丧葬仪式表演类型分类①

仪式类型	规模	仪式名称	表演内容				
			东巴经	东巴画	东巴舞	东巴工艺	东巴音乐
东巴丧葬仪式	大	大东巴丧葬仪式	150—200册	30幅神灵像，150张木牌画，有《神路图》	50—80种	面偶、泥偶120个，木偶55个	板铃、板鼓、海螺、大鼓、牦牛角伴奏
	中	一般东巴丧葬仪式	80—100册	15幅神灵像，100张木牌画，有《神路图》	30—50种	面偶、泥偶70个，木偶35个	板铃、板鼓、海螺、大鼓、牦牛角伴奏
	小	小东巴丧葬仪式	50—80册	10幅神灵像，20张木牌画，无《神路图》	5—10种	面偶、泥偶30个，木偶15个	板铃、板鼓伴奏

① 本表数据参考自《纳西族东巴教仪式汇编》《东巴教通论》《纳西东巴古籍译注全集》等。

仪式类型	规模	仪式名称	表演内容				
			东巴经	东巴画	东巴舞	东巴工艺	东巴音乐
正常死亡者丧葬仪式	大	官员丧葬仪式	80—100册	20幅神灵像，150张木牌画，有《神路图》	45种	面偶、泥偶120个，木偶55个	板铃、板鼓、海螺、大鼓、牦牛角伴奏
		将官丧葬仪式	80—100册	15幅神灵像，100张木牌画，有《神路图》	30—50种	面偶、泥偶70个，木偶35个	板铃、板鼓、海螺、大鼓、牦牛角伴奏
		能人丧葬仪式	50—80册	15幅神灵像，100张木牌画，有《神路图》	30—50种	面偶、泥偶70个，木偶35个	板铃、板鼓、海螺、大鼓、牦牛角伴奏
	中	一般丧葬仪式	50多册	15幅神灵像，100张木牌画，有《神路图》	30—50种	面偶、泥偶70个，木偶35个	板铃、板鼓、海螺、大鼓、牦牛角伴奏
	小	小丧葬仪式	10多册	10幅神灵像，20张木牌画，无《神路图》	5—10种	面偶、泥偶30个，木偶15个	板铃、板鼓伴奏
非正常死亡丧葬仪式	大	大祭风	150—200册	30幅神灵像，150张木牌画，有《神路图》	45种	面偶、泥偶120个，木偶55个	板铃、板鼓、海螺、大鼓、牦牛角伴奏
	中	祭风	100—150册	15幅神灵像，100张木牌画，有《神路图》	30—50种	面偶、泥偶70个，木偶35个	板铃、板鼓、海螺、大鼓、牦牛角伴奏
	小	小祭风	50—80册	10幅神灵像，20张木牌画，无《神路图》	5—10种	面偶、泥偶30个，木偶15个	板铃、板鼓伴奏

二 仪式表演类型的特征

综上可察，仪式表演类型与仪式类型及其规模大小密切相关，从中可以归纳出以下几个共同特征。

第一，仪式类型、规模决定表演类型。祈神类、禳灾类、丧葬类、卦卜类等不同的东巴仪式类型中的表演类型存在着较大的差异性。祭天仪式的表演内容不同于丧葬仪式的表演内容。祭天仪式中的东巴画、东巴音乐、东巴舞多与祈神主题相关联，其表演风格呈现出祥和、神圣、庄严的文化氛围；而丧葬仪式中的表演多与缅怀死者、驱鬼赶魔的仪式主题相关，其表演风格以悲伤、沉郁的特点为主。另外，同一仪式类型内部，由于规模大小不同，也会产生相应的变化。如大祭天仪式与小祭天仪式相比，表演的种类、内容要繁富得多，表演时间也相对较长，参与人数也较多。丧葬仪式中的东巴超度仪式与民间一般的丧葬仪式相比同样存在类似情况。

第二，同一类型仪式中的表演差异程度较小。在同一仪式类型下，不同规模的仪式表演内容存在大同小异的情况，但比起不同类别的仪式，其差异程度相对要小得多。如大小不等的东巴丧葬仪式中都包含了东巴经文演述、跳东巴舞、张贴东巴画、安插木牌画、摆放木偶及面偶、乐器伴奏等多项表演内容。同一类型仪式中存在的差异是基于表演内容的规模、数量方面而言，不同类的表演仪式之间的差异是基于表演的种类、形式而言。

第三，在核心程序不变的前提下，仪式表演内容可以灵活调整。仪式表演内容的压缩与扩张受到仪式程序的制约，在核心程序不受改变的情况下，主祭东巴可根据实际情况对仪式表演内容进行增减调整。如表6—3中的表演内容的时长、数量都有调整的余地。

从中我们发现，仪式表演类型既可根据仪式类型进行宏观层面的划分，也可根据同一仪式类型的规模进行更为详细的划分，说明仪式表演类型的确定必须基于仪式的外部与内部因素，二者皆与传统密切相关。也就是说，仪式类型与表演类型都是传统的产物。东巴仪式中的表演内容包含了戏剧因素，但没有脱离仪式而单独发展成为民族戏剧，这与东巴教的相对保守性、封闭性密切相关。

三 仪式表演的序列要素

洛德提到的"序列要素"指构成故事范型的叙事要素，这些要素按情节、事件的顺序归纳而得，如他把《归来歌》的故事范型归纳为5个要素序列：缺席、劫难、重归、复仇和婚礼。仪式表演同样存在类似的序列要素。如东巴超度仪式类型中，其表演类型可归纳为6个序列要素：出生、失魂、招魂、接魂、送魂、永生。这6个序列既是构成整个仪式结构的核心程序，也是东巴叙事文本的情节基干、核心母题，在表演层面上达成了平行叙事结构。也就是说，东巴在经文中念诵这些故事情节时，其他东巴们通过东巴舞、东巴画、东巴工艺、东巴音乐等多种表演形式表述同样的主题内容，或者说这些序列要素是在东巴的说、跳、画、乐等多元表演内容的综合作用下达成的。如东巴超度仪式中的"什罗出生"这一序列要素就包括了下面的这些表演内容。

（1）程序名称：什罗出世
（2）程序主题：出世
（3）东巴经演述：《什罗出世经》
（4）东巴画：挂《什罗神像》
（5）东巴舞：跳什罗出世舞，黄金蛙舞
（6）东巴音乐：板铃、板鼓伴奏
（7）场景描述：东巴们在草席上打滚，抬左手，意喻什罗从母亲左腋下出生，学蛙走路。

东巴超度仪式与其他丧葬仪式的一个最大区别在于送魂地是在天上，而不是祖居地，这与东巴教的教祖丁巴什罗的生平有关。丁巴什罗受天神指派下界除魔镇妖，先投胎到人间，出世后屡现神异之象，修炼成神功后到魔窟、鬼蜮中杀魔除鬼，为人类除患。丁巴什罗是智勇双全的神人形象，如妖魔看到强打打不过丁巴什罗，就施出美人计、苦情计、毒海计，都被丁巴什罗一一破除，但在最后一战中，因轻敌不慎掉入毒海，最后与魔王同归于尽，为人类安居乐业做出了牺牲。人们为了感激丁巴什罗，到毒海旁举行招魂仪式，通过仪式使其灵魂从毒海被接到人间，再由东巴超度到天上，从而得以永生。从中可见，东巴仪式表演类型的序列要素与故事范型中的序列要素是一致的，都是以丁巴什罗的生平内容展开叙事的：出生、失魂、招魂、接魂、送魂、永生。

与之相类似，祭天仪式类型及表演类型可分为这样五个序列要素：求生、求婚、考验、结婚、回归。这与祭天仪式中的主人公——崇仁利恩的生平密切相关：因兄妹婚遭到天神的洪水惩罚，求生成为首要解决的问题，在天神帮助下制造革囊船而得以幸存；人间只剩下他一人，在天神帮助下到天上求婚，并与天女衬红褒白命相爱；子劳阿普神并不同意崇仁利恩的求婚，设下种种难题故意刁难他，最后这些难题一一破解，从而获得了首肯；因人间荒无人烟，结婚时获得了天父、天母的丰厚嫁妆，为人类的繁衍生息创造了条件；最后他们双双从天上返回人间，学会了祭天来答谢上天的恩赐。由此而言，仪式或仪式表演也是讲各种东巴神话中的神灵、英雄祖先、万物起源的故事，相比而言，以讲前两种故事为主。如祭天仪式是讲崇仁利恩的故事，东巴超度仪式讲丁巴什罗的故事，祭风仪式讲祖古羽勒盘与开美久命金的殉情故事，垛肯仪式讲黑白两部落战争的故事。

故事必须有情节支撑才能讲得下去，仪式表演同样是在讲故事，与单纯的口头演述不同，它更多的是借助绘画、音乐、舞蹈、工艺等综合手段来达到"讲故事"的目的。这些多元表演手段得以有机融合，关键在于受到仪式程序规程的统摄，而程序规程是按照故事情节而设置的，本身包含了上述的序列要素。这些序列要素是构成不同类型的故事或表演的"基因"，这些"基因"为东巴们举行仪式、故事演述、表演提供了稳定的、可靠的程式保障，同时也为区别不同故事类型、不同表演类型提供了切实有效的检验工具。

第六节　仪式表演的结构分析

在口头史诗中，平行式是较为常见的句法结构。平行式又称为"平行结构"或"平行法则"，"其核心表征是相邻的片语、从句或句法结构的重复。因而平行式的核心是句法的。构成平行的，至少要有两个或两个以上的单元彼此呼应——意象、喻义、字面乃至句法结构上可供比较，才有可能建立起平行的关系来"①。本书引用这一概念，主要基于仪式表演同样存在着与口头史诗文本句法相似的平行式结构特征。从东巴仪式表演类型分析，其结构可分为以下并列平行式与递进平行式。

一　东巴仪式表演的并列平行式

仪式表演中的并列平行结构，指构成平行重复的表演序列具有相同或相似的表现形式，各表演序列所表述的意义是一致的。仪式表演与口头史诗演述的区别在于，口头史诗的演述者大多以一个人演述为主，而仪式表演者往往是以群体形式出现的，且表演者的身份、表演形式、表演场所也不同，但这些不同的表演范型序列却以相同的结构和主题，表述了同样的事件。并列并行式根据仪式程序及表演内容分为两种。

（一）不同表演类别的并列平行式

在东巴超度仪式举行到什罗生世的仪式程序时，主祭东巴在祭坛上声情并茂地讲述经书中丁巴什罗出生时的故事情景；东巴舞师们在祭坛下方场地跳东巴舞，模仿什罗出生、学青蛙走路的情景；东巴助手在神坛上给丁巴什罗画像敬香、除秽，给什罗木牌位施神药、敬酒；旁边东巴摇动板铃、板鼓伴奏助兴。这些不同表演者都在表述同一个故事主题——丁巴什罗的出世。这些不同表演者的表演行为在仪式程序中是平行进行的，每个不同的表演内容都有相应的程式。

仪式表演并列平行式的另一种表现形式是在不同仪式空间中，也就是说在东巴仪式中，往往会出现在两三个仪式场地中同时进行仪式的情况，如在东巴丧葬仪式的出殡程序中，灵柩抬到山上火化场进行火化，由两个东巴助手主持进行送魂仪式，仪式以口诵《送魂经》为主；而主祭东巴在村外的宗族祭天场举行送神仪式，内容有跳东巴舞、念诵《送神经》；东巴助手在家中举行驱鬼、安家神仪式，内容有跳驱鬼东巴舞，念诵《驱鬼禳灾经》。三个场地的仪式是并列平行进行的。

需要说明的是，并不是仪式中的每一个程序都有这样规整的序列对

---

① 朝戈金：《口传史诗诗学：冉皮勒〈江格尔〉程式句法研究》，广西人民出版社2000年版，第193页。

照，如上述仪式中的祭署、迎请神灵、献牲等程序中并没有出现东巴舞、东巴音乐伴奏等表演内容，但所有程序中至少保证了两个不同表演类别的同时并列进行，且绝大多数仪式程序以三四项表演类别并列进行为主，说明了仪式表演中的并列平行式结构是基本结构特征。

（二）同一项表演类别的并列平行式

表演类别不同，其并列平行结构的内容与形式也不同。经文文本的并列平行是从句法中得以体现，而东巴音乐、东巴舞、东巴画等分别是从音乐节奏、舞步技法、绘画手法中体现出来的。

1. 东巴经文本演述中的并列平行式

东巴经文作为口头记录提示文本，大量保留了口头传统特征，并列平行句法结构在文本中也较为普遍。如超度什罗仪式中的《迎请什罗经》讲述什罗送魂路线时的排比诗句。

> 白云白生生，白鹤雄鹰将要飞翔时，所有生翅之飞禽，要为鹰鹤开辟飞翔的道路。
>
> 山岭黄灿灿，虎豹将要奔跑时，所有生斑纹的野兽，要为虎豹开辟奔跑的道路。
>
> 高原白茫茫，犏牛牦牛离去时，所有生蹄的野兽，要为犏牛牦牛开辟行走的道路。①

三句诗行对什罗的送魂路线做了并列平行式描述，每一个单句都有头韵、腰韵、尾韵的情况，体现出严整的口头程式句法特征。

讲述给什罗献牲时，对不能作为献牲的动物也有并列平行式的句法。

> 在很早以前，什罗在世时，用猪狗做牺牲，做了请神送鬼的仪式不灵验，死后要送到祖先居住的地方，小狗汪汪叫，小猪嗷嗷叫，会拦死者的去路。
>
> 什罗在世时，山羊绵羊做祭品，做了仪式不灵验，死后要送到祖先居住地的那一天，山羊绵羊咩咩叫，会阻拦死者的去路。
>
> 什罗在世时，牛马做牺牲，请神送鬼不灵验，死后要去祖先居住

---

① 《全集》第72卷《超度什罗仪式·迎请什罗》，第6—7页。

的地方，牛儿马儿哞哞叫，会阻拦死者的去路。

　　什罗在世时，用犏牛和牦牛做供品，请神送鬼不灵验，死后要去祖先居住地的那一天，犏牛、牦牛叫，会阻拦死者的去路。

　　什罗在世时，鹰、鹤做牺牲，请神送鬼不灵验，死后要到祖先居住地的那一天，小鹤鸣，老鹰叫，会阻挡死者的去路。

　　什罗在世的时候，用鹿与野牛做祭品，祭了不灵验，死后要送到祖先居住地的那一天，小鹿野牛呜呜叫，会阻拦死者的去路。

　　什罗在世的时候，用豹子老虎做祭品，祭了不灵验，死后要送到祖先居住地的那一天，豹子老虎乱吼叫，会阻拦死者的去路，会堵住什罗要过的挢，不准什罗去往沃神恒神居住的地方。①

　　仪式表演并列平行式的一个重要特征是构成平行结构的每一个单元在整个序列中的地位、功能是同等的，没有先后、主次之分。如上面举例的篇章内容中，每一个诗行的意象、喻义、字面、句法结构体现出严整的并列平行式结构，其间的常项是核心特征，变项的产生基于常项之上。如上一篇章内容中，在基本句法结构的前提下，作为牺牲的"动物项"在具体的口头演述中可以进行灵活的增减、调整，在其他文本中出现了单句诗行结构、内容不变，而这些单句诗行在篇章中的顺序、诗行行数发生变化的异文情况，说明了并列平行式的功能是为仪式表演服务的，便于演述者的记忆与演述。

　　2. 其他仪式表演类别中的并列平行式

　　其他仪式表演内容中同样大量存在着并列平行式结构特征。如在跳东巴舞时，每一个东巴所跳舞蹈内容、步法、身体姿势都是相似的，且与领舞者的舞蹈行为是并列平行进行的；东巴们制作木牌画时，按照神类、鬼类、署类同时制作，同时布置，不能出现顺序混乱情况；东巴音乐的伴奏也是同样如此，每一个伴奏者都必须严格按照乐谱节奏、舞蹈进程、经文进度进行音乐伴奏，严禁出现不合音的情况。这一传统规则也是仪式表演中并列平行式大量存在的内在逻辑。无独有偶，不只是东巴音乐伴奏，在经文念诵、跳东巴舞、制作东巴画等过程中，如果出现经文念错、舞蹈动作变形、制作木牌画折断、插错位置等事故时，往往视为不祥之兆，意味

---

① 《全集》第72卷《超度什罗仪式·迎请什罗》，第10—12页。

着整个仪式程序的失败，主祭东巴要求重新开始。

仪式表演并列平行式的另外一种表现形式是从个体表演者的身体表演中得以体现。如东巴舞者在跳东巴舞时，有时会出现双手、双脚同时做出同一动作；制作东巴木牌画、面偶、泥偶时，神类、鬼类的双眼、双手、双脚、双耳也是同时绘画、雕刻；东巴音乐最为常见的伴奏乐器是板铃和板鼓，演奏中一手持板鼓，一手持板铃，同时摇动；东巴舞者一边跳，一边双手摇动这两种乐器。仪式表演者表演动作的并列平行与传统指涉密切相关。如板鼓、板铃在东巴教中视为象征日月的神器，代表着阳神与阴神，二者同时使用，也有日月同辉、阴阳交合的文化象征意义。

二 东巴仪式表演的递进平行式

仪式表演中的递进平行式结构，构成平行重复的仪式表演类型序列具有逐步递进的结构形式。这种递进的存在是以仪式程序发展的逻辑顺序为前提的，主要表现在仪式程序进程的时间先后、内容主次、主体顺序中。不同的表演类别存在着不同的递进平行方式。

（一）东巴经文本演述中的递进平行式

东巴经中有一句出现频率最高的谚语："不知道事物的出处与来历，就不要说这一事物。"由此几乎每一部仪式经书开头都要叙及天地万物的来历，而叙述句子都大同小异。下面为超度什罗仪式的《迎请什罗经》中的开篇诗行。

> 天地还没有开辟的时候，
> 日月还没有出来的时候，
> 星星与煞星还没有出来的时候，
> 居那若罗山还没有出现的时候，
> 含依巴达树还没有出现的时候，
> 美利达吉海还没有出来的时候，
> 赠争含鲁美还没有出现的时候，
> 山谷还没有出现的时候。[1]

---

[1] 《全集》第72卷《超度什罗仪式·迎请什罗》，第16页。

这些诗行明显带有程式化特征，每一句的主语发生替换以外，句子的其他成分都是高度重复出现，音韵及押韵位置也是一致的，有平行式特征，但与并列平行式的不同在于，这些平行句式有传统指涉性，先后顺序是在传统中约定俗成的，不能随意进行改动，其序列结构为：天界—神界—人界。也就是说天地万物的产生是按照这一传统序列形成的。

在东巴经文中，另一种递进平行式则按神灵座次排位来设置，如下句：

> 什罗在世的时候，
> 向天的窝孜景布祈求神力。
> 东方的格衬称补东巴赐给一番本领，
> 南方的胜日明恭东巴赐给一番本领，
> 西方的纳生初卢东巴赐给一番本领，
> 北方的古生枢巴赐给一番本领，
> 天和地中央的梭余晋古东巴赐给一番本领。①

在东巴叙事传统中，东、南、西、北、中的方位序列是固定不变的，方位神的出现序列在平行中呈现出递进、深化的特点，以此来强调什罗学到的本领越来越多的这一事实。

递进平行式很多时候出现在交代场景布置情况的经文中，经文诗行与场景位置序列是相一致的，如在《为什罗招魂》仪式中，有这样的段落诗行。

> （什罗的灵魂）没有散落在寿依朗巴聘居住的地方，
> 没有散落在玖日构补居住的地方，
> 没有散落在天白地白的地方，
> 没有散落在山白谷白的地方，
> 没有散落在水白沟白的地方，
> 没有散落在白署白龙、署首领寿道玖吾居住的地方，

---

① 《全集》第72卷《超度什罗仪式·迎请什罗》，第9—10页。

但是找不到而滞留在那些地方。①

这一段经文描述了东巴们寻找什罗灵魂的过程，按什罗祭坛布置场景，从神类居住处一直寻找到人类、署类居住处，说明这一寻找过程是连续递进的，而在句法上采取了平行程式。在叙述寻找什罗灵魂的经文中，与之相同的递进平行式出现了 12 处之多，而每个类似句法序列都与场景内的神界、人界、鬼界设置相对应。

（二）其他表演类别中的递进平行式

东巴仪式中的东巴舞、东巴绘画、东巴工艺、东巴音乐表演也有递进平行特点，上述的并列平行式主要根据表演主体表演动作的同时并列进行而言，而递进平行则从程序进程而言。表演动作的连贯持续在同一程式中展开，如跳东巴舞时，均按舞谱程式来进行表演。

> 要跳白海螺色大鹏鸟舞时，侧身张翅地躬一次身，然后左脚吸一次腿，右脚吸一次腿，端掌做一次深蹲，接着起身，端掌双脚朝后面跳钩，向左原地自转一圈，向右原地自转一圈，向前迈三步。

所有跳舞者的动作须照此同步进行，跳完一个舞步后再跳下一个舞步，如此循环往复而推动着仪式程序的发展。东巴音乐伴奏与仪式中的各类别表演同步进行，如《迎请什罗》中的"招魂"程序，主祭东巴要念诵丁巴什罗弟子从天界、人界到地狱寻找什罗灵魂的内容，寻找每一个地方的句式有高度程式化特征，如寻找到居那若罗神山时，舞谱是这样写的。

> 用金黄板铃声、绿松石大鼓声、白海螺号角声赎回死者的灵魂，
> 用一千只白牦牛、一万只黑牦牛赎魂，
> 用一千只母马、一万只骒马赎回死者的灵魂，
> 这样，死者的灵魂不再滞留于若罗山之东方了。②

后面叙及居那若罗山的南边、西边、北边、中间等方位时，用的是同

---

① 《全集》第 72 卷《超度什罗仪式·招魂》，第 76—80 页。
② 同上。

一句式，而经文中出现了"金黄板铃声""绿松石大鼓声""白海螺号角声"的乐器内容，东巴念诵到此处时，旁边的东巴要依次吹奏这些乐器，每一次念诵到此处都要重复一次。跳东巴舞的人也要到象征神山的场景旁边跳招魂舞，并按方位进行相应变化。另外，东巴乐器与东巴舞的进程相配合进行，二者的节奏是一致的，大多采用2\4拍，鼓声与板铃的节奏为：| X O   X O |。前一节拍为板鼓，后一节拍为板铃，二者交替平行演进。这也说明了东巴仪式表演所具有的舞乐合一的独特性。东巴布置仪式场景时，东巴木牌画、面偶、泥偶、神像的制作、摆放既有固定的程式动作，也是与仪式程序同步进行的。这些不表演类别间的相互配合协调，以递进式的重复完成了对仪式表演主题的强调与深化。

综上所述，在东巴仪式表演中，表演类型有着严整的结构单元，这些结构单元从最小的表演动作到表演步骤、表演程序、表演类别形成了金字塔式结构。这些结构单元通过并列平行或递进平行的方式达成了仪式叙事，同时也构成了各种仪式类型或表演类型。当然，这种表演结构的组合方式不只是东巴仪式所独有的，在诸多民间仪式甚至在现代综合艺术中也是广泛存在的。它既是传统规律作用的结果，也是发展演变的成果，二者之间并没有鸿沟，是相互作用递进的。

三　小结

本章以东巴超度仪式为例，从表演的视角来探讨"程式"与仪式表演的深刻复杂关系。综上可知，仪式表演与口头演述一样具有仪式叙事功能，与口头演述的通过"说"或"唱"达成叙事文本相似，仪式表演除了口头表演外，还综合了"音乐""舞蹈""绘画""工艺""游戏"等多类别的表演内容，这些不同的表演类别及内容都为仪式叙事服务，共同构建了统一、完整的仪式叙事文本。而作为仪式主持者在这一过程中扮演了仪式表演的"导演""主角"的双重角色。他的这一双重角色既是传统所赋予的，也是仪式表演本身属性所要求的。作为东巴文化的传承者，东巴本身兼任了经师、舞者、画师、工艺师、乐师、组织者、传道者等多重身份，这些多重身份功能又通过仪式规程下的多种表演类别得以体现。我们在分析中发现，东巴们能够有条不紊、张弛有度地完成这样一个规模宏大、程序复杂、内容繁复的综合仪式，关键内因在于他们能够熟练、合理地应用着"仪式程式"。"仪式程式"不仅包括了仪式中口诵经文的内在构成、仪式程序及步骤、仪式类型，也涵盖了仪式中的多种表演类别，它们都具有与口头传统中的核心特征相一致的共性因素——程式、主题、典型场景、类型。这些核心特征形成大小尺度不等的"仪式程式"，通过仪式程序步骤、语言文字、音乐舞蹈、绘画工艺等多元手段共同完成了这一宏大的仪式叙事文本。

口头传统中有"程式"，仪式中也有"程式"，因为二者皆为传统的产物，受到传统的统摄、制约。仪式中有口头传统，口头传统在仪式的表演中得以体现，与仪式中的舞蹈、音乐、绘画、工艺、游戏等表演项目一同构成仪式行为，"程式"成为这些不同表演内容的共同"串词"，连串编织成为仪式叙事文本。"多模态隐喻"理论创建者阿帕里斯认为，"经典的认知隐喻研究一直只关注语言体现，这隐含某种偏见：意义只存在于语言符号中。事实上，其他符号或一切艺术形式对体验意义的构建过程与语言并无二致"①。这些非文字符号包括：静态或动态影像、音乐、非言语声音以及形体表演等。这些文字、非文字、各种媒介和多模态隐喻共同组成了一个超语言文本。多模态隐喻正是通过文字与非文字符号之间的多元互动达成交流的目的。东巴仪式叙事文本属于多模态超语言文本，如东巴仪式的口头演述文本中的"程式"使用的是东巴文字与纳西语，东巴舞表演中的"程式"使用的是传统仪式舞蹈中的肢体动作语言，东巴绘画及工艺表演中的"程式"使用的是色彩、造型语言，但这些不同的"语言"中，都存在着程式化单元、主题、典型场景以及类型，从而为仪式主持者的仪式表演提供了充足的表演"道具"。

---

① Forceville, C. &E. , *Urios-Aparisi*, *Multimodal Metaphor*, *Berlin*, New York：Mouton, Degruyter. 2009.

总论:仪式中的叙事与表演

行文至此,从"哲作"这一疑难词汇引发的问题探析可告一段落。在此,对本书所阐述的主要观点、"仪式程式"的内涵特征做个简要的总结及延伸性思考。

一　本书的主要观点

(一) 东巴仪式叙事传统的本体论及文本属性探讨

作为本书建构的基础及背景,首先对东巴仪式叙事传统的内涵特征、历史成因、传承流布、文本性质、社会功能等本体论问题做了一些梳理与探讨。

东巴仪式叙事传统的形成与发展受到其文化母体——东巴教的制约与影响。基于东巴仪式叙事传统与宗教深层关系的探讨,本书对东巴教的性质及特点做了重新的界定,摒弃了以往的原始宗教、巫教的性质界定。笔者认为,东巴教是以多神信仰、重卜、重巫为主要特征,以东巴祭司为信仰活动中坚,以"敬天法祖""亲和自然"为宗旨的纳西族原生宗教。它是在承袭纳西族原生信仰的基础上,吸收了早期苯教的内容,同时在后期融入了佛、道等多元宗教文化因素,产生了相对规范、统一的仪式规程与宗教经典,由此形成了一整套独特的宗教、伦理思想体系,由此具有了一定的人文宗教因素,但其宗教形态仍以巫教、原始宗教为主体,自然崇拜、祖先崇拜、神灵崇拜是其主要的宗教信仰内容。

在此基础上,本书对东巴仪式叙事传统的概念及特点也做了梳理。东巴仪式叙事传统是指东巴在祭祀仪式中进行叙事活动的文化传统。它以东巴教信仰及仪式实践作为叙事动力,以宗教叙事作为核心特征,以神话叙事为表现特征,以口头叙事与仪式表演互为文本,以程式作为叙事构件,主要表现繁衍生息、与自然互惠亲和的两大文化主题，东巴叙事传统是纳西族传统文化的一个文化标志。东巴仪式叙事传统具有宗教叙事、民间叙事、仪式叙事、神话叙事、口头与书面叙事兼容的多元叙事特征。东巴叙事传统的形成、发展受到东巴教两次"聚散之变"的深刻影响。

笔者对东巴仪式叙事传统与纳西族民间叙事、南方叙事传统、口头与书面叙事关系做了初步的比较研究。东巴仪式叙事传统源于纳西族的民间叙事传统，二者在叙事内容、形式、文类、修辞手法等方面存在着互文特点，民间口头传统构成了东巴仪式叙事传统不断发展的源动力，东巴仪式叙事传统的书面性特点又锤炼、催生了大批民间叙事经典作品，使处于衰落期的民间叙事传统获得了"第二生命"。

东巴仪式叙事传统中的宗教性、民间性、仪式性、神话性等特点与南方民族的叙事传统存在诸多相似性，这除了与同源共生的文化亲缘因素、多民族杂居相互交流不断的历史因素密切相关外，与同一区域内的地缘因素、经济形态因素也有着内在关系。东巴仪式叙事传统与南方民族的叙事传统也存在差异性，这种差异性与东巴叙事传统的原生文化及外来宗教文化元素的本土化因素密切相关。这一本土化进程是从三个层面上达成的：语言词汇及口头传统的本土化，神话、史诗、故事等叙事内容及宗教仪式的本土化，宗教意识形态的本土化。东巴仪式叙事传统中的神话、史诗的流布、传承与东巴教的传播密切相关，受藏传佛教影响深厚的泸沽湖纳西族地区，东巴叙事传统呈现出衰落趋势；东巴仪式叙事传统在族群内部具有强化族群认同的社会功能，而受东巴教影响的傈僳族、彝族、藏族、普米族等族群，东巴叙事传统突出了巫术治疗、宗教抚慰的社会功能，并成为不同族群进行文化交流、促进彼此认同的重要文化媒介。这说明了民间叙事传统的族群性与地域性是辩证统一的，其文化功能也是多元的。

东巴叙事文本具有口头与书面文本互文共融的复合型特点。东巴象形文字的主要功能是记录东巴口诵经内容，其目的是为仪式中的口头叙事服务，从而使东巴经文中保留了大量的口头程式语句属于源于口头的记录文本。文字的产生，为书写传统的形成提供了条件，书面语的超越时空性及可以不断修订、锤炼的特点，促进了东巴书面语言的精练化，并由此产生了一批经典神话、史诗文本。在东巴叙事传统中，东巴既是纳西族民间口头歌手的杰出代表，也是东巴文字、东巴经书的书写者、使用者，兼有口头传承人与书写传承人的双重身份。东巴书写经书时离不开口头思维的支配，东巴文字作为一种兼具"图画文字与象形文字"的不成熟文字，明显带有"看图说话"的功能特点，其中视觉功能与听觉功能是有机融合统一的，这也是东巴经书口头演述出现"限度内的变化"的内因。劳里·航柯提出的"大脑文本"（mental texts）是从口头文本的发生机制而言的，呈现为大脑文本→口头文本的单向关系。从东巴叙事文本的互文性特点来说，"大脑文本"在书面文本与口头文本的转换中呈现出多维关系：大脑文本——口头文本——书写文本——大脑文本——口头文本。"如果把一支笔放到荷马手中，人们极易将荷马归到劣等诗人行列。"这种情况在东巴叙事传统中并未成立，反过来，东巴如果离开了笔就不成为东巴。洛德对是否存在"由口头向书写过渡的文本"提出过疑问，从东巴叙事传统的文本形态分析来看，口头与书面两种文本始终处于不断互动、转换的过程中，二者既是源流关系，也是互文关系，并不存在谁代替谁、非此即彼的对立关系。"过渡文本"并不符合东巴叙事文本的性质和特点，它更多地带有口头与书面文本兼容的复合型文本特点。

（二）"仪式程式"的提出："哲作"是仪式叙事中程式单元的总和

本部分基于对"哲作"概念问题的探讨，提出了"仪式程式"的概念。"哲作"是一个在东巴叙事文本及仪式中频繁出现的关键词，包含了"情节""段落""仪式程序""仪式表演套式""仪式类型""故事模式""故事集群"等多个义项，与母题、类型、功能、程式、主题或典型场景、故事范型、大词等理论概念有一定的对应性。但从作为"我者"的东巴立场而言，"哲作"的概念内涵所指并不仅限于口头或书面文本，还涉及构成仪式叙事的诸要素，包括仪式程序、仪式主题、仪式场景、仪式类型、仪式表演等。"程式"既是"哲作"多元义项的本质特征，也是仪式叙事要素的最大公约数。而帕里—洛德提出的"口头程式"概念理论局限于口头叙事层面，而没有涉及仪式叙事层面，笔者构拟了一个涵盖二者的"仪式程式"概念，"仪式程式"是口头传统与仪式叙事的联结点，也是仪式叙事程式单元的总和。

"仪式程式"是基于仪式类叙事文本而言的，与仪式的程序、主题、类别、时空、形式、内容密切相关。也就是说，"仪式程式"既可指一个完整的仪式，或由几个仪式构成的超级仪式，一个仪式类型或仪式主题，也可指一个仪式中的某一程序，为仪式文化主题服务。"仪式程式"是构成仪式的重要承接部件。这些"承接部件"既可在一个仪式中进行有机的逻辑组合，也可在不同仪式，包括不同季节、不同场合的仪式中进行"有限度"的穿插、重复使用。

其次，"仪式程式"涵盖了仪式行为叙事文本（如仪式表演、仪式程序、仪式场景布置等）、口头与书面的叙事文本两个层面。两个不同文本相互融合、交叉，程式是仪式叙事要素的总和，传统性片语、主题、典型场景、故事类型等不同层面的"程式"普遍存在于仪式叙事的不同序列要素及叙事单元中，程式也是这些不同叙事要素及单元得以有机联结的基因。这些程式在仪式叙事文本中是相对固定的，重复律是共性的。仪式程式在仪式叙事的功能如同口头歌手在口头表演中运用的"大词"，为叙事主体主持仪式、达成仪式叙事提供了充足的"武器库"。

（三）"仪式程式"在仪式叙事中的表现形态及特征

本部分以祭天仪式为个案，论述了"仪式程式"在仪式叙事中的表现形态及特征，是一次对"仪式程式"概念的仪式检验。与口头叙事文本中的"程式"相似，仪式叙事的程序步骤、仪式主题、仪式类型中同样存在"程式"。仪式程序经过上千年的操演沉淀，形成了一整套相对固定的套路模式，具有高度程式化特征。这些高度程式化了的程序及步骤成为东巴构筑仪式叙事文本的"词"。在祭天仪式中，请神、颂神、祈神、送神构成了祭天仪式的四大主题，而每个大主题下面分为2—6个不等的小主题，这些大小主题共同构成了"祭天"这一中心主题，共同组成了完整的仪式程序。需要说明的是，与仪式主题相对应的故事主题存在不对等情况，也就是说一个仪式主题是受仪式程序统摄的，而不是故事主题；故事主题受前两者统摄：仪式程序举行到哪个步骤，就相应地念诵相关经书。每一个程序下有不同步骤，同样大主题也是由不同小主题有机组合而成的。仪式类型决定故事类型，故事类型表现仪式主题。相对来说一个仪式类型集中了诸多与之相关的故事类型，仪式规模越大，故事类型就越丰富。在不改变仪式核心结构的前提下，仪式的程序、主题、规模、时间、空间可以进行相应的调整、增减、组合。"仪式程式"在限度内的变化特征，使不同的仪式要素构成了一个流动的、活态的、互构共融的多模态仪式叙事文本。

（四）"仪式程式"在仪式表演中的表现形态及特征

本部分以东巴超度仪式为例，从表演的视角来探讨"程式"与仪式表演的深刻复杂关系。与口头演述的通过"说"或"唱"达成叙事文本相似，仪式表演除了口头表演外，还综合了"音乐""舞蹈""绘画""工艺""游戏"等多类别的表演内容；从叙事主体身份而言，东巴本身兼任了经师、舞者、画师、工艺师、乐师、组织者、传道者等多重身份，这些多重身份是通过仪式主持者对仪式程式的灵活运用达成的。"仪式程式"是由仪式表演中的不同语言构成的，如东巴仪式中的口头演述文本中的"程式"使用的是东巴文字与纳西语，东巴舞表演中的"程式"使用的是传统仪式舞蹈中的肢体动作语言，东巴绘画及工艺表演中的"程式"使用的是色彩、造型语言。这些不同的"语言"中，都普遍存在着高度程式化了的表演单元，包括程式化动作、技法、表演主题、表演场景以及表演类型，这些静态或动态语言、音乐、非言语声音以及形体表演通过"仪式程式"共同组成了一个超语言的仪式叙事文本。

"仪式程式"概念的提出，基于"口头程式理论"的延伸性研究，也是这一理论对仪式叙事的一次理论实践，这对与仪式叙事紧密关联的史诗、神话等口头传统的研究有着积极的借鉴意义，同时对于仪式表演以及传统戏曲的深入研究也有相应的参考价值。

二 "仪式程式"的概念内涵及特征

本书通过对"哲作"这一东巴词汇的概念问题探析引出了"仪式程式"的概念，并通过祭天、超度两个仪式中的仪式叙事、仪式表演对这一概念做了实践检验。在此对"仪式程式"这一概念的内涵及特征做些概述。

什么叫"仪式程式"？简言之，"仪式程式"是仪式主持者进行仪式叙事和表演的内部运作法则及组织单元。其概念内涵涵盖了传统意义上的口头传统中的"口头程式"，也包括了高度程式化了的仪式叙事诸要素，包括仪式程序、仪式主题、仪式类型、仪式表演单元（如音乐、舞蹈、绘画、游戏）等。"仪式程式"对于东巴祭司而言，不仅是他有机组织、整合仪式叙事要素、达成圆满仪式目的的必要手段，也是他能够"究天人之际，通古今之变"，与受众、神灵达成沟通交流的传统法则。"仪式程式"的概念除了具有高度重复率、稳定性的普遍性特征外，还包括了以下几个方面的特征。

（一）整体性

"仪式程式"的整体性特征主要体现在三个方面。首先是它所依赖的社会背景——文化整体性。"仪式程式"作为仪式叙事传统的产物，与其得以生成的宗教观念、民间信仰、神灵崇拜、族群认同、地方性知识等宏观层面的传统指涉性密切相关。其次是构成叙事文本的整体性，包括了书面或口头文本、仪式主持者、表演者、受众、仪式音乐、舞蹈、绘画、仪式时空、仪式类型、仪式程序、仪式主题等不同仪式文本要素，这些要素在仪式叙事的整体性统摄下共同构成了彼此依存、相辅相成的有机整体系统，部分为整体服务，口头叙事文本依存于整体仪式叙事文本，离开这一整体系统就不复存在，失去了文本生命力。最后，从仪式叙事主体而言，这些大小尺度不同的"仪式程式"作为仪式叙事的手段来统筹考虑，并不存在顾此失彼的情况。在一个由不同仪式组成的复合型仪式中，一个亚仪式成为一个"词"；在一个仪式中，仪式程序成为一个"词"；在一个仪式程序中，一个步骤成为一个"词"。这些"词"是仪式叙事者构建叙事文本的结构性单元。

（二）互文性

"仪式程式"的互文性体现在三个方面。一是不同叙事文本要素之间的互文性。仪式叙事行为是借助多种叙事手段达成的，口头或书面文本以"讲故事"的形式完成叙事，而仪式音乐、舞蹈、绘画、游戏等不同文本通过不同的表现形式达成叙事，这些不同叙事单元受到仪式规程的统摄，为仪式主旨服务，相互依存，彼此互构，镶嵌到仪式叙事进程中，构成完整统一的仪式叙事文本。二是同一叙事文本中的互文性。源于口头的书面文本与口头文本之间存在相互吸收和转换的互文性：书面文本源于口头文本，为口头叙事提供提词本；书面文本在仪式中的长期口头演述结果，使演述者逐渐脱离书面文本，再度转化口头文本，大脑文本在二者的互文性转化中起了媒介作用。同一叙事文本中的文类之间也存在互文性，如书面或口头叙事文本中的神话、史诗、传说、故事往往以跨文类形式融于一体。另外，因不同演述者的水平不同，在不同的演述行为中，有可能把史诗演述转化为故事，或反之。在舞蹈叙事文本中，往往融合了音乐、演唱、吟诵等不同表演单元，这些不同表演单元在同一叙事文本中也是相互依存转化的。三是仪式叙事的时间与空间存在互文性。仪式叙事受到时空制约，一个仪式既可以在同一时间、空间限度内由不同表演者依次组合完成，也可以在同一时间限度下，在不同空间中平行举行。如东巴超度仪式中的火化、送魂、驱鬼分别在火化场、祭天场、灵堂等三个场地同时进行，三个不同场地的仪式叙事彼此联系，互为前提。

（三）仪式性

顾名思义，"仪式程式"离不开的仪式在场。仪式是不同仪式叙事要素的"程式"得以有机联系的前提条件。没有仪式，不同叙事单元成一盘散沙，"仪式程式"的整体性与互文性不复存在。仪式是口头传统与仪式叙事关系的最大公约数，二者都受到仪式的制约。仪式的规模、类型、程序、主旨、时空决定了口头叙事文本的内容、长度、结构以及演述方式，同样对仪式的音乐、舞蹈、绘画、工艺、服饰、场景等叙事单元的内容与形式产生决定性影响。行为产生文本，仪式叙事文本源于仪式行为。仪式行为通过文字书写、口头演述、舞蹈表演、绘画表演、工艺制作、服饰展示、场地设置、祭品献供、跪拜等系列行为形成叙事语境及表演场域。"仪式程式"是这些仪式行为得以有机联系的内在因素，其中程式化是这些仪式行为的共同特征。仪式行为是宗教观念的实践方式，支撑仪式行为的是族群传统与地方性知识，这些传统指涉性是在漫长的历史发展过程中沉淀生成的，其内部结构是相对固定的，重复律是共性，这也是"仪式程式"能够在其间大行其道的文化土壤。

（四）表演性

没有表演就没有仪式，叙事行为也无从谈起。仪式为表演提供舞台，表演为仪式充实内容，仪式叙事与仪式表演是仪式行为过程的两个方面。仪式行为往往通过表演的形式进行。仪式行为产生的仪式叙事文本，其实质是表演文本。这种仪式表演是通过诗、书、画、乐、舞、唱、说等多种表演手段诉诸受众者的听觉、视觉、味觉、感觉中，从而形成一个流动的、活态的、多模态的叙事文本。"仪式程式"是不同仪式表演单元得以有机联系的内在因素。与口头歌手的"表演中的创编"相比，仪式中的表演创编程度相对要低。这与仪式规程、宗教观念、族群传统的制约因素相关，同时也要顾及不同表演单元之间的组织协调，创编难度相对要高。与口头歌手相似，创编是"限度内"的，是作为手段存在的，而不是目的。对于仪式表演而言，主旨在于圆满完成仪式各项表演程序，达成祈福禳灾、驱鬼治病的仪式目的。

（五）宗教性

口头传统往往是与书写传统相对而言的。口头传统中的神话、史诗具有人类童年时期的文化形态特征，具有不可复制的文化独特性。这些神话、史诗的萌芽、发展与宗教仪式有着千丝万缕的联系，宗教意识形态是其产生的母体、摇篮。即使是后来与宗教仪式已经脱离了的娱乐性史诗也能寻找到受宗教文化影响的残留，而在中国南方民族中大量存活至今的神话、史诗，宗教仪式仍是这些口头传统的重要传承与表现载体。仪式程式的宗教性特征，主要基于神话、史诗等口头传统的起源以及现存的宗教仪式叙事来说。从东巴叙事传统而言，其本质是宗教仪式的叙事与表演，宗教形态对仪式形态、叙事文本形态、表演形态的制约性是明显的。东巴教特有的多神、重卜、重巫的信仰形态使仪式叙事、表演染上了浓郁的"巫风"，其间的东巴神话叙事、模仿神灵的东巴舞、东巴神像画、取悦多神为主的东巴音乐等仪式叙事单元无不与此息息相关。仪式叙事与表演成为宣扬、实践宗教观念、宗旨的工具及载体，而仪式叙事借助宗教达成文本。仪式主持者往往成为神灵的代言人，通过神圣叙事，从而使其叙事权威性得以建立；请神、安神、求神、送神成为仪式叙事的"三步曲"，也构成了仪式程式中的"主题"因素；仪式叙事文本中的三段式结构也是宗教传统指涉性影响的结果，从请神过程中的神灵来历、出处交代、神灵详表到神灵传奇故事叙述，最后以颂神主题作为结尾。这种宗教叙事文本的固定结构，为仪式叙事者构建仪式文本结构提供了"仪式程式"功能。而"仪式程式"在仪式叙事与表演中的灵活应用，达成了"宗教是真实的"的叙事语境与演述场域，从而巩固、强化了民众的宗教信仰根基，构成了仪式叙事与表演的动力。

上述的这些"仪式程式"的概念特征存在相互重合交叉的情况，这说明了"仪式程式"概念内涵的复杂多元性。笔者所概括的这些特征是基于本书的论述而得出的，可能存在以偏概全之嫌。毕竟仪式本身是一个"巨大的话语"，如何结合仪式与叙事两个维度对这一新概念做出较为合理、辩证的理解与把握，仍有待更多方面的理论实践及检验。

三　史诗多元形态的探讨与思考

可以说，"程式"概念引入仪式叙事中，既有利于深入探讨、研究仪式与口头传统的复杂深层关系，也有利于更加深入地把握与认识口头传统中的文类概念内涵及功能。

"史诗"是一个取例于《荷马史诗》研究，源于西方学术体系的文类概念。我们不能不注意到这样一个事实：现留存于世的《荷马史诗》虽保留了大量的口头程式语言，但已经不再是活形态的史诗文本。帕里、洛德对南斯拉夫地区的活形态史诗进行了卓有成效的调查研究，发现这些口头歌手在表演中进行创编诗歌的秘诀所在——口头程式。需要指出的是，《荷马史诗》经过漫长的希腊化、书面文本化的演变历程，已经与初始的祭祀仪式完全脱离，而南斯拉夫地区的活形态的史诗演述同样存在着仪式脱离的文化特征，这一史诗演述特征与宗教仪式中的史诗演述存在着巨大的区别。弗里提出的"大词"更关注故事歌手的口头文本运作的内在性研究，而忽略了仪式与史诗的深层互动关系。由此，笔者想到这样一个可能性：对仪式的忽略是否与启发弗里提出"大词"概念的文化语境——南斯拉夫史诗传统相关，毕竟库库如佐维奇所演唱的史诗已经成为与宗教仪式脱离了的"民歌"类叙事长诗。

由此带来一个不可回避的事实——口头诗学理论存在着对口头传统与仪式叙事关系研究不足的先天弊病，事实上以先验论的形式区隔了史诗的两种形态：典型性史诗与非典型性史诗。晚近的劳里·航柯、格雷戈里·纳吉通过对古希腊神话与印度神话的比较研究，对这种取例于《荷马史诗》带来的弊病进行了批判，从而实现了口头诗学研究范式的转型。

作为具有"社会宪章"意义的史诗，在"文化体积"、神圣性、庄严性、重大题材性等方面具有一致性，但史诗的内部构成、风格特征、演述语境、文化传统等方面又存在巨大的差异性。如以仪式为载体的史诗形态与相对独立化了的史诗形态相比，二者同样不可同观。笔者意在说明，以基于前者的理论来观照仪式中的口头传统，必然会带来诸多不适症状及排斥反应。而对这些出现的问题的探讨研究有利于口头诗学理论的完善，也利于深入认识口头传统及史诗形态的多元复杂性特征。

仪式中表演的史诗与非仪式中史诗表演存在差异。谢克纳对"仪式中的表演"与"戏剧中的表演"从功能、娱乐两个不同表现方面进行了区分。他认为，如果一个表演的目的在于功效，那么它是仪式；假如表演的目的在于娱乐，则就是戏剧，在一定条件下二者可以转换。[①] 在此，笔者借鉴这一比较方法，试图对仪式类的史诗表演与非仪式类的史诗表演进行初步的比较，二者之间的差异性主要体现在以下几个方面。

仪式类的史诗表演	娱乐型的史诗表演
1. 实现仪式功效	满足观众娱乐
2. 多形态表演	口头表演为主
3. 固定场所	场所不固定
4. 集体性参与表	个体表演为主
5. 多重身份	口头演述者
6. 受众参与	受众观看、欣赏
7. 多模态文本	口头或书面文本
8. 不允许批评	允许批评
9. 宗教的神圣体验	世俗娱乐
10. 仪式中的表演	表演中的创编
11. 文本相对固定	文本创编程度高
12. 与不在场的他者相联系	仅与在场者相联系

　　需要说明的是，正如谢克纳所指出的，仪式中的表演与戏剧中的表演并非绝对的壁垒森严，二者在特定的条件下可以相互转换。仪式类的史诗表演与非仪式类的史诗表演同样如此。如果追溯到史诗源头，不管是古希腊史诗，还是印度史诗，都与仪式存在不解之缘。二者的区别在于前者仍留存于仪式中，后者与仪式已经脱离，或者只有仪式残留的痕迹，仪式对其不具有决定性的统摄作用。如我国三大史诗《格萨尔》、《江格尔》、《玛纳斯》中都有浓厚的宗教形态影响的特征，格萨尔传承人、玛纳斯奇的神授、梦授与交感巫术存在联系，上述史诗都具有巫术治疗的社会文化功能，玛纳斯奇、江格尔奇还兼有萨满的身份，《格萨尔》史诗演述前要举行请神仪式，等等。但三大史诗与仪式相依存的史诗存在着显著的差异，从上述的 12 个区别项分析来看，也能清晰地看到这一差异。如上述

---

① Schechner, R., *The Future of Ritual：Writing on Culture and Performance*, London New York：Routledge, 1995, p. 120.

史诗都具有巫术治疗的社会文化功能，但其功能主要仍以满足受众娱乐为主。从表演形态上看，仪式类史诗表演除了口头表演外，还包括了舞蹈、音乐、绘画、工艺、游戏等多元形态的表演单元，而后者以口头表演为主，音乐伴奏也是为口头表演服务的；仪式中的史诗表演往往与宗教仪式、民俗活动相伴随，时间空间都有固定性，而后者的表演时空虽有相对固定性，但流动性演出场所较多；仪式中的史诗表演伴随着众多的表演单元及程序，具有集体参与性特征，而非仪式类史诗表演以个体表演为主，受众与表演者存在互动关系，但非集体参与史诗演述。仪式类史诗表演者身兼口头演述者、祭司、舞者、歌者、画师等多重身份功能，后者以口头演述者为主，前面提及的萨满角色，并非以仪式主持者的身份出现。从受众角度而言，前者的受众者既是体验者，也是参与者，还包括了不在场的神灵、鬼怪、死者等多重参与者，受众者不允许批评仪式表演者，因为仪式叙事与宗教的神圣性叙事和真实性体验相辅相成；后者的受众者以观看、欣赏口头史诗演述为主，可以通过评述、批评表演者而形成互动情形。从文本形态而言，前者是由口头或书面文本、仪式行为产生的音乐、舞蹈、绘画、游戏、民俗节庆等多元文本共同构成多模态叙事文本，文本内容相对固定，创编程度较低；非仪式类的史诗表演以口头或书面文本为主，文本内容与现场情境、歌手发挥状态以及水平密切相关，文本创编程度较高。

当然，仪式中的史诗表演与非仪式类的史诗表演的差异是相对而言的，从最大公约数——史诗而言，都具有范例的宏大叙事、传统指涉性以及"口头程式"的普遍应用等共性特征。不同族群、区域的史诗特征皆受特定历史、地理、传统的深层制约，共性与个性是相对而言的。如果把南方民族中普遍存在的仪式类史诗与南斯拉夫地区、现存的《荷马史诗》等的史诗类型做对比研究，也会有不同程度的对应性与差异性。如果能把"仪式程式"的研究置于更为广阔的不同族群或区域的历史、社会背景下，这对口头传统、叙事传统乃至文化传统的研究无疑具有深远的意义。正如劳里·航柯通过对印度西里人的史诗研究，发现了其史诗表演模式、传承形态、史诗主题、史诗文本类型与取例于《荷马史诗》的史诗概念存在着诸多差异性，从而拓展了史诗观念。笔者在此对仪式类史诗与非仪式类史诗进行比较研究，也是对史诗概念内涵的多视角考察，以期这一概念内涵的界定更具有普遍性意义，符合其历史逻辑的真实性。

　　这样从一开始的"'哲作'是什么"变成了"史诗是什么"的问题。当然，与"荷马问题"一样，这不只是一个问题，而是诸多问题的集合，这已超出了本书讨论的范围。笔者的讨论主旨在于以此为问题起点，引发对史诗及口头传统概念理论的再思考，这仅是一个"问题索引"而已。

附　录

附录一　纳西文与汉语拼音、国际音标对照表①

声　母

```
纳 b p bb m f (w)    d t dd n l
汉 b p    m f (w)    d t    n l
国 p p b  m f (w)    t t  d n l

纳 g k gg ng h j q jj ni x (y)
汉 g k    (ng) h j q       x (y)
国 k k g       h    t    t    d

纳 z c zz s ss zh ch rh sh r
汉 z c    s    zh ch    sh r
国 ts ts dz s  z  t  t       d
```

①　参见和志武编著《纳西语基础语法》，云南民族出版社 1987 年版。

韵　母

纳 i u iu a o e v ee　er ei
汉 i u ü a o e v 　　er ei
国 i u y a o 　v 　r e

纳 ai iei iai ia 　ie 　　ui uai ua ue
汉 ai ie （ian）ia （iou）　uei uai ua
国 　ie i 　ia i 　　uei u ua u

附录二　本书田野调查地点及东巴经书、
　　　　纳西方言分布图表

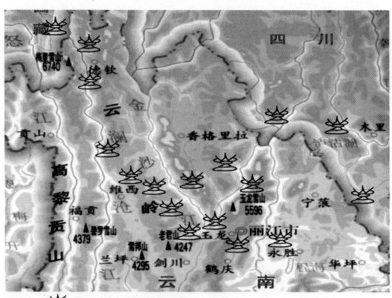

图例：东巴文化分布地区

附录三　东巴仪式田野调查图片

【丽江东巴】

　　和茂椿（1934—　　），大东巴。云南省"非物质文化遗产项目代表性传承人"，丽江市玉龙纳西族自治县宝山乡梧母村人，7岁时开始学习东巴经文，16岁独立主持东巴仪式，能够背诵上百卷东巴经书。

【俄亚东巴】

英扎初实（1952—　），四川省木里县俄亚纳西族乡东巴。俄亚纳西族是木氏土司主政滇西北时，派兵驻扎于此后发展而来的，至今仍保存着较为完整的东巴文化生态。

【祭天仪式】

和志本（1943—2017），大东巴，国家级"非遗"项目传承人。迪庆藏族自治州三坝纳西族乡人。图为主持纳西族传统祭天仪式。此仪式中须念诵纳西族创世史诗《创世纪》。

【白水台】

三坝乡白水台被称为东巴教圣地，相传丁巴什罗在此地创立东巴教。传统东巴只有在此地举行"加威力"仪式后，才能成为大东巴。

【三坝呀哩哩舞】

三坝"二月八"祭天仪式上，纳西族妇女在跳东巴阿卡巴拉舞。相传此舞由丁巴什罗模仿龙在湖中游动的情景而创，每年二月八的祭天仪式上才能跳此舞。

【东巴超度仪式】

三坝东巴和树昆及东巴助手在为东巴师傅和占元举行的超度仪式上念诵《祭丁巴什罗经》。

【祭家神仪式】

丽江太安乡大东巴杨学文在主持祭家神仪式。家神是祖先神与生命神的象征，在结婚礼仪、诞生礼仪时举行。

【放替身仪式】

和承德大东巴在主持东巴放替身仪式。此仪式为禳灾驱鬼仪式，以替身为患病者解除病痛及灾难。此仪式中须念诵纳西族英雄史诗《黑白战争》。

【演述《黑白战争》】

和承德为盲人东巴，不会写东巴文，从 6 岁起开始背诵东巴经文，掌握了上百部东巴经书。图中为演述《黑白战争》的情景。

【东巴超度仪式】

纳西族汝卡支系东巴石宝寿在超度仪式中跳驱鬼舞。旁有东巴助手用板鼓、板铃、锣等乐器伴奏。

【送冥马仪式】

石宝寿在主持超度法事中的送冥马仪式。纳西族在秦汉时期从湟河流域迁徙至金沙江流域，民间认为死者灵魂只有回到祖居地，后人才能得以安生，而马匹是能够带着死者灵魂回到祖居地的重要祭品。

【加威灵仪式】

石宝寿、哈巴若、石林等东巴在东巴超度法事中举行"加威力"仪式。"加威力"是通过念经、跳东巴舞、烧天香等形式向天神祈求法力，借此增加驱鬼钉魔的法力。

【祭天仪式】

和力民大东巴在丽江龙山祭天仪式上念诵创世史诗《创世纪》。和力民是丽江东巴研究院研究员，从事东巴研究 30 余年，曾到多个东巴村寨拜师学经，翻译东巴经书近 400 万字，创办东巴传承学校，培养东巴学徒近百人。2012 年由玉龙县政府授予"大东巴学位"，属于学者型传承人。

【祈神舞】

在祭天仪式中跳向五方神祈福舞。东巴手持板铃、板鼓分别向东、南、西、北、中五个方位跳东巴舞。这两种乐器分别象征日、月，跳舞时必须同时伴奏，意喻日月同辉，天地和谐。

【祭风仪式】

祭风仪式是为非正常死亡者举行的超度仪式，历史上为殉情者举行的超度仪式以大祭风仪式为主，属于东巴仪式中规模较大的主要仪式。祭风仪式的目的是为死者的冤魂超度到祖居地，避免成为孤魂野鬼，体现了"死者为大"的宗教人文关怀精神。图为东巴在进行捣毁鬼寨的情景。

【东巴经书】

东巴经书是用东巴象形文字记录的仪式经书。现存世东巴经书近3万册，其中近万册经书分别收藏于美国、英国、法国、意大利、西班牙、中国台湾等地。

【《创世纪》经书】

图为东巴经《创世纪》经书的封面及第一页、第二页内容。《创世纪》讲述了开天辟地的创世历程，以及纳西族英雄祖先经历洪水灾难后到天上寻求天女，最后经过天神的多重难题考验，娶得天女返回人间。他的后代通过举行祭天仪式来感恩上天的福泽。"敬天法祖""繁衍生息"成为祭天仪式的两大文化主题。

【东巴护降魔杵】

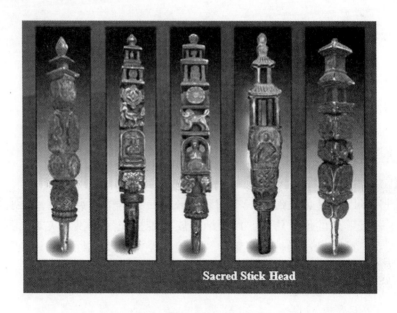

【东巴法杖】

【东巴动物泥偶】

【东巴面偶】

【东巴神牌画】

【东巴神灵纸牌画】

【东巴吉祥法宝纸牌画】

【东巴五幅冠】

【东巴卷轴画《神路图》】

【东巴卷轴画《大鹏天神》】

【东巴乐器：板铃、板鼓】

【东巴舞】

联合国教科文组织

-------谨证明：

中华人民共和国丽江市东巴文化研究所纳西东巴古籍文献正式列入世界记忆名录。

联合国教科文组织总干事

Koichiro Matsuura

签署日期：2003年10月15日

【纳西族东巴古籍文献列入世界记忆遗产证书】

附录四　博士后在站期间科研成果

一　公开发表论文

1. 《"非遗"语境下民族文献整理的路径思考及实践》，《云南民族大学学报》（哲学社会科学版）2013年第5期。

2. 《音乐祭礼：族群艺术的身份再造与多重表述——以丽江福慧村古乐祭礼为研究个案》，《民族艺术》2014年第3期。

3. 《旅游情境中的"纳西古乐"身份再造与传承困境》，《内蒙古大学艺术学院学报》2013年第4期。

4. 《麽些考释》，《中央民族大学学报》（哲学社会科学版）2013年第3期。

5. 《东巴进城：旅游情境中传承人境遇调查及思考》，《民族艺术研究》2013年第4期。

6. 《藏族宗教文化对纳西东巴文学的影响》，《百色学院学报》2013

年第 4 期。

7. 《多元互动中的旅游展演与民俗变异——以丽江东巴文化为例》，《民俗研究》2013 年第 2 期。

8. 《多元一体国家格局下的族群互动与身份重构——以丽江为研究个案》，《广西民族师范学院学报》2013 年第 2 期。

9. 《东巴画本体论》，《丽江师范高等专科学校学报》2013 年第 2 期。

10. 《跨境民族的宗教信仰与口头传统关系——以云南傈僳族为个案》，《保山学院学报》2013 年第 1 期。

11. 《展演与再造：海南黎族口头传统传承现状及思考——基于五指山市"三月三"的考察》，《广西民族师范学院学报》2012 年第 5 期。

12. 《现代性情境中口头传统的传承与变异——以恩施土家族民歌为研究个案》，《民间文化论坛》2012 年第 4 期。

13. 《传统艺术的地方性传承——永胜洞经古乐会现状调查》，《民族音乐》2012 年第 5 期。（第二作者）

14. 《论东巴教的性质》，《云南民族》2012 年第 4 期。

15. 《"非遗"语境下口头传统文本整理诸问题》，《民族文学研究》2013 年第 6 期。

16. 《互动与拓展：百年东巴文化研究述略》，《中国社会科学报》2013 年 5 月 6 日。

17. 《方国瑜对纳西学的贡献及影响》，《中国社会科学报》2012 年 7 月 23 日。

18. 《三甲义田薄：历史话语的地方叙事》，《中国社会科学报》2012 年 6 月 22 日。

二　学术著作

1. 《从阐释到建构：纳西族传统转型民族志研究》，云南大学出版社 2012 年版。

2. 《族群艺术身份的建构与表述：以丽江洞经音乐为研究个案》，民族出版社 2015 年版。

三　翻译论文

1. ［美］Eveline Bingaman：《何为文化：基于"文化"概念在世界遗产地丽江的考察》，《西方纳西学译丛》，民族出版社2013年版。

2. ［法］Christaiane seydou：《音乐与词：马里富尔贝人的史诗类别》，选自卡尔·赖歇尔主编《口头史诗的表演与音乐》。

3. ［匈］格雷戈里·纳吉：《〈希腊神话学与诗学〉前言》，选自格雷戈里·纳吉《希腊神话学与诗学》。

四　课题报告

1. 《恩施老土家族高腔山歌调查报告》，中国社会科学院创新工程"中国少数民族口头传统音影图文档案库"项目，2011年12月。（2.3万字）

2. 《海南黎族、苗族口头传统调查报告》，中国社会科学院创新工程"中国少数民族口头传统音影图文档案库"项目，2012年5月。（5.2万字）

3. 《云南彝族史诗调查报告》，中国社会科学院创新工程"中国少数民族口头传统音影图文档案库"项目，2012年10月。（3.1万字）

4. 《云南普米族口头传统调查报告》，中国社会科学院创新工程"中国少数民族口头传统音影图文档案库"项目，2012年11月。（2.5万字）

5. 、《云南傈僳族民歌调查报告》中国社会科学院创新工程"中国少数民族口头传统音影图文档案库"项目，2012年12月。（2.7万字）

6. 《羌族口头传统调查报告》，中国社会科学院创新工程"中国少数民族口头传统音影图文档案库"项目，2013年5月。（6.1万字）

7. 《丽江宝山梧母村纳西族传统文化调查报告》，中国社会科学院国情调查项目，2013年1月。（2.7万字）

8. 《旅游情境中口头传统传承人境遇调查》，光炯主持国家社科基金项目"滇川地区东巴文化的旅游展演及活态保护机制研究"（12XMZ068）阶段性成果，2013年2月。（2.9万字）

9. 《东巴文献的流布及现状调查报告》，杨福泉主持国家哲学社会科学基金重点项目"纳西东巴文献搜集、释读刊布的深度开发研究"（11AZD073）阶段性成果，2013年4月。（2.3万字）

10. 《滇西北洞经音乐调查与研究》，杨杰宏主持云南省哲学社会科学基金项目（11AY3501）、云南省教育厅重点基金课题项目"滇西北洞经音乐调查与研究"（10BD8907）结题报告。2013年7月。（17.4万字）

主要参考文献

一 东巴经译注文献

丽江东巴文化研究所：《纳西东巴古籍译注全集》，云南民族出版社 2000
年版。

中国社会科学院民族学与人类学研究所、丽江东巴文化研究院、哈佛燕京
学社编：《哈佛燕京学社藏纳西东巴经书》第 1—4 卷，中国社会科学出
版社 2011 年版。

李霖灿等：《么些经典译注九种》，台湾"国立"编译馆中华丛书编审委
员会，1978 年。

丽江东巴文化研究所：《纳西东巴古籍译注》（一）（二）（三），云南民族
出版社 1986、1987、1989 年版。

傅懋勣：《纳西族图画文字〈白蝙蝠取经记〉研究》，商务印书馆 2012
年版。

和志武：《东巴经典选译》，云南人民出版社 1994 年版。

方国瑜、和志武：《纳西象形文字谱》，云南人民出版社 1981 年版。

和匠宇译：《纳西语英语汉语语汇》，云南教育出版社 2004 年版。

李霖灿：《纳西族象形标音文字字典》，云南民族出版社 2001 年版。

赵净修：《东巴文常用字词译注》，云南人民出版社 1995 年版。

二 专著及论文集

［美］约翰·迈尔斯·弗里：《口头诗学：帕里—洛德理论》，朝戈金译，
社会科学文献出版社 2000 年版。

［美］阿兰·邓迪斯：《西方神话学读本》，朝戈金等译，广西师范大学出

版社 2006 年版。

朝戈金:《口传史诗诗学:冉皮勒〈江格尔〉程式句法研究》,广西人民
　出版社 2000 年版。

朝戈金主编:《中国史诗学读本》,中国社会科学出版社 2013 年版。

朝戈金主编:《中国民俗学》,广西师范大学出版社 2012 年版。

[美] 阿尔伯特·贝茨·洛德:《故事的歌手》,尹虎彬译,中华书局 2004
　年版。

尹虎彬:《古代经典与口头传统》,中国社会科学出版社 2002 年版。

[荷] 米尼克·希珀、尹虎彬主编:《史诗与英雄》,广西师范大学出版社
　2004 年版。

[匈] 格雷戈里·纳吉:《荷马诸问题》,巴莫曲布嫫译,广西师范大学出
　版社 2008 年版。

巴莫曲布嫫:《鹰灵与诗魂——彝族古代经籍诗学研究》,社会科学文献出
　版社 2000 年版。

巴莫曲布嫫:《神图与鬼板——凉山彝族祝咒文学与宗教绘画考察》,广西
　人民出版社 2004 年版。

[美] 理查德·鲍曼:《作为表演的口头艺术》,杨利慧、安德明译,广西
　师范大学出版社 2008 年版。

彭兆荣:《人类学仪式的理论与实践》,民族出版社 2007 年版。

刘亚虎:《南方史诗论》,内蒙古大学出版社 1999 年版。

阿地里·居玛吐尔地:《〈玛纳斯〉史诗歌手研究》,民族出版社 2006
　年版。

阿地里·居玛吐尔地:《口头传统与英雄史诗》,中央民族大学出版社
　2009 年版。

钟敬文:《民间文学概论》,上海文艺出版社 1980 年版。

钟敬文:《民俗学概论》,上海文艺出版社 1998 年版。

刘魁立等:《民间叙事的生命树》,中国社会出版社 2010 年版。

朱光潜:《诗论》,生活·读书·新知三联书店 1984 年版。

钱军:《结构功能语言学——布拉格学派》,吉林教育出版社 1998 年版。

[美] 格雷马斯:《结构语义学:方法论研究》,吴泓缈译,生活·读书·
　新知三联书店 1999 年版。

[古希腊] 亚里士多德:《诗学》,陈中梅译,商务印书馆 1996 年版。

陈中梅：《柏拉图诗学和艺术思想研究》，商务印书馆 1999 年版。

［俄］普罗普：《故事形态学》，贾放译，中华书局 2006 年版。

［加］诺斯罗普·弗莱：《批判的解剖》，陈慧等译，百花文艺出版社 2006
年版。

［美］斯蒂·汤普森：《世界民间故事分类学》，郑海等译，上海文艺出版
社 1991 年版。

祁连休：《中国古代民间故事类型研究》，河北教育出版社 2007 年版。

刘守华：《中国民间故事类型研究》，华中师范大学出版社 2002 年版。

杨福泉：《纳西族文化史论》，云南大学出版社 2006 年版。

杨福泉：《东巴教通论》，中华书局 2012 年版。

杨福泉：《纳西族与藏族历史关系研究》，民族出版社 2005 年版。

杨福泉：《多元文化与纳西社会》，云南人民出版社 1998 年版。

杨福泉：《原始生命神与生命观》，云南人民出版社 1995 年版。

［美］J. F. 洛克：《中国西南纳西古王国》，杨福泉等译，云南美术出版社
1999 年版。

［瑞士］奥皮茨、伊丽莎白许主编：《纳西、摩梭民族志——亲属制、仪
式、象形文字》，杨福泉等译，云南大学出版社 2010 年版。

白庚胜、杨福泉编译：《国际东巴文化研究集粹》，云南人民出版社 1993 年版。

白庚胜：《东巴神话研究》，社会科学文献出版社 1999 年版。

白庚胜：《东巴神话象征论》，云南人民出版社 1997 年版。

白庚胜、和自兴主编：《玉振金声探东巴：1999 年国际东巴文化艺术学术
研讨会论文集》，社会科学文献出版社 2002 年版。

白庚胜编译：《日本纳西学论集》，民族出版社 2011 年版。

喻遂生：《纳西东巴文研究丛稿》，巴蜀书社 2003 年版。

喻遂生：《纳西东巴文研究丛稿》第 2 辑，巴蜀书社 2008 年版。

喻遂生：《纳西东巴文概论》，西南大学研究生教材，2002 年。

郭大烈、和志武《纳西族史》，四川民族出版社 1994 年版。

郭大烈、杨世光主编《东巴文化论集》，云南人民出版社 1985 年版。

郭大烈、杨世光主编：《东巴文化论》，云南人民出版社 1991 年版。

郭大烈主编：《纳西文化大观》，云南民族出版社 1999 年版。

郭大烈、李锡主编：《纳西东巴文化要籍及传承概览》，云南民族出版社
1999 版。

郭大烈主编:《丽江第二届国际东巴文化艺术节学术研讨会论文集》,云南人民出版社 2005 年版。

郭大烈:《郭大烈纳西学论文集》,民族出版社 2008 年版。

和志武:《纳西族东巴文化》,吉林教育出版社 1989 年版。

和志武:《纳西语基础语法》,云南民族出版社 1987 年版。

和志武:《和志武纳西学论集》,民族出版社 2011 年版。

习煜华:《习煜华纳西学论集》,民族出版社 2011 年版。

王世英:《王世英纳西学论集》,民族出版社 2011 年版。

和力民:《和力民纳西学论集》,民族出版社 2011 年版。

和云峰:《东巴音乐:唱诵象形文字典籍及法事仪式的音声》,中央民族大学出版社 2010 年版。

赵心愚:《纳西族与藏族关系史》,四川人民出版社 2003 年版。

和少英:《纳西族文化史》,云南民族出版社 2002 年版。

杨焕典:《纳西语研究》,当代中国出版社 2004 年版。

李静生:《纳西东巴文字概论》,云南民族出版社 2009 年版。

和钟华、和尚礼编:《纳西东巴圣地民间文学选》,云南民族出版社 1991 年版。

杨正文:《东巴圣地——白水台》,云南人民出版社 1999 年版。

赵世红主编:《东巴文化研究所论文选集》,云南民族出版社 2003 年版。

赵世红主编:《纳西族东巴教仪式资料汇编》,云南民族出版社 2004 年版。

杨正文:《最后的原始崇拜——白地东巴文化》,云南人民出版社 1999 年版。

杨世光、和钟华主编:《纳西族文学史》,云南人民出版社 1992 年版。

云南省民族民间文学调查队:《纳西族文学史初稿》,云南人民出版社 1959 年版。

和即仁、姜竹仪:《纳西族语言简志》,民族出版社 1983 年版。

孙堂茂:《纳西—汉—英词汇》,美国世界少数民族语文研究院 1998 年版。

马学良主编:《汉藏语概论》,北京大学出版社 1991 年版。

马学良:《马学良民族语言研究文集》,中央民族大学出版社 1999 年版。

罗常培:《语言与文化》,语文出版社 1996 年版。

戴庆厦:《藏缅语族语言研究》,云南民族出版社 1990 年版。

戴庆厦:《语言和民族》,中央民族大学出版社 1994 年版。

戴庆厦、黄布凡等编：《藏缅语族语言词汇》，中央民族学院出版社 1992 年版。

傅懋勣：《论民族语言调查研究》，语文出版社 1998 年版。

嘉雍群培等：《藏族宗教与文化》，中央民族大学出版社 2002 年版。

周有光：《比较文字学初探》，语文出版社 1998 年版。

郑飞洲：《纳西东巴文字字素研究》，民族出版社 2005 年版。

王森：《西藏佛教发展史略》，中国社会科学出版社 1997 年版。

王辅仁：《西藏佛教史略》，青海人民出版社 1981 年版。

王恒杰：《迪庆藏族社会史》，中国藏学出版社 1995 年版。

诺吾才让：《本教与古代藏族社会》，民族出版社 1994 年版。

孙正国：《藏族神话母题的文化解读》，中国社会科学出版社 1990 年版。

谢热：《藏族习俗中的本教遗迹》，中国藏学出版社 1985 年版。

李学琴：《藏族神话研究》，民族出版社 1984 年版。

丹珠昂奔：《藏族神灵论》，中国社会科学出版社 1990 年版。

金鹏主编：《藏语简志》，民族出版社 1983 年版。

江荻：《藏语语音史研究》，民族出版社 2002 年版。

任继愈主编：《宗教辞典》，上海辞海出版社 1981 年版。

马列诺夫斯基：《巫术、科学、宗教与神话》，李安宅译，中国民间文艺出版社 1986 年版。

史宗主编：《20 世纪西方宗教人类学文选》，上海三联书店 1995 年版。

金泽：《宗教人类学导论》，宗教文化出版社 2001 年版。

郭于华：《仪式与社会变迁》，社会科学文献出版社 2000 年版。

钟耀萍：《纳西族汝卡东巴文研究》，博士学位论文，西南大学，2010 年。

曾小鹏：《俄亚拖地村纳西语言文字研究》，博士学位论文，西南大学，2011 年。

和继全：《白地波湾村纳西东巴文调查研究》，博士学位论文，西南大学，2012 年。

杨林军：《明代到民国时期纳西族历史地理考察》，博士学位论文，西南大学，2013 年。

GregoryNagy, *Greek Mythology and Poetics*, Cornell University Press, 1990.

Karl Reichl, Edited, *The Oral Epic Performance and Music*, *GAM – Media Gmbh Press*, Berlin Germany, 2000.

Schechner, *The Future of Ritual*: *Writing on Culture and Performance*, New York: Routledge, 1995.

Helen Rees, *Echoes of History*: *Naxi Music in Modern China*, New York: Oxford University Press, 2000.

F. Boas, *Primitive Art*, New York: Dover Press, 1955.

Forceville, C. & E. Urios-Aparisi, *Multimodal Metaphor*, Berlin, NewYork: Moutondegruyter, 2009.

Rock, J, F., *A Na-khi-English Encyclocloedic Dictionary*, PartII, Serie Oriental Roma, 1972.

Rock, J, F., *The Na-khi Naga Cult and Related Ceremonies*, I and II, Serie Oriental Roma, 1974.

Michael, *Oppitz*, *Naxi and Moso Eyhnography*: *Kin*, *Rites*, *Pictographys*, Munchen University Press, 1997.

Bell, C., *Ritual Theory*, *Ritual Practice*, New York &Oxford: Oxford University Press, 1992.

Frankfort, Henri, *The Intellectual Adventure of Ancient Man*: *An Essay on Speculative Thought in the Ancient Near East*, Chicago: University of Chicago Press, 1977.

三　论文

［美］弗里:《口头程式理论:口头传统研究概述》,朝戈金译,《民族文学研究》1997 第 1 期。

朝戈金:《"大词"与歌手立场》,《民间文化论坛》2007 年第 1 期。

朝戈金:《国际史诗学若干热点问题评析》,《民族艺术》2013 年第 1 期。

朝戈金:《朝向 21 世纪的中国史诗学》,《国际博物馆》2010 年第 1 期。

朝戈金:《从荷马到冉皮勒:反思国际史诗学术的范式转换》,《中国社会科学院文学研究所学刊》,中国社会科学出版社 2008 年版,第 1—39 页。

朝戈金:《多元文化格局中的中国少数民族文学》,《百色学院学报》2009 年第 1 期。

朝戈金、巴莫曲布嫫:《民族志诗学 (Ethnopoetics)》,《民间文化论坛》

2004 年第 5 期。

尹虎彬:《河北民间表演宝卷与仪式语境研究》,《民族文学研究》2004 年
　　第 3 期。

尹虎彬:《在古代经典与口头传统之间——20 世纪史诗学述评》,《民族文
　　学研究》2002 年第 3 期。

尹虎彬:《史诗观念与史诗研究范式转移》,《中央民族大学学报》(哲学
　　社会科学版)2008 年 1 期。

尹虎彬:《口头文学研究的十个误区》,《民族艺术》2005 年第 4 期.

尹虎彬:《中国史诗的多元传统与史诗研究的多重维度》,《百色学院学
　　报》2009 年第 1 期。

吕微:《母题:他者的言说方式〈神话何为〉的自我批评》,《民间文化论
　　坛》2007 年第 1 期。

巴莫曲布嫫:《叙事语境与演述场域:以诺苏彝族的口头论辩和史诗传统
　　为例》,《文学评论》2004 年第 1 期。

巴莫曲布嫫:《在口头传统与书写文化之间的史诗演述人——基于个案研
　　究的民族志写作》,《北京师范大学学报》(社会科学版)2008 年第 1 期。

巴莫曲布嫫:《"民间叙事传统格式化"之批评——以彝族史诗〈勒俄特
　　依〉的"文本逐录"为例》2003 年第 4 期(上)、2004 年第 1 期
　　(中)、第 2 期(下)。

高荷红:《满族萨满神歌的程式化》,《民族文学研究》2005 年第 3 期。

高荷红:《满族神歌仪式的程式化》,《民族艺术》2005 年第 3 期。

施爱东:《民间文学的形态研究与共时研究:以刘魁立"民间叙事的生命
　　树"为例》,《民族文学研究》2006 年第 1 期。

杨利慧:《表演理论与民间叙事研究》,《民俗研究》2004 年第 1 期。

王杰文:《"表演理论"之后的民俗学:文化研究或后民俗学》,《民族文
　　学研究》2011 年第 1 期。

彭兆荣:《瑶汉盘瓠神话——仪式叙事中的"历史记忆"》《广西民族学院
　　学报》(哲学社会科学版)2003 年第 1 期。

彭兆荣:《民族艺术中的人类学性》,《民族艺术》1997 年第 3 期。

杨义:《口头传统研究与"重绘中国文学地图"》,《文艺争鸣》2004 年第
　　1 期。

钟敬文:《从事民俗学研究的反思与体会》,《北京师范大学学报》(社会

科学版）1998 第 6 期。

傅懋勣：《纳西族祭风经〈请洛神〉研究》，《民族语文》1993 年 2—6 期。

汪宁生：《从原始记事到文字的发展》，《考古学报》1981 年第 1 期。

裘锡圭：《汉字形成问题的初步探讨》，《中国语文》1978 年第 3 期。

王元鹿：《纳西东巴文与汉形声字比较研究》，《中央民族学院学报》1987
　　年第 5 期。

王元鹿：《纳西族东巴文符号化简论》，《兰州学刊》2009 年第 11 期。

王元鹿：《纳西东巴文字与汉字不同源流说》，《云南民族学院学报》1987
　　年第 1 期。

杨福泉：《从"神路图"看藏文化对纳西族东巴教的影响》，《云南社会科
　　学》2001 年第 5 期。

周有光：《纳西文字中的"六书"》，《民族语文》1994 年第 6 期。

喻遂生：《纳西东巴文六书概说》，北京师范大学民俗典籍文字研究中心：
　　《民俗典籍文字研究》第 3 辑，商务印书馆 2006 年版。

喻遂生：《甲骨文、纳西东巴文的合文和形声字的起源》，《中央民族大学
　　学报》1990 年第 1 期。

喻遂生：《纳西东巴形声字、假借字音近度研究》《语言研究》，1994 年
　　增刊。

喻遂生：《纳西东巴字多音节形声字音近度研究》，《语言研究》，1998 年
　　增刊。

喻遂生：《纳西东巴文本有其字假借原因初探》，《中央民族大学学报》
　　2002 年第 1 期。

喻遂生：《纳西东巴文疑难字词考释举例》，《中国语言学报》2008 年
　　第13 期。

邓章应、白小丽：《纳西东巴文语境异体字及其演变》，《中央民族大学学
　　报》（哲学社会科学版）2009 年第 4 期。

木仕华：《纳西东巴文与藏文的关系》，《民族语文》2001 年第 5 期。

木仕华：《纳西东巴象形文字辞典说略》，《辞书研究》1997 年第 4 期。

戈阿干：《纳西族象形文舞谱的现状及其新生前景》，《定位法舞蹈及其运
　　用国际会议论文集》，1988 年。

杨德鋆：《凝固在纳西古老图画象形文字里的音乐：云南传统音乐研究》，
　　《文艺研究》1998 年第 3 期。

索 引

东巴 1－4，7，9－14，17，18，
20，22－58，60－78，80－88，
90，94－108，110－118，120－
126，128－134，136－151，153－
155，157，159，161－169，172－
220，222，224－241，243－
261，263，264，270－288

仪式叙事 3，4，7，13－15，17－
20，22，24－30，32－37，48，
49，54，55，60，66，67，69，
72，74－76，88，89，104，110，
113，115，117，121，129－131，
137，155，156，161，162，
168－170，172，183，193，233，
241，242，255－265，267

仪式程式 28，126，129－131，
149，168－174，241，242，256，
257，259－264，267

文本 2－4，7－9，11，14－24，
26－30，32－37，48，57，58，
76，77，80，84，87－92，94－
96，99，100，103，104，106－
110，112，113，115－118，120－
122，126，129－131，155，156，

161，162，165，168－172，180－
183，193，197，200，210，
215，233，242，247，249－
252，255－267，286

口头传统 1－4，7，9，13，14，
16，18－20，23，26－30，37，
89，108，109，113，116，117，
122，123，126，129，130，168，
171，174，193，195，211，232，
242，250，256，258，259，261，
263－265，267，268，286，287

表演 3，4，14－28，30，33－35，
37，48，76，89，108－110，
155，162，174，175，177－185，
188，192，193，195，201，
204，209，232－234，241－
252，254－257，259－267，287

史诗 1－4，7－9，11－16，19，
20，23，25－29，34，44，57，
58，66，71，90，91，99，109，
110，113，122，127－129，155，
165，175，177，180，193，242，
248，249，258，261－268，272，
274，277，287

神话　2，4 – 9，11 – 13，15，22，24 – 26，28，29，33 – 35，37，39，44，46，49，51，55，57，60，66，67，74，80，90 – 94，96，98 – 101，103，104，109，116 – 118，122，123，127，128，138，149，174 – 177，180，182，215，248，257，258，261 – 265，287

纳西族　1 – 4，9 – 13，17，30 – 34，36 – 41，43，44，47 – 69，73，74，76，77，81，82，97，101，102，111，113，114，116，118，120，123，130 – 132，137，138，140 – 142，145，154，163，165，172，173，176，177，183 – 186，195 – 197，200，203，209，213 – 216，218 – 220，226，232，244，257，258，271 – 276，279，285 – 287

哲作　3，76 – 91，94，95，97 – 100，103 – 110，113，115，120，123，126 – 129，131，156，257，259，261，268

后 记

后记就是感谢详表。想起一句赵本山的小品名言：感谢政府让我重新做人。

说这话没有半点调侃意思。两年的博士后学习时光，是我知识结构重新调整，研究方向重新转型、学科理论得以拓展的关键期，对于自己的学术生命而言，无异于"重新做人"。

首先感谢中国社会科学院民族文学研究所给我这个"重新做人"的机会。说实话，如果没有到所里读博士后的这个机会，很大可能偏安于丽江的"柔软时光"里，满足于一名地方学者的身份角色。是所里的恩师们给了我这个难得的学术再生的机会，感恩之情，难以言表。

感谢这个伟大的时代。身处这样一个巨大的社会转型期，通过网络使不同族群、地域的信息得以共享，才使我在西南一隅与国内外的民俗学者有所交流。从民间文化青年论坛到中国民俗学网，从中结识了许多学界"大佬"及同行，汲取了不少宝贵的学术知识。有幸成为中国民俗学网的第一批志愿者，使我在付出的同时收获良多。最早认识的是巴莫曲布嫫老师，通过学会的网站管理及学术交流，从巴莫老师的"完美主义倾向"中感受到对学术的高度敬业精神及社会责任担当；巴莫老师对我的学术短板的善意提醒及指正，成为我不断克服畏难、自卑，在学术之路得以踽踽前行的动力；博士后出站报告的选题、撰写期间，多次受益于巴莫老师的指点，尤其是学理如何与田野、地方性知识的结合，启发良多。还有民俗学会网站的当家人——叶涛、施爱东两位老师对我这个"纳西小弟"的厚爱与提携，两位老师潜心学术的钻研精神与人格魅力使我感受到民俗学的魅力所在。

朝戈金、尹虎彬两位老师也是我学术转型的关键引路人。朝老师深厚的学养，开阔的视野，在每一次的学术讲座及私下请教中我感受尤深。每次我陷入问题困境时，总能从朝老师高屋建瓴的宏观把握及缜密深入的条分缕析中将问题迎刃而解。多次田野归来，学习繁重之际，朝老师设宴慰劳，以酒浇垒，使我在困难中重整出发。念及喝了不少朝老师的私藏佳酿，却没有做出相应的学术成果，作为弟子甚至没有回请过朝老师喝一次酒，羞愧难当，这些只能留待以后的努力中弥补了。拜师于尹老师门下是人生大幸。从拜师伊始到博士后出站报告的完成，其间的每一步学术前行都凝结了尹老师的无尽心血。尹老师对我模式化研究倾向的否定，对我问题意识的引导，为我调整学科结构提供的学科书单，改得面目全非的初稿，都成为我的人生中珍藏的财富。现在拿出的这篇论文，实在愧对尹老师的巨大付出与期望。聊以自慰的是这些遗憾将成为自己今后不断前行的动力。

汤晓青老师对我的学术支持与关怀也使我感恩于心。每一次报账、领取资助、请假都要烦扰汤老师，她都耐心予以解决；每一次的田野调查，都离不开汤老师的细心安排计划，田野期间总能收到对工作进展及安全情况的问候与关心。民文所成为我在北京的"家"，就是因为这里有着这么多的真情及关怀。所里的同事也是我学习的良师益友。与所里同事一同参加田野调查，学术交流，参与所里组织会务工作，都能感受到工作与成长的快乐和充实。

吴晓东老师是相处较多的同事，我们曾一同到恩施、赴海南、进羌区进行田野调查，使我从云南视野中转向广阔的多元民族视野中。吴老师的田野方法以及发现问题、分析问题能力成为我的最好的田野引路人，甚至在办公室、食堂中的请教、交流中我也受益良多。不发现问题不发表观点，对问题考虑不成熟不动笔，对观点论述不全面不发表，这种严谨治学风范是我从吴老师身上感受最深的学格。当然，这种良好的学术氛围与整个所里的学习氛围分不开，南方室也是一个自发形成的"Seminar"，大家有对不同学术观点的争鸣探讨，社会现象的评点分析，和而不同，求同存异，这里是一个启发思考，促进学术探索的文化场，也是我在北京城里诗意栖居的港湾。在此，衷心感谢朱刚、李斯颖、屈永仙、李鹤、宋颖等室友们给予的帮助与支持。

朱刚兄弟是所里唯一与我用云南方言交流的同事，除了老乡关系因素外，交流中的共同语言也是主要因素。他在云南大学受过人类学训练，我读博士时主攻艺术人类学，人类学的诸多理论观点，以及云南民族文化、大理与丽江、白族与纳西族的历史文化都是谈不完、谈不够的话题。他的外语功底，对国际口头诗学前沿理论的关注与把握是我力所不足之处，对我启发良多。也难忘在丽江古城、玉龙山下、怒江大山中的同行时光，尤其是那个在怒江高山险道中惊心动魄的冷雨夜……两年时光就这样一闪而过，不意间认识了那么多人，沉淀下来这么多真情，说不尽，道不完。与吴刚兄弟多次热烈的讨论；在恩施田野中的李方庆设局、水库遇险；与任春生老师的东巴之缘以及老师对我学习、生活的关怀；与吐送江·依明、侯淑惠、姚慧、王丹等博士后们的彼此鼓励同行；与旺丹老师彻夜讨论《格萨尔》的飞雪夜；王宪昭老师亲切的微笑，厚道胸怀以及提供的资料、指导意见；刘畅细心耐心的帮助；刘大先、高荷红、毛巧辉、周翔等编辑老师们的青春阳光气质，扎实谦虚学风；与马晓晨小兄弟的四川羌寨之行；阿地里、斯钦孟和、斯钦巴图、黄中祥、旦布尔加甫、吴英、杨霞等老师们的不吝指导；孙立峰、黄群、李连荣、玉梅、秀兰、阿依等同事给予的关心与帮助。能够认识大家，真好！

如果说北京是我知识充电、论文加工的生产基地，丽江则是提供材料的基地。从 1993 年读大学期间的第 1 次田野调查到现在的 20 年时间里，结识了许多东巴、民间艺人、地方学者，他们一同构成了我的"知识的伙伴"，没有他们的慷慨无私的支持，不但本书无法完成，而且也不可能走上这条学术之路。迪庆州三坝乡东巴传承学校创办人和树荣老师退休后全身心投入到东巴文化的抢救、传承中，十五年如一日，使得"东巴圣地"的传统薪火得以相传。五次三坝之行，和老师及他的徒弟们给了我无尽的帮助，即使身在北京，田野调查依然在频繁的电话联系中得以延伸。东巴是纳西族传统文化的集大成者，东巴在场使论文建构成为可能，也给我了不少底气。特别感谢迪庆州三坝乡的和树昆、杨玉春，玉龙县塔城乡的杨玉勋，大具乡的和承德，鲁甸乡的和桂生，宁蒗拉伯乡树枝村的石宝寿等东巴们的不厌其烦的经书解读。还有东巴研究院的和力民、王世英研究员，东巴博物馆的木琛研究员，西南民族大学的和继全博士等东巴学者对东巴文本疑难问题的探讨给予了我诸多帮助。在北京的白庚胜、张春和、彭建华、邱熠华等乡友也予以了多方帮助，在此一并致谢。

杨福泉老师是我的博士生导师，一直从事东巴文化的研究与译介，是我走上治学之路的引路人。多年师生成父子，毕业后一直未断联系，网络、电话中的请教交流成为日常生活的一部分；每次回乡探访，汇报学习工作情况，一同深入田野，使这个弟子得以继续深造。博士后期间的东巴文化调查，也受益于杨老师的指导及经费资助。师恩如山，半点未报，且仍在不断欠债中。

西南大学语言文字研究所所长喻遂生教授是研究东巴文字的权威专家，多年来给予我很多支持，对本书中的东巴文及纳西语言方面论述提出了诸多宝贵意见。还有喻老师的弟子们——钟耀萍博士、杨亦花博士、和继全博士、曾小鹏博士也给予了很多帮助，在此谨致谢忱！

愧欠最多的是家人。父母年逾七旬，自己一直处于游学中，未能尽到孝道，愧为人子！每次电话中的报平安成为唯一的情感所寄。对于妻子与儿子而言，我也是个不称职的丈夫与父亲。"缘之所寄，一往而深"，虔心感恩一切善缘，感恩造化对我的眷顾。

虔心感恩祖先们留下的东巴文化遗产。学术攀登不亚于攀登珠峰，其间充满了无尽的艰险。但攀登的过程也是欣赏无限风光的时光，意义可能在这个过程中。

杨杰宏

2013 年 9 月 5 日三稿于北京雅宝胡同

第六批《中国社会科学博士后文库》专家推荐表 1

推荐专家姓名	朝戈金		行政职务	所长
研究专长	口头诗学		电　话	
工作单位	中国社会科学院民族文学研究所		邮　编	100732
推荐成果名称	东巴仪式叙事的程式化特征研究			
成果作者姓名	杨杰宏			

（对书稿的学术创新、理论价值、现实意义、政治理论倾向及是否达到出版水平等方面做出全面评价，并指出其缺点或不足）

　　不同文化时空语境下的史诗概念内涵探讨一直是口头传统研究领域的关键问题。作者以东巴叙事传统为研究个案，通过对东巴经典中的"哲作"这一多义词语的概念分析以及东巴祭天仪式、东巴丧葬仪式的田野考察，发现"仪式程式"是仪式主持者进行仪式叙事和表演的内部运作法则及组织单元，是口头传统与仪式叙事的联结点。"仪式程式"概念的提出是对"口头程式理论"的延伸性研究，也是这一理论对仪式叙事中的一次创新实践，在口头传统与仪式叙事的关系研究方面是一个较大的突破，有利于更加深入把握与认识口头传统以及更为广阔的概念内涵及文化功能，对于仪式表演以及传统戏曲的深入研究有着重要的参考价值。论文问题意识突出，设计严谨，研究方法可靠，写作规范，逻辑性强，结构层次清晰，文字表达通畅，是一项高水平的研究成果。尤其在南方民族的口头传统研究方面取得了创新性成果。本研究在坚持了马克思主义历史唯物主义和辩证唯物主义理论与方法，与党中央理论方针政策保持高度一致。对本研究课题而言，上述研究成果虽论及口头传统与仪式叙事的关系层面，但口头传统与仪式叙事诸要素的关系分析存在不足情况。我认为本课题研究达到了出版水平，特此推荐！

签字：朝戈金

2017 年 1 月 10 日

说明： 该推荐表由具有正高职称的同行专家填写。一旦推荐书稿入选《博士后文库》，推荐专家姓名及推荐意见将印入著作。

推荐专家姓名	尹虎彬	行政职务	副所长
研究专长	口头诗学	电　话	
工作单位	中国社会科学院民族学人类学研究所	邮　编	100732
推荐成果名称	东巴仪式叙事的程式化特征研究		
成果作者姓名	杨杰宏		

（对书稿的学术创新、理论价值、现实意义、政治理论倾向及是否达到出版水平等方面做出全面评价，并指出其缺点或不足）

　　"史诗"是一个取例于《荷马史诗》研究，源于西方学术体系的文类概念，由此带来一个不可回避的事实——口头诗学理论存在着对口头传统与仪式叙事关系研究不足的先天弊病，事实上以先验论的形式区隔了史诗的两种形态：典型性史诗与非典型性史诗。本课题以东巴仪式叙事与口头传统关系为研究个案，深入了揭示作为口头传统存在的东巴叙事的历史与传承现状，以及其演述语境、文本形态、故事范型、主题、程式句法、传承人等相关内容，提出了"仪式程式"的新概念，对取例于《荷马史诗》的史诗概念弊病进行了批判，从而实现了口头诗学研究范式的转型。这对于史诗研究的中国化，尤其对于南方民族文学研究范式的转换具有积极的理论、现实意义。本研究对仪式叙事的主体与客体的关系等方面的研究存在一定的不足，在修订中应对予以注意。本研究政治理论倾向方面高度与党中央的各项方针政策保持了高度一致。本人认为本研究达到了出版水平。

签字：尹虎彬

2017 年 1 月 10 日

说明：该推荐表由具有正高职称的同行专家填写。一旦推荐书稿入选《博士后文库》，推荐专家姓名及推荐意见将印入著作。